THOMAS GEBERT

KURZFRIST STRATEGIEN FÜR ANLEGER

So nutzen Sie Stimmungsschwankungen gewinnbringend aus

Börsenbuchverlag

Alle Angaben in diesem Buch stammen aus Quellen, die Autor und Verlag für vertrauenswürdig halten. Eine Garantie für die Richtigkeit kann jedoch nicht übernommen werden. Um Risiken abzufedern, sollten Anleger ihr Vermögen deshalb grundsätzlich streuen. Die Angaben in diesem Buch stellen keine Aufforderung zum Kauf oder Verkauf eines Wertpapiers dar. Die veröffentlichten Informationen geben die Meinung des Autors wieder.

Gestaltung Cover: Daniela Freitag
Gestaltung und Satz: Sabrina Slopek
Herstellung: Daniela Freitag
Vorlektorat: Elke Sabat
Korrektorat: Claus Rosenkranz
Druck: CPI books GmbH, Leck, Germany

ISBN 978-3-86470-655-4

Bibliografische Information der Deutschen Nationalbibliothek:
Die Deutsche Nationalbibliothek verzeichnet diese Publikation in der Deutschen Nationalbibliografie; detaillierte bibliografische Daten sind im Internet über <http://dnb.d-nb.de> abrufbar.

BÖRSEN MEDIEN
AKTIENGESELLSCHAFT

Postfach 1449 • 95305 Kulmbach
Tel: +49 9221 9051-0 • Fax: +49 9221 9051-4444
E-Mail: buecher@boersenmedien.de
www.boersenbuchverlag.de
www.facebook.com/boersenbuchverlag

INHALT

EINLEITUNG

Dieses Buch dreht sich zu einem großen Teil um die Kurzfristprognose von Aktienkursen, hauptsächlich am Beispiel des Deutschen Aktienindex DAX. Warum? Scherzhaft könnte ich antworten, dass ich mittlerweile 63 Jahre alt bin. Was soll ich mit einer Langfriststrategie? Ich brauche das Geld morgen … spätestens nächste Woche. Aber dies ist nur ein Teil der Antwort. Es geht nicht in erster Linie um kurzfristige Spekulationen, sondern um die sinnvolle Durchführung von Aktieninvestments. Nehmen wir an, Sie möchten als Geldanlage in Aktien investieren. Dann spielen der Kauf- und der Verkaufszeitpunkt eine entscheidende Rolle. Wie ich im Buch später zeigen werde, verändern sich die Aktienkurse – stellvertretend der DAX für die deutschen Wertpapiere – durchaus um bis zu fünf Prozent oder mehr nach oben oder unten innerhalb von wenigen Tagen. Im Mittel der Jahrzehnte sind die deutschen Aktien inklusive der gezahlten Dividenden seit 1960 pro Jahr um fünf Prozent gestiegen. In der Wahrscheinlichkeitsrechnung wird aus der Statistik der Vergangenheit auf die Wahrscheinlichkeit für die Zukunft geschlossen. Der Erwartungswert des Ertrags einer Aktienanlage beträgt also fünf Prozent pro Jahr. Kaufen Sie zum Beispiel acht Tage später fünf Prozent billiger, weil die Kurse in dieser Zeitspanne in dieser Größenordnung häufig schwanken, und verkaufen sie ein paar Tage später als geplant fünf Prozent teurer, machen diese zehn Prozent schon den mittleren Ertrag von zwei Jahren Aktienanlage aus. Auch für die langfristige Aktienanlage stellen sich der Kauf- und der Verkaufszeitpunkt somit als bedeutsam heraus.

Ein weiterer Punkt kommt hinzu. Wenn man Aktien kauft, verschafft man sich schon einmal einen großen Vorteil, wenn die Aktien nach dem Kauf gleich fünf Prozent steigen. Man erhält so ein Polster, von dem aus man weiter entscheiden kann. Steigen die Kurse, kann man die eingegangene Position behalten und fühlt sich in Sicherheit, weil man schon im Plus ist. Unangenehm sind die Investitionen, bei denen man gleich nach dem Kauf fünf Prozent ins Minus fällt. Zunächst ist da der untergründige Ärger: Man fragt sich, warum man nicht ein paar Tage später wesentlich billiger gekauft hat. Fünf Prozent mehr Aktien hätte man für dasselbe Geld bekommen. Aber auch die eigene Position wird unsicherer. Geht es dann weitere fünf Prozent abwärts, denkt man schon darüber nach, ob es nicht besser wäre, diese Position wieder zu verkaufen. Lieber mit einem kleinen Verlust von zehn Prozent heraus, als dass noch ein größeres Unheil passiert. Klettert man mit der eingegangenen Position dagegen zunächst fünf Prozent ins Plus, kann man, wenn der Markt wider Erwarten gegen einen dreht, mit plus/minus null wieder aussteigen, falls man dann doch nicht mehr in dem Maße von den Aktien oder dem Aktienindex überzeugt ist wie zuvor. Mit Aktien, die im Minus notieren, befindet man sich in einer sehr ungünstigen Lage. Die Frage steht im Raum: Wäre es besser, den Verlust zu begrenzen und die Aktien zu verkaufen oder die Kursschwäche durchzustehen und das Problem auszusitzen? Fallen die Kurse weiter, wird diese Frage immer drängender.

Diese Zwangslage tritt nicht nur im Kleinen bei niedrigen Kursverlusten, sondern auch im Großen bei Baissen auf. Im Nachhinein lässt sich leicht sagen, dass die Kurse sich immer wieder erholen, dass man solche Kursschwächen einfach aussitzen muss. Diesen Rat bekommt man häufig von Unbeteiligten. Denen ist ja schließlich auch vollkommen egal, ob sich mein Verlust vergrößert oder ob er irgendwann wieder ausgeglichen sein wird. Zu dem Zeitpunkt, in dem ich im Minus bin, weiß ich es aber nicht genau. Betrachten wir die Eurokrise des Jahres 2011. Sie war eine der Spätfolgen der Finanzkrise des Jahres 2008. Aufgrund der schweren Rezession waren die Steuereinnahmen eingebrochen und die Länder mussten sich höher verschulden. So gerieten die Staatsschulden von Griechenland und später von Italien in den Blickpunkt der Anleger. Die Marktteilnehmer gingen davon aus, dass Italien ohne ein starkes Wirtschaftswachstum die Zinsen für die Schulden in Höhe von über 130 Prozent seines Bruttoinlandsprodukts – ein höherer Wert als der von Griechenland, als dort die Zahlungsunfähigkeit vor der Tür stand – nicht mehr bezahlen könnte. Internationale Anleger verkauften deshalb italienische Staatsanleihen, sodass mit den sinkenden Kursen dieser Papiere die Verzinsung anstieg. Auf dem Höhepunkt der Krise waren die Kurse der italienischen Staatsanleihen so stark gefallen, dass sich mit dem Coupon eine Verzinsung von über sieben Prozent ergab. Zinszahlungen von sieben Prozent auf die Staatsschuld von über zwei Billionen Euro hätten den italienischen Staat 150 Milliarden Euro pro Jahr gekostet. Eine Lösung für dieses Problem war nicht in Sicht. Insofern war der Anleger – und damit komme ich auf das Ausgangsproblem zurück – in einem

Dilemma gefangen: Aktien verkaufen oder nicht? Auf dem Höhepunkt der Italien-Krise notierte der DAX bei 5.000 Punkten 40 Prozent unter dem Hoch das Jahres 2007 und auch immer noch 40 Prozent unter dem Gipfel des Jahres 2000. Trotzdem schien es in diesem Moment der Krise ratsam zu sein, Aktien zu verkaufen.

Ich kann mich an die Tage erinnern. Es sah für Italien vollkommen aussichtslos aus. Einen Schuldenstand von über 130 Prozent des Bruttoinlandsprodukts bei einem Zins von sieben Prozent – es schien keine Lösung möglich. Ein Austritt Italiens aus dem Euroraum war vermeintlich unabwendbar. Dies hätte zu dramatischen Konsequenzen geführt, da die italienischen Schulden in die dann neue Währung Lira umgewandelt worden wären. Die Lira wäre vermutlich gleich nach der Einführung auf den halben Wert gestürzt, wie bei der Krise des Europäischen Währungsmechanismus im Jahr 1992, und damit hätten alle, die italienischen Schulden hielten, vor allen Dingen auch europäische Banken, die Hälfte des Wertes dieser Forderungen verloren. Eine Welle der Bankenpleiten wäre über Europa hinweggefegt. Wenige Aktiengesellschaften hätten das überlebt. Es ist nämlich nicht so, dass die Aktien sich immer wieder erholen müssen. Es wird zwar immer das Beispiel von nach dem Zweiten Weltkrieg angeführt. Damals hatten die Aktien durch den verlorenen Krieg und die Zerstörung in Deutschland fast ihren gesamten Vorkriegswert verloren. Doch mit dem Wiederaufbau erholten sich auch die Kurse und stiegen sogar über den Wert von vor dem Krieg. Damals galt aber eine andere Rechtslage. Vergleichbares wäre in dieser Form heute nicht mehr möglich. Ein Unternehmen hat Verpflichtungen den Arbeitnehmern gegenüber, die vorgehen. Wenn einer Firma plötzlich die Aufträge ausgehen und sie macht keinen Umsatz mehr, muss sie trotzdem die Löhne und Betriebsrenten weiterzahlen. Sind die liquiden Reserven erschöpft, muss das Unternehmen zu anderen Mitteln greifen, um sich Kapital zu beschaffen. Dazu gibt es neue Aktien heraus, die am Markt verkauft werden. Mit dieser Ausgabe von neuen Aktien und der Infusion von frischem Kapital verringert sich der Anteil der Altaktionäre an der Firma. Eine Kapitalerhöhung verwässert den Wert der alten Aktien. Während der großen Rezession nach der Finanzkrise des Jahres 2008 sackten die Auftragseingänge im Automobilbau um bis zu 40 Prozent ab. Daimler verkaufte über Wochen weltweit nicht eine einzige S-Klasse. Während dieser ganzen Zeit musste Daimler trotz der gesunkenen Umsätze die laufenden Kosten weiter tragen. Hätte die Wirtschaftsschwäche damals einige Monate länger angedauert, hätte sich Daimler frisches Kapital beschaffen müssen. Damit wäre der Anteil der Altaktionäre an der Firma dezimiert worden. Als Aktionär kann man also seinen Anteil an der Firma so gut wie verlieren, selbst wenn die Firma gar nicht pleitegeht. Wäre Daimler kurzfristig zahlungsunfähig geworden und hätte eine große Kapitalerhöhung starten müssen, wäre man als Daimler-Aktionär seinen Anteil so gut wie los gewesen. Die Firma Daimler hätte danach normal weitergearbeitet, nur man selbst wäre nicht mehr der Eigentümer gewesen, jedenfalls nicht im vorherigen Ausmaß. So ist es zum Beispiel den Aktionären der Deutschen Bank ergangen. Die Deutsche Bank musste sich seit der Finanzkrise so oft frisches Kapital beschaffen, dass der mittlerweile aufgenommene Betrag höher ist, als die ganze Bank heute überhaupt noch wert ist. Der Aktienkurs der Deutschen Bank beträgt heute nur noch ein Zehntel des Wertes von vor der Finanzkrise. Die Firma ist aber nicht um so vieles kleiner geworden. Der Anteil einer Aktie an der Bank ist durch die vielen Kapitalerhöhungen immer weiter geschrumpft. Es ist also nicht so, dass sich die Deutsche-Bank-Aktie von sieben Euro irgendwann wieder auf 90 Euro erholen kann. Mit der Aktie von heute, die sieben Euro kostet, hat man nicht mehr den gleichen Anteil an der Bank wie damals. So ist es also gar nicht ausgemacht, dass sich der DAX nach einem Einbruch zwingend wieder erholen muss, schon gar nicht einzelne Aktien. Insofern war es nur logisch für einen Anleger, während der Italien-Krise seine Aktien in Panik zum Tiefstkurs zu verkaufen. Jemand, der auf sein Kapital angewiesen ist, hätte das Risiko nicht eingehen können, dass Italien die Lira einführt.

Im Nachhinein sieht alles so einfach aus. Alles ist gut gegangen und die Aktienkurse notieren heute doppelt so hoch wie damals. Es hätte nicht so kommen müssen. Gerettet wurde Europa durch Mario Draghi. Mit dem Satz „Whatever it takes" deutete er an, dass die Europäische Zentralbank im Notfall unbegrenzt italienische Staatsanleihen kaufen würde. Nach dieser Versicherung und der impliziten Garantie der italienischen Staatsschulden sank die Rendite der italienischen Papiere, die Krise war gebannt. Eigentlich war es in den Statuten nicht vorgesehen, dass die Europäische Zentralbank Staatsanleihen der Mitgliedsländer kaufen darf, weil dies als indirekte Staatsfinanzierung mit der Druckerpresse interpretiert wird. Man konnte diese Möglichkeit der Rettung in letzter Sekunde durch die Europäische Zentralbank also gar nicht ins Auge fassen, weil sie ungesetzlich war. Mario Draghi setzte sich über die rechtlichen Bedenken jedoch hinweg und rettete den Euro. Rückblickend betrachtet wäre es ein Fehler gewesen, auf dem Höhepunkt der Italien-Krise Aktien zu verkaufen. In der Situation selbst war es aber die einzig logische Handlung. Es war nicht sicher, dass sich die Aktien erholen würden. Und der Satz „Die Aktien und der DAX erholen sich immer wieder" muss nicht stimmen. Hätte die Finanzkrise damals noch ein halbes Jahr länger gedauert, hätten sich viele große deutsche Unternehmen nicht wieder erholt und damit auch der DAX nicht. Bei einzelnen Aktien ist die Wahrscheinlichkeit noch größer, dass sie die alten Kurse nicht wieder erreichen. Dabei geht es noch nicht einmal nur um Wackelkandidaten. Ich kann mich noch erinnern, wie Dr. Friedhelm Busch damals im Börsenfernsehen von *Sat.1* die Allianz-Aktie immer als den blauesten der Blue Chips bezeichnet hat. Diese Aktie dürfe man niemals verkaufen, sondern müsse sie in die Schublade legen und verwahren. Diese Aktie hat sich von 2000 bis zum Jahr 2003 fast gezehntelt, was nahezu einem Totalverlust entspricht. Den alten Spitzenwert von über 400 Euro hat sie bis heute nicht wieder erreicht. Ähnlich Münchner Rück: Sie kollabierte auf fast ein Zehntel ihres vorherigen Wertes. Die Geschichte von der Deutschen Telekom kennt jeder. Darüber brauche ich kein Wort zu verlieren.

Wenn man also mit einer einzelnen Aktie oder dem DAX ins Minus gerät, tritt das Grundproblem der Aktienanlage zutage: Ist es sinnvoll, die Kursschwäche auszusitzen, oder sollte man besser verkaufen, um noch größere Verluste zu vermeiden? Diese Frage lässt sich nicht immer leicht beantworten. Insofern, und damit komme ich wieder auf den Ausgangspunkt zurück, ist es von solch überragender Bedeutung, dass man einen günstigen Einstiegspunkt erwischt. Damit erweitert man seine Handlungsoptionen. Die Situation, mit Einzelaktien oder dem DAX im Minus zu notieren und zu überlegen, besser jetzt zu verkaufen und den Verlust zu begrenzen oder die Sache auszusitzen, weil sich der DAX oder die Aktien vielleicht doch irgendwann oder immer wieder erholen, ist unangenehm. In diese Zwangslage möchte man besser nicht kommen. Ich glaube, sie ist auch der Grund, warum die Aktienanlage unter den Deutschen nicht so viele Freunde findet. Wer das einmal mitgemacht hat, wie zum Beispiel nach dem Jahr 2000, ist „geheilt“. Wer bei 100 Euro die Telekom-Aktie gekauft und sich an die Durchhalteparolen („Die Aktien erholen sich immer wieder“) gehalten hat, hat faktisch fast seinen gesamten Einsatz verloren, ähnlich wie damals bei der Allianz, der Münchner Rück, in jüngster Zeit der Deutschen Bank und davor bei den Stromversorgern RWE und E.on.

Viele empfehlen Stoppkurse gegen dieses Dilemma. Ich lese oft, dass das automatische Verkaufen von Aktienpositionen, die 10, 15 oder 20 Prozent gefallen sind, den Anleger schützen kann. Ich habe allerdings im Laufe der Zeit die Überzeugung gewonnen, dass Stoppkurse doch nicht so eine gute Idee sind. Als ich mich vor längerer Zeit einmal streng daran gehalten habe, hatte ich den Eindruck, dass ich immer beinahe zum Tiefstkurs ausgestoppt wurde und nach meinem Verkauf die Aktien wieder stiegen. Ich wollte es dann einmal genau wissen. Deshalb habe ich mit den Kursen der letzten zehn Jahre simuliert, was gewesen wäre, wenn ich eine Aktie jeweils nach

20 Prozent Minus, vom letzten Höchstkurs aus gesehen – Trailing Stop, nachgezogenes Verkaufslimit genannt –, verkauft und dafür eine andere gekauft hätte, stellvertretend für alle anderen den DAX. Ich habe also untersucht, ob sich eine Aktie nach dem Ausstoppen in den nächsten zwölf Monaten besser oder schlechter als der DAX entwickelt hat. Das habe ich für alle DAX-Aktien und alle Zeitpunkte durchgeführt. Es ging also nicht darum, einen neuen Zeitpunkt zu wählen und mit der Neuanlage eine Weile zu warten, sondern nur um die Aktienauswahl. Nach dem Ausstoppen wurde sofort die nächste Aktie gekauft. Das Ergebnis war ernüchternd. Nach dem Ausstoppen entwickelten sich die ausgestoppten Aktien in den nächsten zwölf Monaten etwas besser als der DAX, zwei Prozentpunkte besser. Mit dem Ausstoppen ist das Unglück also schon passiert. Danach hat die Aktie die gleiche Chance wie der DAX, sogar eine leicht bessere. Nun gibt es Aktien, die einen stetigen Marsch nach unten vollzogen haben, wie zum Beispiel die Aktie der Deutschen Bank. Da wäre es besser gewesen, die Aktie nach dem Ausstoppen nie wieder anzurühren. Bei anderen hingegen kam man durch das Ausstoppen nicht in den Genuss der langen Aufwärtsbewegung. Allein aus der Adidas-Aktie, dem Renner der letzten zehn Jahre, wäre man in dieser Zeit achtmal mit minus 20 Prozent ausgestoppt worden. In den Genuss der Verzehnfachung des Adidas-Kurses wäre man mit Stoppkursen gar nicht gekommen. Und auch die richtig großen Renner wie Amazon oder Apple hätte man mit Stoppkursen nicht ausreiten können. Die Amazon-Aktie zehntelte sich, bevor sie sich verhundertfachte. Auch die andere große Börsenregel, „Gewinne laufen lassen", lässt sich statistisch nicht untermauern. Nach einem Kursgewinn von 20 Prozent verläuft die Kursentwicklung in den folgenden zwölf Monaten statistisch genauso wie der DAX. Wenn ich eine Aktie kaufe, die schon stark gestiegen ist, 20 Prozent, erhöhe ich mit dem Kauf nicht die Wahrscheinlichkeit, in den nächsten zwölf Monaten besser als der DAX abzuschneiden. Auf die Renner zu setzen verspricht also statistisch keinen

höheren Ertrag. Die angenommene Selbstevidenz der beiden Börsenregeln ergibt sich vermutlich aus der selektiven Wahrnehmung. Es lassen sich immer Fälle finden, bei denen es toll gewesen wäre, wenn man einen Stopp gesetzt hätte, und auch welche, bei denen man den Kurs einfach hätte weiterlaufen lassen sollen. Statistisch lassen sich aber die beiden Regeln „Stoppkurse setzen" und „Gewinne laufen lassen" nicht verifizieren.

Deshalb scheint es mir sinnvoller zu sein, die Kaufzeitpunkte so zu wählen, dass man vermutlich zunächst einmal ins Plus läuft. Ich gebe Ihnen daher drei Anhaltspunkte an die Hand, die Ihnen helfen, lokale Hoch- und Tiefpunkte zeitnah zu identifizieren. Dazu zählen erstens emotionale Auffälligkeiten bei den Anlegern, die sich an besonders abrupten Kursbewegungen nach oben oder unten vor einem Gipfel beziehungsweise vor einem Tiefpunkt erkennen lassen. Als zweiter Hinweis tritt ein zeitlicher Punkt hinzu, der Ihnen verrät, wann Sie nach diesen emotionalen Extrempunkten Ausschau halten müssen. Ein dritter Faktor sind die Signale der herkömmlichen Charttechnik. Die herkömmliche Charttechnik, die generell als Charttechnik bezeichnet wird, versucht mit eingezeichneten Linien Anhaltspunkte über den weiteren Verlauf der Kurse zu gewinnen. Ich habe schon vor langer Zeit einmal versucht, diese Regeln der Charttechnik zu programmieren, um dann die Trefferquote des Anlageergebnisses bei Anwendung dieser Regeln vom Computer ausrechnen zu lassen. Das Ergebnis war ernüchternd. Wie ich im Verlauf des Buches im Einzelnen schildern werde, ließ sich keine Steigerung des Anlageergebnisses mit den Anweisungen der herkömmlichen Charttechnik erzielen. Alles andere hätte mich auch außerordentlich gewundert. Wenn die Charttechnik funktionieren soll, müssen im Kursverlauf der Vergangenheit Informationen über die Zukunft verborgen sein. Eine absurde Vorstellung! Es ließ sich mit der herkömmlichen Charttechnik weder ein statistischer Mehrwert zeigen noch wäre für ihn eine logische Erklärung möglich. Da sich aber viele Anleger nach dieser populären Analysemethode richten, sind ihre Signale häufig als kurzfristige Kontraindikatoren aufzufassen. Nach besonders starken Kaufsignalen zum Beispiel entwickelt sich der DAX in der Regel zunächst in die entgegengesetzte Richtung. Aufgrund des Kaufsignals kaufen nämlich zusätzliche Anleger, die den Kurs so in die Höhe treiben, dass in der unmittelbaren Zeit danach dann entsprechende Käufe fehlen. Der einzige Nutzen, den der grafische Auftrag des Kursverlaufs dem Anleger bieten kann, vor allem in der Chartdarstellung in Kerzenform, ist eine Momentaufnahme der aktuellen emotionalen Verfassung der Anleger. Sie liefert Rückschlüsse darüber, wie lange es noch dauert, bis sich die vorherrschende Stimmung ändert. Historische Kurse spielen für die Kurzfristprognose keine Rolle. Warum sollte ein Tag vor 30 Börsentagen, von dem aus eine Linie in die Gegenwart gezogen wird, heute eine Bedeutung haben? Danach kamen 29 weitere Tage. Wirkt dieser eine Tag vor 30 Tagen über 29 Tage hinweg? Die gesamte herkömmliche Charttechnik ist ein sehr seltsames Gedankengebäude. Sinn ergibt nur, aus der aktuellen Kursformation der letzten Tage die Stimmung der Marktteilnehmer herauszulesen. Im Lichte dieser jeweils aktuellen Analyse der emotionalen Befindlichkeit der Anleger werde ich die häufigsten Formationen der Candlestick-Charttechnik im weiteren Verlauf des Buches noch einmal statistisch überprüfen und einordnen.

Des Weiteren beschreibe ich einige statistische Anomalien im Verlauf des DAX, aus denen sich lukrative Strategien herleiten lassen. Das Verhalten des DAX im Tagesverlauf und die Veränderungen, die sich in der Nacht bis zur nächsten Eröffnung ergeben, werden gründlich untersucht. Aus dieser Untersuchung ergeben sich verblüffende Gesetzmäßigkeiten. Neben der Kurzfristprognose gehe ich im weiteren Verlauf des Buches auch auf andere zyklische Strategien ein, die dem Anleger einen Vorteil verschaffen. Zum Schluss des Buches werde ich noch die Gesamtsituation der Börse begutachten. Bevor er sich dazu entscheidet, Aktien als langfristige Investition zu erwerben, ist es für den Anleger wichtig, zu wissen, an welcher Stelle wir im großen Ablauf der Dinge im Moment stehen. Befinden wir uns gerade „oben“ und haben Jahre der unerfreulichen Börsenentwicklung vor uns oder liegen wir relativ unten und die „Mega-Hausse“ wartet auf uns? Tanzen wir gerade auf dem Hochseil mit der Gefahr, jeden Moment abzustürzen, oder wandern wir auf sicherem Grund vor einem langen Gipfelsturm? Dazu lässt sich der historische Kursverlauf des DAX der letzten 50 Jahre in zwei Phasen einteilen. Nach der zyklischen Struktur der bisherigen Bewegung des Dollarkurses gegen den Euro (beziehungsweise davor die D-Mark) richteten sich nicht nur die Aktien, sondern auch die Rohstoffmärkte und der Goldpreis. Die Höchststände des Dollar gegen unsere Währung wurden in den Jahren 1969, 1985, 2001 und 2017 erreicht. In den Jahren der Dollar-Anstiege – von 1980 bis 1985, von 1996 bis zum Jahr 2001 und vom Jahr 2012 bis 2017 – vervielfachten sich jeweils die Aktienkurse. Während der Zeiten, in denen der Dollar tendenziell fiel – nach dem Gipfel des Jahres 1969, nach dem Höchstkurs des Jahres 1985 und während der Abwärtsbewegung der US-Währung nach dem Jahrtausendwechsel –, konnten die deutschen Aktien jeweils zehn Jahre keinen oder so gut wie keinen Gewinn per saldo einfahren. Fast der gesamte Aktienanstieg der letzten 50 Jahre fand in diesen dreimal sechs Jahren statt. In den anderen 30 dieser fast 50 Jahre wurde per saldo kein Gewinn mit Aktien erzielt. So ist es wichtig, zu wissen, wo wir uns in diesem Ablauf gerade befinden. Des Weiteren ist für den Aktionär von Bedeutung, welche wirklichen Gefahren ihm drohen. Welche Ereignisse haben das Potenzial, das Aktiendepot zu dezimieren, wie nach dem Jahr 2000 oder nach dem Jahr 2007?

KAPITEL 1

KONSUMENTENVERTRAUEN GLEICH BÖRSENSTIMMUNG?

Dieses Buch geht der Frage nach, welche Informationen in der grafischen Darstellung von Kursverläufen stecken und vor allem auch welche nicht. Wenn man die sich verändernden Preise von Aktien, Anleihen, Gold und anderen Anlageinstrumenten über der Zeitachse aufträgt, ergibt sich ein Bild, das man Chart nennt. Was verrät solch ein Chart dem Anleger? Dieser Frage möchte ich an Beispielen von Charts nachgehen. Ich beginne mit einer Abbildung, die diesem Buch zugrunde liegt und die dahinterstehende Theorie erhellen soll.

1 **Die Veränderungen des US-Konsumentenvertrauens und der Aktienkurse**

Jährliche Veränderungsrate in Prozent

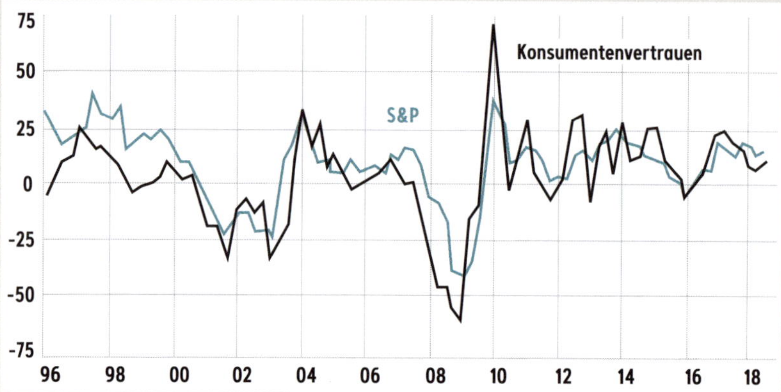

Quelle: Natixis

Diese Grafik zeigt in Blau die jährliche Veränderungsrate des amerikanischen S&P-500-Index. Ein Wert von 10 bedeutet beispielsweise, dass zu diesem Zeitpunkt die Aktien zehn Prozent höher notieren als zwölf Monate zuvor. In Blau darübergelegt sieht man die jährliche Veränderungsrate des amerikanischen Konsumentenvertrauens (Consumer Confidence). Diese beiden Kurven verlaufen fast deckungsgleich.

AKTIENKURSE UND KONSUMENTENVERTRAUEN VERLAUFEN PARALLEL

Was kann man daraus schließen? Richtet sich das Konsumentenvertrauen nach den Aktienkursen? Sind die Menschen bereit, mehr Geld auszugeben, wenn die Börsenkurse gestiegen sind, weil sie sich dann wohlhabender fühlen? Oder ist es genau umgekehrt?

Steigen die Aktienkurse, wenn die ausgabefreudigen Amerikaner für mehr Umsätze in den Geschäften und damit für eine Ankurbelung der Konjunktur sorgen? Treibt die bessere Konjunktur aufgrund der optimistischer gestimmten Konsumenten die Aktienkurse nach oben? Was war zuerst da? Die Henne oder das Ei? Ich glaube, weder noch. Ich nehme an, es handelt sich um ein und dasselbe Phänomen, um zwei Aspekte oder zwei Betrachtungswinkel desselben Objekts. In beiden Fällen dreht es sich um Stimmungen der agierenden Personen, entweder der shoppenden Konsumenten oder der kaufenden Börsianer. Meine These ist nun, und ich werde versuchen, sie im Verlauf dieses Buches herauszuarbeiten, dass diese Stimmungen ein Eigenleben führen. Sie zeigen sich sowohl bei den Konsumenten als auch bei den Anlegern und veranlassen diese dazu, mehr oder weniger zu konsumieren beziehungsweise Aktien zu kaufen oder zu verkaufen. Für die Kursprognose, und um nichts anderes geht es in diesem Buch, wird es deshalb wichtig sein, die Stimmung der Anleger aus einem Chart herauszulesen und vor allem Anhaltspunkte dafür zu detektieren, ob ein Stimmungsumschwung bevorstehen könnte. Interessant und sogar ein wenig mysteriös scheint die Tatsache, dass diese Stimmungen und Stimmungsumschwünge häufig weltweit synchron auftreten. Die Finanzkrise des Jahres 2008 ereilte fast alle Weltbörsen mit dem gleichen zeitlichen Ablauf. Bei diesem Börseneinbruch war es nicht so, dass nur die Aktienkäufer streikten, sondern auch die Konsumenten hielten sich plötzlich zurück.

AUCH DIE EINZELHANDELSUMSÄTZE VERÄNDERN SICH WIE DIE AKTIENKURSE

Die Finanzkrise zeigte wieder, dass sich die Verläufe von Dow Jones und Konsumentenstimmung auf die gleiche Ursache zurückführen lassen. Ich habe dazu den Nasdaq-Index der amerikanischen Technologiewerte über die amerikanischen Einzelhandelsumsätze gelegt.

2 Die US-Einzelhandelsumsätze und der Nasdaq

in relativen Werten (nicht maßstabsgetreu)

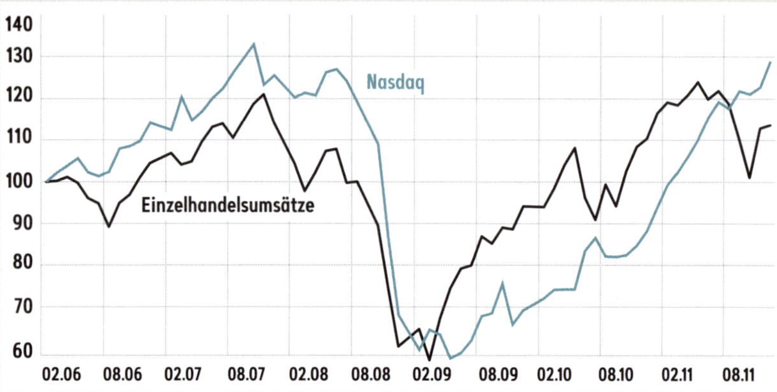

Quelle: Federal Reserve Economic Data (FRED)

Wieder sieht man, dass es sich um fast die gleichen Kurven handelt. Anhand dieser Grafik kann man die oben angesprochenen Kausalitäten noch einmal widerlegen. Würde sich eine gute Konsumentenstimmung über höhere Einzelhandelsumsätze auf (dann steigende) Unternehmensgewinne auswirken, die dann zu höheren Aktienkursen führen würden, ergäbe sich eine zeitliche Verzögerung zwischen der Konsumentenstimmung und der Bewegung der Aktienkurse. Bis sich höhere Profite in den Kursen niederschlagen, dauert es Wochen, wenn nicht Monate, bis die neuesten Unternehmensgewinne veröffentlicht werden. Diese Kausalität kann man also ausschließen. Andersherum müssten fallende Aktienkurse, wenn sie denn kausal auf das Konsumentenverhalten wirken, sich auch mit Zeitverzögerung auswirken. Es finden ja nicht nur Spontankäufe der Konsumenten statt, es sind auch Lebensnotwendigkeiten, die besorgt werden müssen. Größere Anschaffungen wie zum Beispiel Möbel oder Autos werden mit einem Vorlauf geplant. Da weder die Aktienkurse den Einzelhandelsumsätzen vorweglaufen noch die Einzelhandelsumsätze den Aktienkursen, kann man wohl jede der beiden einzelnen Kausalitäten ausschließen. Das Phänomen muss ganzheitlich betrachtet werden. Es handelt sich um eines, das sich in zwei verschiedenen Ausformungen manifestiert. Zugrunde liegen beiden synchron verlaufenden Kurven die jeweiligen Befindlichkeiten der Menschen – der Anleger und der Konsumenten.

WECHSELNDE STIMMUNGEN BEEINFLUSSEN DAS KAUF- UND DAS ANLAGEVERHALTEN

Die Bereitschaft, zu kaufen – Aktien oder Waren –, wird durch die jeweilige Stimmung gesteuert. Sie hängt damit offensichtlich nicht von den jeweils einlaufenden Wirtschaftsdaten ab. Als Aktionär ist man es ja gewohnt, sich von einer Veröffentlichung bis zur nächsten zu zittern und auf positive Werte zu hoffen. Der Kalender ist vollgestopft mit Veröffentlichungsterminen: am Montag die Einzelhandelsumsätze, am Dienstag die Industrieproduktion und die Leistungsbilanz, am Mittwoch der Ifo-Index. Besonders gefürchtet sind die Daten aus den USA. An jedem vierten Freitag erscheinen die Arbeitsmarktdaten, die „Nonfarm Payrolls", die neu geschaffenen Stellen außerhalb der Landwirtschaft, dann folgt das von der Notenbank veröffentlichte „Beige Book", das den aktuellen Puls der Wirtschaft fühlt, und dann die Hausverkäufe. Doch wenn das stimmt, was ich vermute, dass die Börse von Stimmungen und nicht von Daten getrieben wird, sind diese einlaufenden Zahlen nichts als Hintergrundrauschen. Es ist zwar noch nachzuvollziehen, dass schlechte oder gute Arbeitsmarktdaten in den USA einem zartbesaiteten Anleger einen Schrecken einjagen oder ihn zu Käufen veranlassen. Es ist aber nicht zu erkennen, warum Konsumenten aufgrund eines veröffentlichten Einkaufsmanagerindex oder eines PCE-Deflators (ein weit gefasstes Inflationsmaß in den USA) plötzlich aufhören sollten zu kaufen. Da aber Konsumentenstimmungen und Börsenkurse ziemlich parallel laufen, kann man ausschließen, dass Wirtschaftsdaten nur auf eine der beiden Größen einwirken. Da es schwer vorstellbar ist, dass diese herniederprasselnden Wirtschaftsdaten die Konsumenten nachhaltig in ihren Einkaufsentscheidungen beeinflussen, folgt daraus, dass ihr Einfluss auf die Aktienkurse im Mittel ebenfalls verschwinden muss.

UM WIRTSCHAFTSDATEN MUSS MAN SICH NICHT KÜMMERN

Es ergibt also keinen Sinn, sich nach irgendwelchen Wirtschaftsdaten zu richten. Vor allem überhaupt, nach welchen? Und wenn man es doch tun würde: Welche Änderungen sind wie zu bewerten? Positiv oder negativ? Wie oft höre ich in den Nachrichten, dass die Aktienkurse trotz guter Daten vom Arbeitsmarkt gefallen sind. Dann heißt es, die guten Daten wären schon in den Kursen „eingepreist" gewesen. Der Markt hätte sie antizipiert. Ein anderes Mal steigen die Kurse aufgrund von guten Wirtschaftsdaten. Warum waren die guten Daten da nicht bereits vorweggenommen? Den einlaufenden Wirtschaftsdaten hinterherzuhecheln und Investitionsentscheidungen von ihnen abhängig zu machen ist also sowohl in theoretischer als auch meiner eigenen Erfahrung nach in praktischer Hinsicht ein vollkommen fruchtloses Unterfangen. Wichtig sind offensichtlich in erster Linie die Stimmungen der Börsianer.

DAX UND DOW VERLAUFEN ZIEMLICH PARALLEL, MIT WENIGEN AUSNAHMEN

Interessant ist dabei, dass diese Stimmungsänderungen global auftreten. Wenn man einen drei- oder fünfjährigen Chart des DAX über einen solchen des Index der Emerging Markets legt, erhält man fast das gleiche Bild. Die Aktienkurse und damit sowohl die Stimmungen der Börsianer als auch die Stimmungen der Konsumenten schwingen weltweit ziemlich synchron. Zu zwischenzeitlich leichten Abweichungen kommt es in den verschiedenen Regionen der Welt. Ich habe hierzu den Verlauf des Dow Jones und den des DAX mit demselben Startpunkt in ein Diagramm kopiert.

3 Der DAX und der Dow von März 2009 bis März 2019

in Prozent

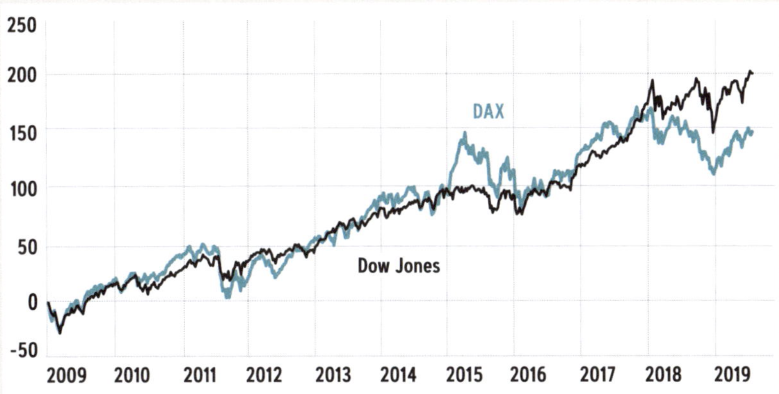

Quellen: Gebert, TeleTrader

Neben dem insgesamt sehr ähnlichen Verlauf und den Zacken und Ausschlägen zu jeweils den gleichen Zeitpunkten fallen drei markante Abweichungen auf. In den Jahren 2011 und 2015 schoss der DAX über den Dow hinaus. Im Jahr 2015 entwickelte er sich sogar sehr deutlich von ihm weg. Warum waren die Börsianer in Deutschland zu diesen zwei Zeitpunkten auf einmal so viel optimistischer als die Amerikaner? Vielleicht hilft ein Blick auf die Konsumentenstimmung in den USA und in Europa zu den betreffenden Zeiten. Von Wirtschaftsforschungsinstituten wird regelmäßig das Verbrauchervertrauen sowohl in den USA als auch in Europa abgefragt.

4 Das Konsumentenvertrauen in den USA und in Europa

in Punkten

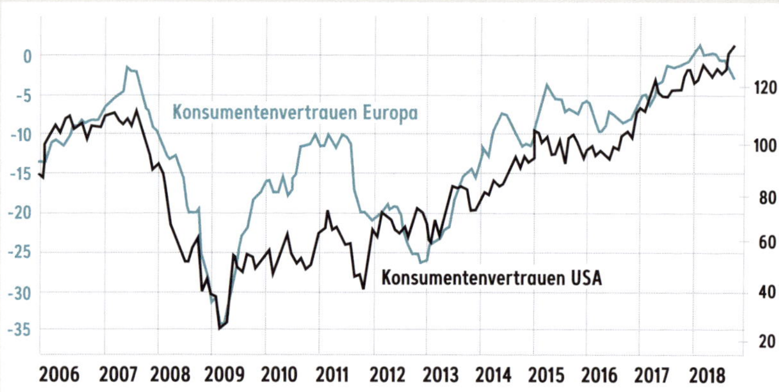

Quelle: Cantor Fitzgerald

Sowohl im Jahr 2011 als auch im Jahr 2015 verspürten die Konsumenten in Europa ein deutlich größeres Vertrauen als die in den USA. Hier stellt sich wieder die Frage, ob die freundlicheren Aktienkurse in Deutschland das größere Konsumentenvertrauen in Europa widerspiegelten oder umgekehrt das Konsumentenvertrauen auf die Aktienkurse reagierte. Oder, und das ist meine These, es handelt sich bei beidem um zwei Aspekte ein und desselben Phänomens: Konsumentenvertrauen ist gleich Anlegervertrauen. Es handelt sich um eine Stimmung, die die Welt oder einen Teil der Welt ergreift und sich in zunehmendem Verbrauchervertrauen und Anlegervertrauen manifestiert oder zu anderen Zeiten umgekehrt in dem Verschwinden von beidem. Dadurch wird die Sache natürlich noch mysteriöser, als sie ohnehin schon ist. Geben die Aktienkursentwicklungen für sich allein genommen schon genügend Rätsel auf, verwirrt die Tatsache, dass sie parallel zum Verbrauchervertrauen laufen, und dass sie in der Regel weltweit synchron auftreten, befremdet noch zusätzlich. Im Jahr 2018 erlebten wir den gegenteiligen Fall. Der DAX zeigte das ganze Jahr über Relative Schwäche gegen den Dow. Insgesamt verlor er in diesem Jahr fast 15 Prozent mehr als der Dow.

TRUMP BEFLÜGELTE 2018 DEN DOW, WÄHREND ER DEN DAX BREMSTE

Falls Sie sich gefragt haben, warum sich die amerikanischen Aktien in dem Jahr so viel besser entwickelt haben als die deutschen, kann man klar sagen, dass das am Verbrauchervertrauen lag. Im Jahr 2018 zog das amerikanische Verbrauchervertrauen deutlich an, während das europäische nachgab. Das ist aber noch keine Erklärung, dazu müsste man wissen, warum das Konsumentenvertrauen in den USA so wesentlich größer als in Europa war. Auch wenn sich deutsche Ohren dabei querstellen: Es könnte an Donald Trump gelegen haben. Während seine Präsidentschaft die Menschen in Europa eher finster in die Zukunft blicken ließ, sorgte sie in den USA offensichtlich für eine gute Stimmung der Börsianer und der Konsumenten. Die Bereitschaft, zu kaufen, ob jetzt Aktien oder Waren, kann also durchaus vorübergehend in einer Weltgegend von der in einer anderen Weltgegend abweichen. Für ein Land aber oder eine Weltgegend kann man für alle praktischen Zwecke Konsumentenvertrauen und Börsenstimmung gleichsetzen. Wenn wir jetzt noch den japanischen Nikkei-Index über den DAX legen, zeigt sich, dass dieser Ablauf der Stimmungsveränderungen in Japan genauso stattgefunden hat wie in den USA oder Deutschland.

5 Der DAX und der japanische Nikkei-Index von März 2014 bis März 2019

in Prozent

Quellen: Gebert, TeleTrader

Da drängt sich aber die Frage auf, was eine US-Technologie-Aktie wie Intel mit einem japanischen Lebensmittelkonzern wie zum Beispiel Asahi zu tun hat. Warum fallen die beiden Aktien im gleichen Takt, verlaufen im gleichen Rhythmus? Diese Synchronizität der Stimmungen war nicht nur auf die Finanzkrise beschränkt. Es handelt sich immer um ein und dasselbe Phänomen. Allem scheint die Stimmung der Menschen zugrunde zu liegen, ob sie nun konsumieren oder Aktien kaufen.

WOHER KOMMEN DIESE STIMMUNGSSCHWANKUNGEN?

Mit diesen Stimmungen werden wir uns nun eingehender beschäftigen. Dabei wollen wir herausfinden, woher die Stimmungsschwankungen stammen und woran man eine Änderung der Stimmungslage frühzeitig erkennen kann. Wir wollen versuchen, diese Stimmungen in den Charts zunächst einmal zu identifizieren. Dafür gibt es eine geniale Methode, die sich Candlestick-Charttechnik nennt.

KAPITEL 2

DIE GRAFISCHE DARSTELLUNG VON KURSVERLÄUFEN

Beginnen wir mit der einfachsten grafischen Darstellung eines Kursverlaufs, dem Linienchart. Ich habe als Beispiel den Verlauf des DAX in der zweiten Jahreshälfte 2018 gewählt.

Der Schlusskurs eines jeden Börsentages wird mit einem Punkt in der x-y-Ebene markiert. Die x-Achse dient als Zeitachse und auf der y-Achse wird die Höhe des DAX-Werts mit einem Punkt aufgetragen. Der DAX stellt ein gewichtetes Mittel der Kurse der 30 größten deutschen börsennotierten Aktiengesellschaften dar. Aktien, die einen größeren Börsenwert besitzen, werden stärker berücksichtigt. Die jeweiligen Kursveränderungen der einzelnen Aktien gehen also proportional zum Wert der dahinterstehenden Firmen in die Berechnung des DAX ein. Der DAX wird generell in Punkten angegeben.

6 Der Linienchart des DAX von Juli 2018 bis Dezember 2018

in Punkten

Quellen: Gebert, TeleTrader

Streng genommen lautet seine Einheit aber Euro, da die Einheit der gewichteten Summe von Aktien, die in Euro notiert werden, ebenfalls Euro ist. Da sich Punkte statt Euro eingebürgert haben, werde ich dabei bleiben. Benachbarte Punkte in der x-y-Ebene werden durch eine Linie verbunden. So ergibt sich ein zackiger, nicht mathematisch differenzierbarer Verlauf der zeitlichen Entwicklung der Schlusskurse. Der Blick auf einen solchen Linienchart – als Beispiel der Verlauf der letzten zehn Jahre – liefert historische Informationen. An welchem Tag in der Vergangenheit betrug der Kurs wie viel Euro?

WELCHE INFORMATIONEN STECKEN IN EINEM LINIENCHART?

Darauf liefert der Linienchart Antworten. Ist es jedoch sinnvoll, zu wissen, wo ein Kurs, zum Beispiel der des DAX, vor einem Jahr notierte? Ich komme im Verlauf des Buches mehrmals auf diese Schlüsselfrage zurück.

7 Der Linienchart des DAX von März 2009 bis März 2019

in Punkten

Quellen: Gebert, TeleTrader

Bis zum Jahr 1988 wurde nur einmal am Tag ein deutscher Aktienindex berechnet. Vor 1988 gab es den sogenannten Kassamarkt. Einmal an jedem Börsentag, gegen 12:00 Uhr, wurden für jede Aktie alle Kauf- und Verkaufsaufträge zusammengefasst und aus dieser Auftragslage ein Kurs errechnet, der einen möglichst großen Umsatz in diesem Papier zuließ. Zu diesem sogenannten Kassakurs wurde dann ge- oder verkauft. Aus diesen Kassakursen der einzelnen Aktien wurde dann ein Tageskurs eines deutschen Aktienindex, zum Beispiel der der *Frankfurter Allgemeinen Zeitung*, der FAZ-Index, berechnet. So wurde dieser eine Punkt im Chart für diesen einen Tag, an dem ein Index berechnet wurde, in die Grafik eingetragen. Dieser eine Punkt blieb die einzige Information für diesen Tag. Ab 1988 begann der fortlaufende Handel an den Börsen in Deutschland. Von 9:00 Uhr bis 14:00 Uhr konnte man dann durchgehend Aktien kaufen und verkaufen. Die Handelszeiten sind seitdem mehrfach geändert worden. Der offizielle Handel startet aktuell morgens um 9:00 Uhr und endet um 17:30 Uhr. Mit den während der Handelszeit zur Verfügung stehenden aktuellen Kursen der 30 großen deutschen Aktien konnte auch ein Aktienindex, fortan DAX genannt, fortlaufend berechnet werden. Seitdem gibt es pro Tag also nicht nur einen Datenpunkt, sondern viele – alle an diesem Tag zustande gekommenen Kurse. Eine besondere Bedeutung haben der Eröffnungskurs um 9:00 Uhr, der Schlusskurs um 17:30 Uhr, der höchste Wert des Tages, auch Höchstkurs genannt, und der tiefste Wert des Tages, der Tiefstkurs. Greift man auf diese Werte zurück, kann man auch den grafischen Verlauf des DAX im Chart mit mehr Informationen ausstatten.

DER BALKENCHART ENTHÄLT MEHR INFORMATION

So gibt es zum Beispiel die bekannten Balkencharts, die für jeden Tag nicht mehr nur einen Punkt einzeichnen, sondern einen Balken, einen Strich zwischen dem tiefsten und dem höchsten Kurs des Tages. Dieser Balken wird mit einem kleinen Häkchen an der rechten Seite versehen, das den Schlusskurs des Tages kennzeichnet.

8 Der Balkenchart des DAX von Juli 2018 bis Dezember 2018

in Punkten

Quelle: Gebert

In einem Balkenchart werden die einzelnen Tage nicht miteinander verbunden, anders als in einem Linienchart. Für jeden Handelstag steht ein einziger selbstständiger Balken, der die Kursspanne und den Schlusskurs des Tages symbolisiert. Der Anleger bekommt in diesem Chart also nicht nur die Information des Schlusskurses übermittelt, sondern auch die Spanne, zwischen der die Kurse des Tages schwankten. Selten wird an Balkencharts auf der linken Seite ebenfalls mit einem Häkchen der Eröffnungskurs des Tages markiert. Damit schlägt sich der vierte markante Punkt eines Börsentages in der grafischen Darstellung des Kursverlaufs nieder. Eine fünfte wichtige Information ist implizit in der Darstellung zu erkennen. Wenn der linke Haken über dem rechten Haken liegt, ist die Aktie, die Anleihe oder in unserem Fall der DAX im Tagesverlauf gefallen. Der Schlusskurs liegt dann unter dem Eröffnungskurs. War es dagegen andersherum, sind die Kurse im Tagesverlauf gestiegen, liegt der rechte Haken über dem linken. Mit diesen vier herausgehobenen Kursen eines Tages, Eröffnungs-, Höchst-, Tiefst- und Schlusskurs, und der zusätzlichen Information, ob die Kurse im Tagesverlauf gestiegen oder gefallen sind, ist noch eine andere prägnantere Darstellung möglich: die Candlestick-Chartdarstellung, auch Kerzen-Darstellung genannt, weil ihre einzelnen Figuren entfernt an Kerzen erinnern.

GRÜN-ROTE CANDLESTICK-CHARTS WIRKEN PRÄGNANTER

Diese Darstellung malt einfach die Verbindungslinie zwischen dem Eröffnungs- und Schlusskurs dicker als beim Balkenchart und wählt noch zwei verschiedene Farben, je nachdem, ob es im Tagesverlauf bergauf oder bergab ging. Gewöhnlich wird diese dicke, an eine Kerze erinnernde Linie weiß gezeichnet bei steigenden Kursen im Tagesverlauf und schwarz bei fallenden. In manchen Darstellungen werden statt der Farben Weiß und Schwarz die Farben Grün und Rot verwendet. Mir persönlich gefällt die grün-rote Darstellung besser als die weiß-schwarze. Sie wirkt prägnanter. Die weißen Kerzen heben sich zu wenig vom weißen Hintergrund ab. Ich habe mich deshalb in diesem Buch für die grün-rote Darstellung entschieden. Die aus meiner Sicht besonders zu beachtenden Kriterien, auf die ich im weiteren Verlauf des Buches noch eingehen werde, lassen sich so schneller erfassen. So sieht der Kursverlauf, der oben schon einmal als Linienchart und einmal als Balkenchart abgebildet ist, als Candlestick-Chart aus.

9 Der Candlestick-Chart des DAX von Juli 2018 bis Dezember 2018

in Punkten

Quellen: Gebert, Captimizer

Sehen wir uns einmal eines dieser vielen aufeinanderfolgenden Gebilde genauer an.

10 Grüne Kerze

in Punkten

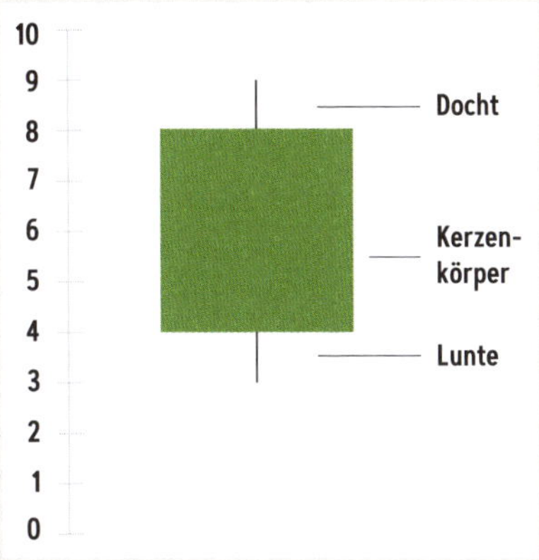

Quelle: Gebert

11 Rote Kerze

in Punkten

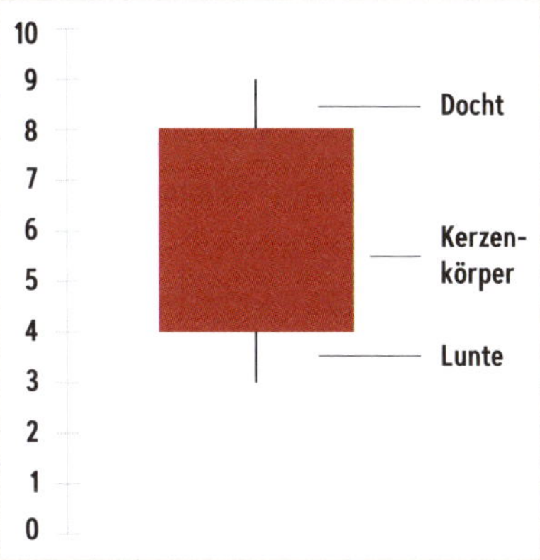

Quelle: Gebert

Das grüne Rechteck zwischen dem Eröffnungs- und dem Schlusskurs wird auch Kerzenkörper genannt, im Englischen Body. Die Verbindung des grünen Rechtecks nach oben zum Höchstkurs wird im Englischen Upper Shadow genannt, Oberer Schatten. Der Weg zum Tiefstkurs wird als Lower Shadow, Unterer Schatten, bezeichnet. Ich habe in meinem ersten Buch über Candlestick-Charts vor 25 Jahren die Begriffe Docht und Lunte für den Oberen und den Unteren Schatten eingeführt. Sie klangen kürzer und prägnanter. Letztlich wird dieses Gebilde ja Kerze genannt und was liegt da näher, als den oberen Zipfel einen Docht zu nennen. Es blieb noch das Wort Lunte für den unteren. Teilweise sind die Begriffe Docht und Lunte für den Upper Shadow und den Lower Shadow übernommen worden.

Sind die Kurse im Tagesverlauf gefallen, wird der Kerzenkörper schwarz oder eben rot gezeichnet. Neben der Form der Kerze transportieren die Lage zu der am Tag davor aufgetretenen Kerze und die Farbe des Kerzenkörpers die wichtigsten Informationen, die der Kerzenchart liefert.

HISTORISCHE KURSE VERBLASSEN IN IHRER BEDEUTUNG

Generell kann man sagen: je frischer die Information, desto bedeutender. Der Schlusskurs des letzten Tages liegt uns näher als der Eröffnungskurs des letzten Tages. In ihm sind neuere Informationen enthalten als im Eröffnungskurs. Wie sich im Verlauf des Buches herausstellen wird, sind die Eröffnung des Tages in Beziehung zum Schlusskurs des Vortages und der Schlusskurs des Tages in Beziehung zur Eröffnung die wichtigsten Informationen des Tages. Aus ihnen lassen sich entscheidende Schlüsse ziehen. Bevor ich auf die verschiedenen Gebilde eingehe, die sich aus mehreren solcher Kerzen zusammensetzen lassen und die jeweils eigene Namen tragen, möchte ich noch etwas bei der Tageskerze und dem Schlusskurs des Vortages verweilen.

STATISTISCHE ANALYSE

Ich möchte immer alles genau wissen. Deshalb habe ich auch eine Vorliebe für quantitative Aussagen. Ich mag es, wenn alles mit einer Zahl quantifiziert wird: Wie groß ist dieses genau und wie hoch ist die Wahrscheinlichkeit für jenes? Vielleicht geht diese Vorliebe auf mein Physikstudium zurück oder vielleicht habe ich ihretwegen überhaupt Physik studiert. Jedenfalls habe ich mich zunächst einmal der Statistik der einzelnen Kerzen angenommen, um die Information aufzuschlüsseln, die sich in diesen Kerzen versteckt. Dazu habe ich mir die Eröffnungs-, Hoch-, Tief- und Schlusskurse des DAX seit Beginn des fortlaufenden Handels 1989 von Bloomberg heruntergeladen. Bis dahin hatte ich meine Rechnungen immer noch mit einer Tabelle durchgeführt, in die ich die Werte seit 30 Jahren jeden Tag mit der Hand eintrage. Jedoch habe ich bei dem Handeintrag der Einfachheit halber den DAX auf die erste Stelle vor dem Komma gerundet. Bei Bloomberg sind sie bis auf zwei Nachkommastellen angegeben. Ob das nun sinnvoll ist, einen Wert, der sich sekündlich ändert, mit sieben Stellen Genauigkeit anzugeben, fünf vor dem Komma und zwei dahinter, mag dahingestellt sein. Es wird offenbar eine Messgenauigkeit vorgegaukelt, die nicht gegeben ist. Nun ja, das soll nicht das Problem sein. Jedenfalls wollte ich Daten verwenden, die nur auf eine Datenquelle zurückgehen.

KAPITEL 3

DAS TAG-NACHT-PHÄNOMEN

Zuerst habe ich mir angeschaut, wie viele grüne Kerzen und wie viele rote Kerzen in diesen 30 Jahren aufgetreten sind. In dieser Zeit gab es 7.585 Handelstage. An 3.808 dieser Tage schloss der DAX höher, als er eröffnet hatte, erschien also eine grüne Kerze. An 3.757 Tagen ging es bergab, was mit einem roten Kerzenkörper in der Candlestick-Darstellung gekennzeichnet wurde. Die Summe von 3.808 und 3.757 ergibt allerdings nur 7.565. Was geschah an den übrigen 20 Handelstagen? Da schloss der DAX exakt in Höhe des Eröffnungskurses. Das scheint etwas merkwürdig zu sein. Bei sechs Ziffern, als der DAX noch im Tausenderbereich notierte, und mittlerweile bei sieben Ziffern zum Schlusskurs genau denselben Wert zu erreichen wie bei der Eröffnung erscheint mir relativ unwahrscheinlich. Bei sieben Stellen ist die Wahrscheinlichkeit eins zu einer Million, dass es tatsächlich stattgefunden hat. In meiner per Hand geführten Tabelle unterscheiden sich die Werte auch von den Bloomberg-Werten. Dort kam es an diesen 20 Tagen nicht zu exakt demselben Schlusskurs. Sehen wir also einmal von diesen 20 unveränderten Tagesverläufen ab. Bei früheren Rechnungen für mein vor 25 Jahren erschienenes Buch „Candlestick-Charttechnik“ habe ich die Angabe „unverändert“ etwas sinnvoller gefasst und eine Abweichung von nur wenigen Punkten auch als „unverändert“ eingestuft.

MERKWÜRDIGE VERTEILUNG DER GRÜNEN UND DER ROTEN KERZEN

Zurück zu den 3.808 grünen und 3.757 roten Kerzen. Dies erscheint mir schon einmal sehr merkwürdig. In den letzten 30 Jahren hat es also annähernd so viele grüne wie rote Kerzen gegeben. Der DAX ist also im Mittel etwa genauso oft im Tagesverlauf gestiegen, wie er gefallen ist. Wie kann der DAX dann in 30 Jahren seinen Wert insgesamt verachtfacht haben, wenn er etwa an genauso vielen Tagen geklettert wie gefallen ist? Diese Frage musste näher untersucht werden. Dazu habe ich zunächst einmal berechnet, wie viel der DAX an den Tagen, an denen er im Tagesverlauf gestiegen war, zulegen konnte und wie viel er an roten Tagen im Mittel verloren hat. Da wurde die Sache noch merkwürdiger. Das Rätsel des Kursanstiegs des DAX trotz etwa gleich vieler grüner und roter Kerzen klärte sich nicht etwa dadurch, dass der DAX dann eben an den Tagen, an denen er gestiegen war, deutlich stärker klettern konnte, als er an den roten Tagen verloren hatte. Im Gegenteil! An den Tagen mit den roten Kerzen verlor er im Mittel sogar mehr, als er an den Tagen mit den grünen Kerzen gewinnen konnte. Dazu habe ich einen Chart gezeichnet, der den Verlauf des DAX seit 1989 zeigt, den er nur während der Handelssitzungen zurückgelegt hat.

TAGSÜBER FÄLLT DER DAX IM MITTEL DER ZEIT

Er bildet also die Strategie ab, die sich theoretisch ergeben hätte, wenn der Anleger morgens zur Eröffnung gekauft und am Nachmittag zum Schlusskurs wieder verkauft hätte.

12 Die aneinandergereihten Kursveränderungen des DAX während der Börsensitzungen

in Punkten

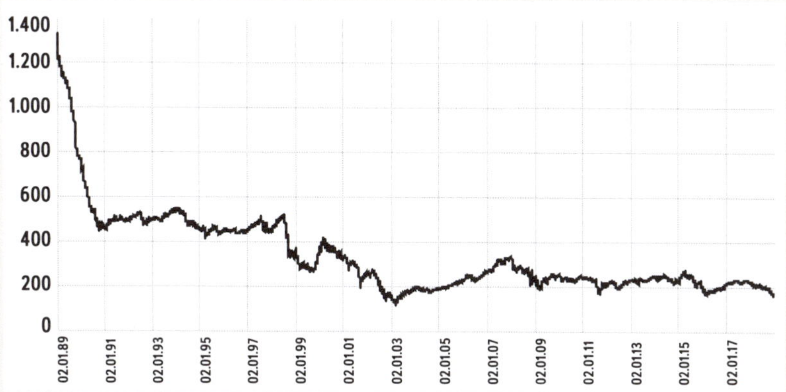

Quelle: Gebert

Statt verachtfacht wie der DAX von 1.335 Punkte auf 10.500 Punkte, hätte sich das Depot vom DAX-Stand Anfang des Jahres 1989 auf 162 geachtelt. Unglaublich, tagsüber, während der Börsensitzungen, ist der DAX im Mittel der letzten 30 Jahre gefallen. Wo kommen dann aber die Kursgewinne her? Des Rätsels Lösung liegt darin, dass der DAX im Mittel nur nachts steigt, und zwar deutlich. Er musste in dieser Zeit nicht nur den Anstieg des DAX der letzten 30 Jahre leisten, sondern auch noch die Kursverluste des Tages ausgleichen. Des Nachts, als wir schliefen, muss sich der DAX also vervierundsechzigfacht haben. Tatsächlich: Beim Nachrechnen ergab sich ein Faktor von 65, um den sich der DAX vom Börsenschluss bis zur nächsten Börseneröffnung in den 30 Jahren vermehrt hat. Bei einem Start mit einem DAX-Stand von 1.335 am 2. Januar 1989 hätte sich das Depot bis Ende 2018 auf einen Stand von 86.811 vermehrt.

DER DAX STEIGT IM MITTEL NUR NACHTS

Der „Tag-DAX" ist in 30 Jahren also von 1.335 auf 162 gefallen, während der „Nacht-DAX" von 1.335 auf 86.811 gestiegen ist.

13 Die aneinandergereihten Kursveränderungen des DAX zwischen den Börsensitzungen

in Punkten

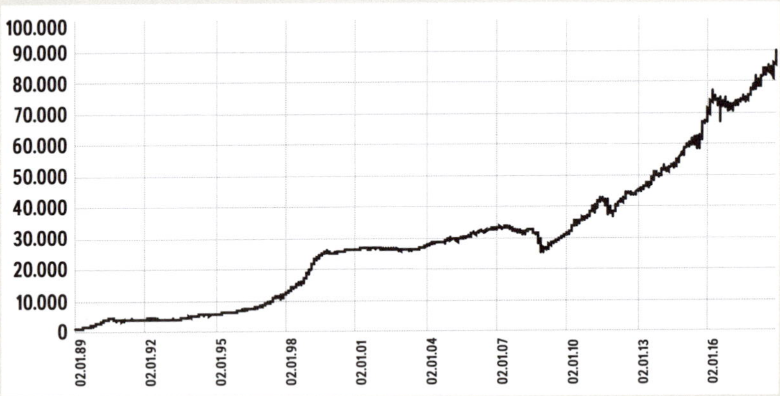

Quelle: Gebert

IMMENSE GEWINN BEI DER TAG-NACHT-STRATEGIE

Na, da winkt doch gleich eine Strategie: Wie wäre es, nachts long zu gehen und tagsüber short? Man müsste bei Börsenschluss um 17:30 Uhr auf steigende Kurse setzen, diese Position bei der Börseneröffnung am nächsten Morgen verkaufen und eine gleich große Position auf fallende Kurse setzen, diese am Nachmittag wieder verkaufen und auf steigende Kurse setzen und so weiter. Man mag es kaum glauben, aber mit der Tag-Nacht-Strategie hätte sich das Depot von 1.335 auf 713.723 vermehrt. Der Einsatz hätte sich verfünfhundertvierzigfacht.

14 Die Tag-Nacht-Strategie

in Punkten

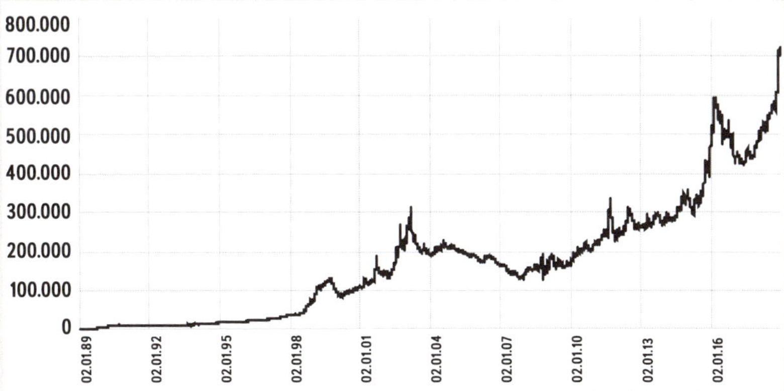

Quelle: Gebert

Zwei große Rückschläge des Depotwerts sind bei dieser Strategie zu beklagen. Von 2003 bis 2008 verlor das Depot etwa die Hälfte seines

Wertes und Anfang 2016 büßte es 30 Prozent ein. Der maximale „Drawdown", wie man das nennt, also der maximale Verlust beim Einstieg beim Gipfel, hätte also 50 Prozent betragen. Die Strategie musste also einen schweren Rückschlag erleiden. Allerdings ist er nicht so hoch wie der größte Einbruch des DAX in dieser Zeit. Nach dem Jahr 2000 viertelte sich der DAX fast. Mit der Strategie hätten sich in der Vergangenheit spektakuläre Gewinne ergeben. Allein im letzten Jahr, 2018, in dem der DAX-Daueranleger so sehr geblutet hat und 19 Prozent seines Depotwerts dahinschmelzen sehen musste, hätte die Tag-Nacht-Strategie fast plus 50 Prozent erzielt.

15 Die Tag-Nacht-Strategie 2018

in Prozent

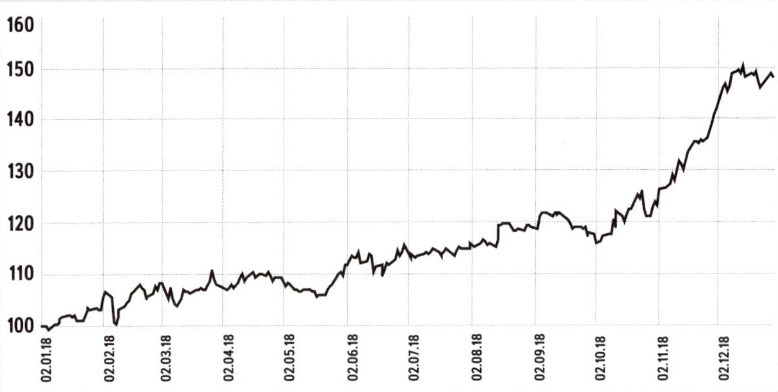

Quelle: Gebert

Der größte Verlust, der vom letzten Gipfel aus durchlitten werden musste, lag im letzten Jahr bei fünf Prozent. Lässt sich diese Strategie umsetzen? Pro Tag sind zwei Transaktionen nötig, pro Jahr etwa 500. Bei einem normalen Gebühren- und Spesensatz scheidet diese Strategie natürlich aus. Machbar wäre sie jedoch. Einige Banken bieten eine Art Flatrate an. Für eine Jahresgebühr in Höhe von circa einem Prozent des Depotwerts kann man handeln, so viel man will. Mit diesen Spesen bekäme man das hin. Bleibt die Geld-zu-Brief-Spanne. Kauf- und Verkaufskurs unterscheiden sich ja minimal. Bei einem DAX-Future macht das circa 0,01 Prozent aus. Das fiele nicht so sehr ins Gewicht. Im Mittel steigen die Aktien nachts 0,05 Prozent. Da bliebe also etwas übrig. Unschön mutet die viele Arbeit an, das häufige Kaufen und Verkaufen.

Praktikabel sieht das nicht aus. Vielleicht findet sich ja ein Zertifikate-Anbieter, der diese Strategie verbrieft und anbietet. Ich werde einmal danach Ausschau halten. Um diesem Phänomen auf die Spur zu kommen, schauen wir uns noch einmal die Grafik an, die den Verlauf des Depots wiedergibt, das immer nur tagsüber im DAX investiert ist. Zunächst fällt auf, dass der größte Verlust der DAX-tagsüber-Strategie zwischen 1989 und 2001 auftrat. Dafür lässt sich eine Erklärung finden, die die möglichen Hintergründe erhellen kann. Im Jahr 1991 wurde die Börsenzeit verlängert. Statt wie vorher bis 13:30 Uhr lief die Börse danach bis 17:00 Uhr. Die Zeit, in der nicht gehandelt wurde, war also vor 1991 größer, deshalb ist der DAX in dieser Zeit stärker gestiegen. Das Phänomen muss offenbar damit zusammenhängen, dass der DAX an Wert gewinnt, wenn nicht gehandelt wird. Der erste Gedanke, der mir dazu einfällt, lautet USA. Dort wird noch gehandelt, wenn bei uns die Börsen längst geschlossen haben. Der DAX wird dann erst am nächsten Morgen auf den weiteren Börsenverlauf in New York bis 22:00 Uhr abends unserer Zeit reagieren können. Das klärt den Sachverhalt aber nicht. Wenn die DAX-Eröffnung so vom Schlusskurs in New York abhängen würde, müsste sie ja gleichmäßig einmal höher und einmal tiefer stattfinden und sich im Mittel kein Kursgewinn gegen den Handelsschluss vom Vortag ergeben, denn in New York steigen die Kurse ja nicht immer. Dort geht es auch in etwa an der Hälfte der Börsentage nach oben und an der Hälfte nach unten. An den Wirtschaftsdaten aus den USA kann es auch nicht liegen. Erstens sind diese auch mal besser und mal schlechter als vermutet und zweitens werden sie in der Regel um 14:30 Uhr unserer Ortszeit bekannt gegeben, wie die Arbeitsmarktdaten, die Einzelhandelsumsätze, das Bruttoinlandsprodukt oder etwas später der Einkaufsmanagerindex. Dann wird in Deutschland mittlerweile ja noch gehandelt. Der Grund für dieses seltsame Verhalten, dass der DAX im Mittel nur nachts steigt, muss an anderer Stelle zu finden sein.

KAPITEL 4

BELOHNT WIRD NUR DIE RISIKOÜBERNAHME

Ich erkläre es mir so: Wenn ich morgens um 9:00 Uhr kaufe, empfinde ich eine gewisse Sicherheit. Dann kann ich im Verlauf des Tages noch reagieren. Sollte der DAX entgegen meiner Erwartung zu fallen beginnen, kann ich wieder verkaufen, vielleicht mit einem kleinen Verlust, aber so kann ich mein Depot schützen. Ich besitze nach meinem Kauf noch Handlungsmöglichkeiten. Kaufe ich dagegen um 17:30 Uhr, sitze ich in der Falle. Ich kann nicht mehr reagieren. Stürzen die Kurse in New York, kann ich erst am nächsten Morgen heraus. Diese Angst, dass in der Nacht in New York oder am frühen Morgen in Asien irgendetwas Dramatisches passiert und man seine Position nicht in Sicherheit bringen kann, weil nicht gehandelt wird, scheint viele Anleger dazu zu veranlassen, doch noch vor 17:30 Uhr zu verkaufen. Dieses Phänomen sehe ich auch in anderen Situationen. Der Anleger möchte einen möglichst hohen Gewinn bei gleichzeitig möglichst niedrigem Risiko. Doch diese beiden Ziele schließen sich gegenseitig aus.

GROSSER GEWINN BEI KLEINEM RISIKO GEHT NICHT

Als Aktienanleger werde ich im Prinzip nur dafür bezahlt, dass ich ein Risiko übernehme – wie eine Versicherung, die davon lebt, dass sie Prämien dafür kassiert, dass sie die Möglichkeit eines Unglücks in Kauf nimmt. Wenn ich also morgens kaufe und denke, ich habe kein Risiko, weil ich ja jederzeit aussteigen kann, sobald sich der DAX gegen mich entwickelt, mache ich auch keinen Gewinn. Gehe ich jedoch das Risiko ein, dass nachts eine Katastrophe passiert und ich erst am nächsten Morgen zu wesentlich ungünstigeren Kursen herauskomme, wird diese Risikoübernahme von der Börse dem Anleger „bezahlt", wie eine Prämie an eine Versicherung. Ich sehe dieses Phänomen immer wieder an der Börse. Nehmen wir ein Beispiel: Vor irgendeiner wichtigen Entscheidung fallen die Aktienkurse, wie zum Beispiel vor der Trump-Wahl.

16 Der Kursverlauf des DAX vor und nach der Wahl von Donald Trump

in Punkten

Quellen: Gebert, Captimizer

Ich kann mich noch erinnern, wie vor der US-Präsidentschaftswahl vor einem Sieg von Donald Trump gewarnt wurde. Morgan Stanley sagte, wenn ich mich recht erinnere, einen 10- bis 20-prozentigen Rutsch des Dow im Falle seines Triumphes voraus. Seine wirtschaftspolitischen Vorstellungen, der Protektionismus und die Androhung von Zöllen schienen nichts Gutes für den Aktienmarkt zu prophezeien. Der ängstliche Anleger verkaufte also vor der Wahl. Er wollte unter gar keinen Umständen den angekündigten 10- bis 20-prozentigen Rutsch der Aktienkurse für den Fall, dass Donald Trump tatsächlich obsiegen würde, mitmachen. Entsprechend gaben die Notierungen an der Wall Street in den Tagen unmittelbar vor der Wahl drei Prozent ab. Die Prognosen der Meinungsforschungsinstitute sahen einen klaren Sieg von Hillary Clinton voraus. Ein Sieg des unmöglichen Donald Trump schien so gut wie ausgeschlossen. Trotzdem veranlasste die geringe Möglichkeit, dass wie durch ein

Wunder Donald Trump doch an die Macht kommen könnte, einige vorsichtige Anleger dazu, zur Sicherheit zu verkaufen. Dann kam die Wahl und Trump gewann. Doch statt wie vorhergesagt 10 bis 20 Prozent zu stürzen, schoss der Dow Jones am Tag nach der Wahl wie von Sinnen in die Höhe.

DER MARKT MACHT DAS GEGENTEIL DESSEN, WAS BEFÜRCHTET WIRD

Statt zehn Prozent zu fallen, legte er in den kommenden sechs Wochen zehn Prozent zu. Belohnt wurde der Anleger, der die Möglichkeit eines Trump-Sieges bewusst in Kauf genommen hat. Er wurde, wie eine Versicherung, für die Risikoübernahme von der Börse bezahlt. Nur das bewusste Eingehen eines Risikos wird von der Börse honoriert. Der Versuch, einen möglichst großen Ertrag mit einem minimalen Risiko zu erzielen, ist zum Scheitern verurteilt. Die Börsengeschichte besteht aus einer Aneinanderreihung dieser Abläufe. Nehmen wir als weiteres Beispiel die Finanzkrise des Jahres 2008. Wenn man sich einen langfristigen Chart des DAX anschaut, sieht man den schweren Einbruch gegen Ende des Jahres 2008 während der Finanzkrise, deren Höhepunkt durch die Pleite der Investmentbank Lehman Brothers eingeleitet worden war. Rückwirkend betrachtet sieht Börse so einfach aus. Man hätte doch nur während der Finanzkrise kaufen müssen, dann hätte man heute dreimal so viel Geld wie damals. Halt, halt, halt. So einfach war das nicht. Nachdem Lehman Brothers geschlossen hatte und einige europäische Institute ebenfalls ihre Pforten nicht mehr aufmachten, wie zum Beispiel Fortis, oder sich lange Schlangen vor den Auszahlungsschaltern in England bildeten, standen wir tatsächlich ganz dicht vor der Kernschmelze. Selbst eine gesunde Bank kann einen Ansturm der Kunden, die ihre Guthaben ausbezahlt bekommen wollen, nicht überstehen. Sie hat das Geld der Kunden ja nicht im Tresor oder auf dem Konto liegen, sondern sie hat es verliehen, an Häuslebauer, Industrieunternehmen oder Landwirte. Eine Bank kann beim besten Willen nicht kurzfristig das Geld der Kunden heranschaffen. Solch einen „Bank Run" überlebt eine Bank nicht.

UNSERE WIRTSCHAFTSORDNUNG STAND AUF DEM SPIEL

Wäre dieser Ansturm auf die Banken weitergegangen, hätte unser Finanzsystem das nicht überlebt. Dass plötzlich Bank-Sparguthaben von Kunden verschwunden sind, hätte das Vertrauen in unser Zahlungs- und Werterhaltungssystem erschüttert und dauerhaft zerrüttet. Es ist nicht klar, wie es danach weitergegangen wäre. Zumindest wären Unruhen und Rebellionen von den Menschen, deren Geld plötzlich weg war, ausgelöst worden. Jegliche wirtschaftliche Tätigkeit wäre zum Erliegen gekommen. Beim Aktientiefpunkt während der Finanzkrise sah es tatsächlich so aus, als würden die Aktien am nächsten Tag wertlos. Einige sind ja tatsächlich wertlos geworden, wie zum Beispiel das Papier der Fortis-Bank. Mit einer Verdopplung der Aktienkurse wurde demnach also nur der im Nachhinein für seinen Mut belohnt, der das Risiko eines Totalverlustes bei dem tatsächlich drohenden Zusammenbruch unseres kompletten Finanzsystems in Kauf genommen hatte. Die Übernahme des größten Risikos, das man eingehen kann, das des Totalverlustes über Nacht, wurde mit einer anschließenden Verdopplung des Depotwertes honoriert. Dass die Welt noch einmal am Abgrund entlanggeschlittert und nicht hinabgestürzt ist, muss rückwirkend als großer Glücksfall bezeichnet werden. Derjenige, der angesichts des großen Risikos auf dem Höhepunkt der Finanzkrise verkauft hat, um das, was zu retten ist, noch in Sicherheit zu bringen, hat einen Verlust erlitten und konnte an der späteren Erholung der Kurse nicht teilnehmen. Auch hierbei wurde wieder nur die Risikoübernahme entlohnt und das sichere Verhalten bestraft. Der Anleger, der gewartet hat, bis die Lage wieder übersichtlich, die Gefahr vorbei ist und die Wirtschaft wieder wächst, konnte erst kaufen, als die Kurse schon wieder oben waren. Zu warten, bis die Aussichten wieder günstig sind und dann zu kaufen, verspricht keinen Gewinn. Der gleiche Ablauf ließ sich während der Eurokrise beobachten. Auch da könnte man im Rückblick denken: Gott, wie einfach! Man hätte ja nur im Jahr 2012 kaufen müssen. Börse kann doch so simpel sein. Doch so war es nicht. Das Ende des Euro stand tatsächlich unmittelbar bevor. Nur wer dieses Risiko fahrlässig eingegangen ist, konnte sich nachher über die Kurserholung freuen.

KURSSTURZ ZUM JAHRESENDE 2018

Und auch an das jüngste Beispiel werden Sie sich sicher noch gut erinnern können. Gegen Ende des Jahres 2018 rumpelten die Kurse lawinenartig nach unten. Eine Panik drohte. Die Lage in Großbritannien wurde immer unübersichtlicher. Ein ungeordneter Brexit schien unvermeidbar. Der Handelskrieg zwischen den USA und China spitzte sich immer weiter zu. Neue Zölle lagen in der Luft. Es wurde berichtet, dass auch die deutschen Autobauer bald mit 25 Prozent Einfuhrzoll rechnen müssten. Italien schwelte weiter vor sich hin und zu allem Überfluss drohte die amerikanische Notenbank weitere Zinserhöhungen an, obwohl schon erkennbar war, dass sich die US-Wirtschaft und die Weltwirtschaft immer deutlicher abschwächten. Jeder Anleger, der noch alle fünf Sinne beisammenhatte, fühlte sich zum Verkauf seiner Position genötigt. Um das Risiko möglichst klein zu halten und Schaden vom Depot abzuwenden, war ein Verkauf offenbar zwingend geboten. Vor allem Verwalter größerer Beträge – und seien es nur die Familienkassen – fühlten sich unmittelbar verpflichtet, dem Risiko aus dem Weg zu gehen. Vor allem war das Narrativ auf der Seite der Verkäufer. Es sprach alles gegen steigende Kurse. Stellen Sie sich vor, der Verwalter des Familienvermögens, von dem die Tochter einmal ein Auto und das Studium finanziert bekommen sollte, hätte Aktien gekauft oder im

Besitz befindliche Aktien nicht verkauft und die Kurse wären tatsächlich weiter gestürzt. Die Ehefrau hätte dann gefragt: „Wusstest du das mit dem Brexit nicht? Und von den Handelsstreitigkeiten hast du auch nichts mitbekommen?“ Das hätte kein Mann durchgestanden. Der Verkauf schien die einzig logische Option zu sein – immer mit dem Trost, sobald sich die Lage geklärt habe und das Risiko vorbei sei, könne man ja wieder kaufen.

DAS EINGEGANGENE RISIKO WIRD HONORIERT

Wie kann jemand, der die Verantwortung für das weitere Wohlergehen der Familie in den Händen hält, sehenden Auges das Risiko eingehen, dass der Brexit schiefläuft? Der Verkauf der Aktien zum Tiefstkurs vor Weihnachten war nicht dumm, sondern die richtige logische Konsequenz aus dem Versuch, das Risiko von sich abzuwenden. Doch das auf den ersten Blick vernünftige Verhalten wird von der Börse nicht honoriert. Der Anleger dagegen, der vor Weihnachten gekauft hat oder zumindest seine Aktien vor Weihnachten nicht verkauft hat, musste schon eine große Portion Chuzpe aufbringen. Brexit, interessiert mich nicht! Handelsstreitigkeiten? Mir egal! Vor der Tür stehende US-Rezession? Geht mich nichts an. Dieses unverantwortliche Handeln wurde in den ersten Januarwochen reichlich belohnt. Die Kurse schossen nach oben. Diejenigen dagegen, die eigentlich alles richtig gemacht und risikoscheu versucht hatten, das Depot zu schützen, wurden bestraft. Wenn ich die vielen Fragen, die im Laufe der Zeit an mich gerichtet worden sind, und die Zuschriften in einem Satz zusammenfassen soll, würde ich die generelle Frage folgendermaßen formulieren: „Wie erziele ich einen möglichst großen Ertrag bei einem möglichst geringen Risiko?“ Das ist leider genau der Punkt, an dem ich nicht weiterhelfen kann. Ertrag gibt es nur für Risikoübernahme. Sicherheit verspricht nur die Bundesanleihe mit 0,2 Prozent Rendite.

DER DAX BEI NACHT

Nun aber zurück zum Ausgangspunkt, dem seltsamen Treiben des DAX bei Nacht. Am späten Nachmittag besteht offenbar die Furcht, dass in der Nacht irgendetwas Schreckliches passieren könnte. Dabei belastet besonders die Ungewissheit, dass man gar nicht genau lokalisieren kann, was denn genau droht. Ich habe einmal ein sehr interessantes Buch von einem englischen Geldeintreiber mit dem Titel „Stop The Ride, I Want To Get Off" gelesen. Ich bin durch Zufall auf dieses Buch gestoßen. Man kann es als Lehrbuch für angewandte Psychologie betrachten. Und auch die Börse ist nichts anderes als Psychologie. Der Job des Autors war es, Menschen, die sich Geld geliehen haben und es nicht zurückzahlen wollten, davon zu überzeugen, dass sie es doch besser tun sollten. Freundliche Worte und Überzeugungsarbeit helfen da in der Regel nicht. Die Schuldner wissen, dass sie sich Geld geliehen haben und es zurückzahlen müssen. Um sie doch dazu zu bewegen, müssen sie irgendwelche Konsequenzen fürchten, die es ihnen ratsam erscheinen lassen, das Geld irgendwie aufzutreiben. Nach über 20 Jahren in dem Job wusste der Autor, wovor Menschen Angst haben und wovor nicht. Seiner Erfahrung nach erwies sich eine nicht näher spezifizierte Drohung als wesentlich effektiver als eine konkret ausgesprochene. „Wenn ich in der nächsten Woche das Geld nicht habe, schlage ich dich zusammen" verfehlte in der Regel die Wirkung. Gewöhnlich war die hilfreichste Vorgehensweise ein einfaches „Ich komme wieder". Der Schuldner hatte Zeit, sich auszumalen, was der Geldeintreiber sich Schreckliches einfallen lassen könnte, um an sein Geld zu kommen. Die Zehennägel einzeln ausreißen? Die Kniescheibe zertrümmern? In dem Buch schildert der Autor den Fall, wie er einen Mann durch eine zu drei Vierteln geöffnete Seitenscheibe seines Autos am Kragen packte, ihn bis zur Hüfte durchs Fenster zog und dann nur sagte: „Ich komme wieder." Das Geld wurde pünktlich bezahlt. Die Angst, dass über Nacht irgendetwas Dramatisches passieren könnte, scheint tatsächlich viele Anleger dazu zu veranlassen, im Zweifelsfall noch vor Börsenschluss zu verkaufen. Da ich dieses Phänomen schon oft beobachtet habe, gehe ich davon aus, dass der Kursgewinn des DAX in der Nacht darauf beruht, dass der ängstliche, vorsichtige oder bedachte Anleger eher dazu geneigt ist, vor Börsenschluss noch schnell zu verkaufen. Das Risiko eines unvorhergesehenen, nicht näher zu spezifizierenden Ereignisses in der Nacht, auf das er dann nicht reagieren kann, möchte er nicht in Kauf nehmen. Gewissermaßen wird an der Börse nur diese nächtliche Risikoübernahme honoriert.

AUCH IN DEN USA TRITT DIESES PHÄNOMEN AUF

Und es sind nicht nur die Deutschen, die Angst vor der Nacht haben und bevorzugt vorher verkaufen, sondern auch die Amerikaner.

17 Der S&P 500 am Tag und in der Nacht

in Prozent

Quelle: Gebert

Während der Börsensitzungen verloren die US-Aktien von 2009 bis 2019 insgesamt 45 Prozent. Von Börsenschluss bis zur Eröffnung am nächsten Morgen gewannen sie dagegen 80 Prozent hinzu. Tagsüber auf fallende Kurse zu setzen und kurz vor Börsenschluss die Aktien zu verkaufen, um dann eine Long-Position einzugehen, hätte so den Depotwert um fast 146 Prozent gesteigert. Für diese Rechnung darf man allerdings nicht die veröffentlichten Eröffnungs- und Schlusskurse beispielsweise des Dow Jones wählen. Die Indexberechnung in den USA läuft etwas anders als in Deutschland ab. Bei Börseneröffnung morgens 9:30 Uhr New Yorker Zeit werden nicht sofort die ersten Kurse der im Index vertretenen Aktien berechnet. Die erste Notierung einer Aktie am Morgen findet erst statt, wenn Käufer und Verkäufer auf dem Parkett zusammengefunden haben. Dies dauert in der Regel einige Minuten. Erst dann ist der Markt für die Aktie offen und sie kann fortlaufend gehandelt werden. Bis beispielsweise alle 30 Aktien, die im Dow Jones Industrial Average vertreten sind, gehandelt werden, kann es bis zu zehn Minuten oder länger dauern. Der Dow Jones selbst wird aber gleich nach Börsenstart berechnet. Von den Aktien, bei denen es noch keinen aktuellen Kurs gibt, wird der Kurs des Vortages zur Indexberechnung hinzugezogen. Der Dow Jones startet also bei seiner Eröffnung fast immer etwa in Höhe des Vortags-Schlusskurses, weil sehr viele – unter Umständen sogar alle – verwendeten Kurse noch vom Tag zuvor stammen. Der errechnete Dow-Jones-Kurs des Vormittags entspricht also nicht der Stimmung der Börsianer zu diesem Zeitpunkt, sondern spiegelt zu einem Teil noch die Situation des Vortages wider. Um eine der Situation in Deutschland vergleichbare Grafik zu erstellen, muss man auf gehandelte Terminindizes zurückgreifen, die die Situation zum Zeitpunkt der Börseneröffnung in New York wiedergeben. Insofern ergibt es auch keinen Sinn, mit den Kursen des Dow Jones einen Candlestick-Chart zu zeichnen. Der ausgewiesene erste Kurs und damit der Eröffnungskurs des Tages, mit dem der Kerzenkörper gezeichnet wird, entspricht ja gar nicht der Situation des Morgens, sondern zum großen Teil der des Nachmittags – 16:00 Uhr Ortszeit – zuvor. Man könnte stattdessen die Kerzencharts in den USA mit den Kursen des Terminmarkts zeichnen. Diese Vorgehensweise führt aber ebenfalls zu Schwierigkeiten. Die Handelszeiten stimmen nicht überein. Der Schlusskurs des Terminhandels steht zum Beispiel eine Viertelstunde nach dem Ende des Präsenzhandels fest. Außerdem decken sich die Kurshöhen nicht, weil der Terminmarkt ja immer noch eine Zinskomponente enthält. Die Zeitspanne bis zum Verfallstag des Termingeschäfts muss ja verzinst werden. Die Zeichnung von Kerzencharts für den Dow Jones ist also mit einigen Schwierigkeiten verbunden und muss den Regeln der Candlestick-Charttechnik gemäß streng genommen als nicht möglich bezeichnet werden. Für die Erstellung der obigen Grafik, die den Verlauf der US-Aktien tagsüber den Bewegungen in der Nacht gegenüberstellt, wurde ein ETF, ein an der Börse handelbarer Fonds, auf den amerikanischen S&P-500-Index gewählt. Aus dieser Grafik kann man auch schließen, dass dieses Phänomen in Deutschland nicht hauptsächlich daher rührt, dass deutsche Anleger sich davor fürchten, was in New York am Abend passieren könnte, denn die gleiche Angst befällt die Amerikaner sechs Stunden später in New York.

AUCH DIE SCHWEIZER HABEN ANGST VOR DER NACHT

Sogar bei den tapferen Schweizern lässt sich die Furcht vor der Nacht diagnostizieren. Sie ist dort nicht so stark ausgeprägt wie in Deutschland, aber immerhin noch signifikant vorhanden. Von 1991 bis 2019 gewann der Schweizer SMI-Index während der Tagessitzungen insgesamt nur sieben Prozent, während er sich nachts, während alle schliefen, versechsfachte. Dass dieser Effekt in der Schweiz in leicht abgemilderter Form auftritt, kann an der besonderen Zusammensetzung des SMI-Index liegen. In ihm sind Werte vertreten, die generell in dem Ruf stehen, krisenresistent zu sein.

Bei einem Nahrungsmittelkonzern wie Nestlé muss man nicht so dringend befürchten, dass irgendein nächtliches Ereignis den Wert dieser Aktie deutlich schmälern könnte. Konsumgüter-Aktien, wie das Papier dieses Nahrungsmittelkonzerns, schwanken nicht so stark wie Industrie-Aktien, da die dahinterstehenden Firmen nicht so sehr den Konjunkturzyklen unterliegen. Der Verbrauch von Kaffee oder Schokolade schwankt nicht so stark wie zum Beispiel der Auftragseingang in der Stahlindustrie. Auch die beiden Pharma-Giganten Roche und Novartis verzeichnen in der Regel ein stabiles Geschäft, das keinen großen Schwankungen unterliegt. Vor allem werden diese kaum durch irgendwelche Meldungen, die des Nachts von Übersee herüberschwappen, in ihren Grundfesten erschüttert. Da die drei genannten Giganten mehr als die Hälfte der Marktkapitalisierung des schweizerischen SMI-Index ausmachen und sie als ein Hort der Sicherheit gesehen werden, tritt diese Angst, nachts von einer bösen Entwicklung überrascht zu werden, etwas in den Hintergrund. Trotzdem: Auch beim SMI mit den drei Schwergewichten Nestlé, Roche und Novartis, die als Inbegriff der Solidität gelten, in dem Land, das die höchste Sicherheit verspricht, findet der Kursanstieg fast ausschließlich in der Nacht statt. Das Geld arbeitet offensichtlich nur, wenn wir schlafen.

DIE NACHT AUF DONNERSTAG VERSPRICHT DIE HÖCHSTEN GEWINNE

Aktien am Tag zu halten bringt keinen Gewinn, sondern sogar Verlust. Nun könnte man meinen, dass dieser Tag-Nacht-Effekt am Wochenende besonders ausgeprägt sein muss, da der Anleger vom Börsenschluss am Freitag bis zur Eröffnung am Montag sogar drei Nächte nicht agieren kann. Dies ist aber nicht der Fall. Von Freitag bis Montag gewinnt der DAX im Mittel auch nur 0,05 Prozent und nicht dreimal so viel wie in den anderen Nächten. Die Furcht vor einem Wochenende ist offensichtlich nicht größer als vor jeder anderen Nacht. Der Anleger geht vermutlich davon aus, dass Samstag und Sonntag nichts Ungewöhnliches passieren kann. Die angenommene Gefahr besteht also nicht darin, dass irgendwo ein Krieg ausbrechen könnte oder eine gefährliche Krankheitsepidemie, die genauso gut am Wochenende auftreten könnte. Offenbar werden ungewöhnliche Bewegungen an den Finanzmärkten befürchtet. Der Anleger hat Angst davor, dass irgendwo auf der Welt irgendwelche Kurse stürzen. So begannen ja in der Vergangenheit auch immer die Krisen, die die Anleger viel Geld gekostet haben. Am Wochenende stürzen aber keine Kurse, deswegen wird das Wochenende nicht mehr gefürchtet als eine beliebige andere Nacht. Der stärkste nächtliche Kursgewinn findet in der Nacht von Mittwoch auf Donnerstag statt. Da gewinnt der DAX im Mittel sogar 0,07 Prozent. Bei einer Bank, die eine jährliche Flatrate für Transaktionen anbietet, und bei der gegenwärtigen Geld-zu-Brief-Spanne eines DAX-Termingeschäfts ließe sich diese Strategie durchführen. Tagsüber auf fallende Kurse zu setzen und nachts auf steigende hätte das Depot den letzten 30 Jahren verfünfhundertvierzigfacht statt nur verachtfacht.

ABENDS KAUFEN, MORGENS VERKAUFEN!

Auch wenn sich diese Strategie für den Privatanleger nicht sinnvoll umsetzen lässt, liefert sie doch interessante Hinweise. Eine erste Folgerung aus diesem seltsamen Verhalten der Börsenkurse lautet, dass man bei anstehenden Transaktionen am besten morgens verkauft und abends kauft. Im Mittel der Zeit erwischt man um 9:00 Uhr die besten Verkaufskurse und um 17:30 Uhr die günstigsten Kaufkurse. Vor allem ist es unnötig, während des Tagesverlaufs darauf zu lauern, ob sich eine gute Gelegenheit ergibt. Die Schwankungen innerhalb eines Tages mitteln sich im Laufe der Zeit weg. Man kann Glück haben und etwas billiger kaufen oder man hat

Pech und gerät gerade an etwas teurere Kurse. Statistisch gesehen erhält man den Höchstkurs bei der Eröffnung und den Tiefstkurs beim Tagesschluss. Der Versuch, während des Tages zu kaufen, birgt noch eine weitere Gefahr, auf die ich im weiteren Verlauf des Buches bei der Besprechung der einzelnen Kerzen eingehen werde. Der potenzielle Käufer lässt sich leicht von steigenden Kursen während des Tages zu Käufen verführen. Man wird schnell durch im Tagesverlauf beschleunigt kletternde Notierungen mitgerissen und zu Käufen verleitet, die man eigentlich gar nicht vorhatte. Dieses Phänomen ist der Wissenschaft bekannt. Vielleicht erinnern Sie sich? Im Jahr 2008 kam es zu einer Explosion des Reispreises. Innerhalb kürzester Zeit verdoppelte er sich. In Asien horteten die Menschen Reis, weil sie Angst hatten, dass es bald keinen mehr geben würde oder er so teuer werden würde, dass sie ihn sich nicht mehr leisten könnten. Eine Studie zu den Hintergründen dieser Preisentwicklung fand heraus, dass sogar amerikanische Haushalte, die gar keinen Reis essen, sich beeilten, noch etwas davon abzubekommen, und ihn kauften. Bestimmte Kursbewegungen lösen einen unwiderstehlichen Impuls aus, sich dieser Hysterie anzuschließen. Dabei war Reis gar nicht knapp. Im Anschluss halbierte sich der Preis wieder. Wenn man so im Tagesverlauf kauft oder verkauft, kann man Glück haben und beim Kauf einen günstigeren Preis als den Schlusskurs oder beim Verkauf einen höheren als den Eröffnungskurs erwischen, aber im Mittel kauft man teurer als bei Börsenschluss und verkauft schlechter als bei der Eröffnung. Hinzu kommt, dass man der Gefahr unterliegt, sich bei deutlichen Bewegungen innerhalb des Tages dem Trend anzuschließen, und Käufe oder Verkäufe durchführt, die man eigentlich gar nicht vorhatte. Mir ist es jedenfalls schon öfter so gegangen und ich bin dafür von den Kursen nicht belohnt worden.

KURSVERÄNDERUNGEN WÄHREND DES TAGES ZU BEOBACHTEN WIRKT KONTRAPRODUKTIV

Da es nicht sinnvoll ist, im Tagesverlauf zu kaufen oder zu verkaufen, sondern morgens zu verkaufen und zu Börsenschluss zu kaufen, führt auch die Beobachtung von Kursveränderungen während des Tages nicht zum Ziel. Das Beobachten der Kursbewegungen innerhalb der Börsensitzung des Tages bringt also keinen Vorteil, sondern setzt den Anleger der Gefahr von Fehlentscheidungen aus. Das Starren auf das Kurs-Laufband oder die rot oder grün flackernden Zahlen auf einem Internetportal kann man sich also komplett sparen. Das ist vertane Zeit. Was kann man in dieser Zeit nicht alles Sinnvolles anstellen?

KAPITEL 5

STIMMUNGEN DER ANLEGER AM KURSVERLAUF ABLESEN

Die Aufgabe lautet also nun, anhand der aktuellen Kursbewegungen die Stimmung der Anleger zu diagnostizieren und Hinweise auf eine vermutlich bald folgende Stimmungsänderung zu erhalten. Besonderes Augenmerk gilt dabei den Anzeichen, die auf einen unmittelbar bevorstehenden Stimmungsumschwung hindeuten könnten. Für diese Anforderung sind die Kerzen hervorragend geeignet. Die Kerzencharts helfen bei der kurzfristigen Kursprognose, indem man Stimmungen und Stimmungsänderungen diagnostiziert. Sie sind kein Instrument, um Aussagen über die langfristigen Aussichten des Aktienmarkts zu treffen. Das können sie konstruktionsbedingt nicht. So kann die Kerze heute, oder sagen wir können die drei Kerzen der letzten drei Börsentage, keine Aussagen über die wahrscheinliche Kurshöhe in drei Monaten beinhalten.

Bis dahin folgen 60 weitere Börsentage mit 60 weiteren Kerzen. Jede einzelne dieser weiteren 60 Kerzen enthält ebenfalls Informationen über die Stimmung. Die heutige Kerze kann nicht über 60 weitere Kerzen hinweg wirken. Da ich die nächsten 60 Kerzen noch nicht kenne, kann ich auch von heute aus nicht beurteilen, welche Einschätzung der Lage sich in drei Monaten ergibt. Nun könnte man fragen, was denn die kurzfristige Aktienkursprognose soll, man möchte doch wissen, wo die Kurse in einem Jahr notieren.

AUCH DEM LANGFRISTANLEGER HELFEN KURZFRISTIGE EINSCHÄTZUNGEN

Doch dazu schauen wir uns noch einmal den Kursverlauf der letzten drei Monate an und vergrößern den Ausschnitt zwischen Mitte November und Mitte Dezember.

18 Der DAX-Verlauf von Mitte November 2018 bis Mitte Dezember 2018

in Punkten

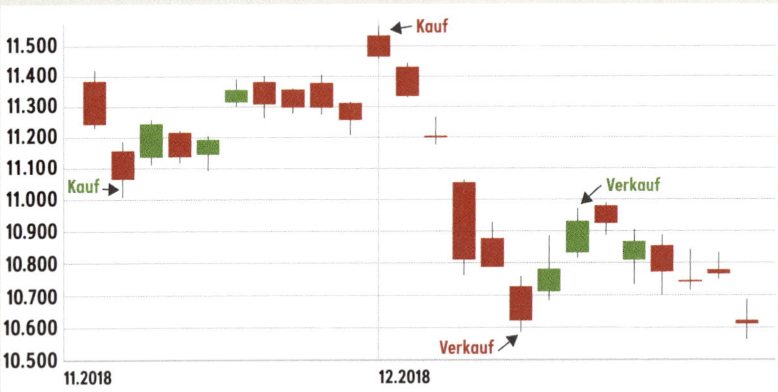

Quellen: Gebert, Captimizer

Man hätte zum Beispiel am 20. November bei etwas über 11.000 Punkten den DAX, einen DAX-ETF oder ein Zertifikat auf den DAX kaufen können und am 15. Dezember etwa plus/minus null wieder verkaufen können. Hätte man dagegen ein paar Tage später den Aktienindex erworben, am 3. Dezember statt am 20. November, und ein paar Tage eher wieder verkauft, am 10. Dezember statt am 15. Dezember, hätte man ein Minus von fast zehn Prozent eingefahren. Nur wenige Tage haben also darüber entschieden, ob man mit plus/minus null oder minus zehn Prozent aus der Position wieder herausgekommen ist. Seit 1960 ist der DAX bis heute pro Jahr im Schnitt fünf Prozent gestiegen. Durch das Berücksichtigen kurzfristiger Indikatoren lässt sich also eine Größenordnung von mehr als dem Doppelten einer durchschnittlichen Jahresveränderung erzielen. Ich habe gerade diese Strecke gewählt, weil man mit Anhaltspunkten, die ich später ausführlich beschreiben werde, genau diesen Verlauf hätte erahnen können. Anders ausgedrückt, ich wurde gefragt, warum ich mich in der letzten Zeit mit der kurzfristigen Aktienprognose beschäftige, wo doch der bekannte Börsenindikator so ausgezeichnete langfristige Ergebnisse erzielt hat. Dazu muss ich wiederholen, dass ich jetzt 63 Jahre alt bin. In 10 oder 20 Jahren habe ich nicht mehr die Verwendungsmöglichkeiten für das Geld, die ich heute noch habe.

Zurück zu den Kerzencharts und ihrem Potenzial der kurzfristigen Aktienkursprognose. Ebenso wenig wie die Kerze heute oder die Formation der letzten Tage über die nächsten 30 oder 60 Kerzen hinweg in die Zukunft wirken kann, so wenig können die letzten 30 oder 60 Kerzen auf den heutigen Tag Einfluss nehmen. Sollte eine Kerze von vor 30 Tagen tatsächlich eine Fernwirkung bis heute haben, würde sich diese Wirkung ja mit der Kerze von vor 29 Börsentagen und der vor 28 Tagen und so weiter überlagern. Der Effekt, wenn es ihn gäbe, würde sich ohnehin bis heute herausgemittelt haben. Deshalb mögen langfristige Kerzencharts interessant anzuschauen sein, Bedeutung für die unmittelbare Kursprognose besitzen sie nicht, können sie nicht besitzen. Daher gibt es auch keinen Grund, irgendwelche Linien in Kerzencharts einzuzeichnen. Ich würde damit irgendeine Information aus der Vergangenheit, die eigentlich nicht mehr bis heute nachwirken kann, in die Gegenwart reichen lassen. Nun gibt es eine Analysemethode, die gerade darauf beruht, dass sie Linien in Charts, vornehmlich Liniencharts, einzeichnet. Generell wird sie umgangssprachlich Charttechnik genannt.

NACHPRÜFUNG DER AUSSAGEN DER HERKÖMMLICHEN CHARTTECHNIK

Vor langer Zeit war sie groß in Mode und ich habe mich einmal ausgiebig mit ihr beschäftigt. Ende der 80er- und Anfang der 90er-Jahre trat im neuen Börsenfernsehen eines privaten Senders freitags zur Mittagszeit immer der Chart-Papst Dr. Hans-Dieter Schulz auf. Im historischen Verlauf der Kurse sollte es seiner Meinung nach Formationen und Anhaltspunkte geben, die eine Kursprognose ermöglichen. Es wurde von Wendeformationen gesprochen wie dem Doppelboden, der eine Wende zum Besseren signalisieren sollte, oder vom Doppeltop, das einer Abwärtsbewegung vorweglaufen könnte. Die Schulter-Kopf-Schulter-Formation wäre ebenfalls ein Warnsignal. Die umgekehrte Schulter-Kopf-Schulter-Formation würde dagegen einen bevorstehenden Kursanstieg signalisieren. Ferner wurden waagerechte Linien eingezeichnet, die von Widerständen oder Unterstützungen aus der Vergangenheit herrühren sollten. Die Aussagen von Herrn Dr. Schulz waren immer sehr vage formuliert und klangen wie: „Wenn der DAX über 1.000 steigt, läuft er bis 1.050“, oder: „Wenn er allerdings unter die 900 sinkt, sind 850 möglich.“ Er vermied es, sich konkret festzulegen. Ich vermute, aus gutem Grund. Ich selbst wollte einmal die ganzen Postulate der Charttechnik statistisch überprüfen. Bestand nach einem Doppelboden tatsächlich eine größere Wahrscheinlichkeit, dass die Kurse steigen, als dass sie fallen? Als Anfang der 90er-Jahre die ersten leistungsfähigen Heimcomputer auf den Markt kamen und ich alle verfügbaren historischen Aktienkurse per Hand in den Computer getippt hatte – aus dem Internet herunterladen ging damals noch nicht –, konnte ich das alles nachprüfen. Dazu zerlegte ich den historischen Verlauf des DAX in eine Folge von abwechselnden Hoch- und Tiefpunkten. Ich ließ den Computer den höchsten Punkt der jeweiligen Umgebung suchen – also 10, 20 und 30 Börsentage, um das Verfahren in verschiedenen Auflösungen durchzuführen. Ebenso lieferte der Rechner Tiefpunkte zwischen diesen gefundenen Hochpunkten. So hatte ich den Kursverlauf in eine Abfolge von Hoch- und Tiefpunkten zerlegt, in verschiedenen Auflösungen, um ihn sowohl auf der mikroskopischen also auch auf der makroskopischen Ebene zu untersuchen. Mit den Wendeformationen fing ich an.

DER DOPPELBODEN ALS WENDE-FORMATION LÄSST SICH NICHT STATISTISCH NACHWEISEN

Ich überprüfte, ob nach zwei nebeneinanderliegenden Tiefpunkten etwa auf dem gleichen Kursniveau, einem Doppelboden also, der nächste Tiefpunkt höher oder tiefer als der Doppelboden auftrat. In etwa 50 Prozent der Fälle kam es zu einem höheren Tiefpunkt nach dem Doppelboden, zur anderen Hälfte zu einem tieferen Tiefpunkt. Eine Wende konnte der Doppelboden nach meinen Untersuchungen also nicht zuverlässig signalisieren. Das gleiche Resultat ergab sich bei den Doppeltops. Bei etwa der Hälfte der Doppeltops fand eine obere Wende statt, bei der anderen Hälfte nicht. Die Schulter-Kopf-Schulter-Formation ließ sich auch leicht mathematisch formulieren. Zwischen zwei etwa auf dem gleichen Niveau liegenden Hochpunkten musste ein höheres lokales Maximum aufgetreten sein. Aber auch diese Formation entfaltete keine Prognosekraft, genauso wenig wie die umgekehrte Schulter-Kopf-Schulter-Figur. Was nützt eine

Wendeformation, wenn nach ihr nur in 50 Prozent der Fälle eine Wende tatsächlich stattfindet? Selbst die einfachste Grundannahme der Charttechnik, dass die Kurse in Trends verlaufen und nach höheren Tiefpunkten höhere Hochpunkte folgen, ließ sich ebenfalls nicht belegen. Dass sich die Postulate der Charttechnik statistisch nicht nachweisen ließen, überrascht nicht wirklich.

KANN DER KURSVERLAUF DER VERGANGENHEIT DIE ZUKUNFT VORHERSAGEN?

Schon die Annahme, dass im Kursverlauf der Vergangenheit Informationen über die Zukunft versteckt sein könnten, ist abenteuerlich. Die Charttechnik tut so, als könne man aus vergangenen Bewegungen auf die Zukunft schließen. Das ist schlichtweg unmöglich. Selbst wenn man annimmt, dass sich der historische Kursverlauf durch das Handeln von Menschen ergibt, würde das ja bedeuten, dass die handelnden Menschen unbewusst Informationen über die Zukunft in ihr Handeln eingebracht hätten. Die Sinnhaftigkeit des Einzeichnens von Linien in einen gegebenen Kursverlauf lässt sich weder statistisch zeigen noch ist ein kausaler Zusammenhang theoretisch denkbar. Auch das Vorgehen, durch einzelne Punkte des historischen Kursverlaufs Linien zu ziehen, um sie mit anderen Punkten zu verbinden, scheint fragwürdig. Dies würde bedeuten, dass bestimmte historische Kurse eine größere Bedeutung haben als andere. Warum hat ein Kurs von vor 30 Tagen, durch den ich eine Linie ziehe, eine größere Wichtigkeit als der Kurs von vor 34 Tagen oder vor 27 Tagen? Kann es eine theoretische Begründung dafür geben, dass dieser spezielle Tag in der Vergangenheit, durch den ich meine Linie ziehe, ein größeres Gewicht besitzt, als der Tag davor oder der Tag danach? Dann habe ich mir die gleitenden Durchschnitte, die auch oft in Charts eingezeichnet werden, näher angesehen.

KEIN VORTEIL MIT DER 200-TAGE-LINIE-STRATEGIE

Generell wird behauptet, wenn der DAX die 200-Tage-Linie, seinen 200-tägigen Durchschnitt, von unten nach oben durchbricht, hätte eine Aufwärtsbewegung begonnen und wenn er die 200-Tage-Linie von oben nach unten passiert, wäre die Hausse vorbei und eine Abwärtsbewegung würde beginnen. Dazu habe ich einmal nachgerechnet, was sich ergeben hätte, wenn ich jeweils bei einem Durchschneiden der 200-Tage-Linie von unten nach oben den DAX gekauft hätte, etwa als ETF oder als Zertifikat, und die Position bei einem Durchbrechen der Linie von oben nach unten wieder verkauft und dann bis zum nächsten Schnittpunkt nach oben auf fallende Kurse gesetzt hätte.

Am Ende der betrachteten Zeitspanne hätte ich mit der 200-Tage-Linie-Strategie den gleichen Depotwert, wie wenn ich den DAX einfach gehalten hätte. Trotzdem werden in Kursverläufe immer wieder Unterstützungen, Widerstände, Flaggen, Wimpel und gleitende Durchschnittslinien eingezeichnet. Ich vermute, das hat etwas mit dem Phänomen der selektiven Wahrnehmung zu tun. Wenn man sich einen historischen Chart im Hinblick auf die Postulate der Charttechnik ansieht, entdeckt man viele Fälle, in denen sie gestimmt hätten, und fühlt sich bestätigt. Negative Beispiele sieht man nicht. Die Candlestick-Charttechnik, wie ich sie kenne und anwende und wie sie mir Erfolg gebracht hat, kümmert sich nicht um die ferne Vergangenheit. Für sie sind nur die aktuelle Stimmung und ihre potenzielle Änderung maßgeblich. Ich beschäftige mich mit dem Thema Aktienkursprognose mittlerweile seit 40 Jahren und habe einiges ausprobiert. Im Laufe der Zeit haben sich erfolgreiche Strategien durchgesetzt. Etwas, das man anfängt und das kein Geld bringt, verwirft man schnell wieder. Man bleibt bei den Handlungsanweisungen, die einen finanziell weitergebracht haben. Deshalb möchte ich Ihnen vorstellen, worauf es aus meiner Sicht bei der grafischen Darstellung der Kursverläufe ankommt. Es muss nicht sein, dass sich das mit Deutungen deckt, die in anderen Büchern über die Candlestick-Charttechnik zu finden sind. Zum Beispiel werden häufig noch gleitende Durchschnitte eingefügt, allerdings ohne jeglichen theoretischen Zusammenhang und ohne irgendeinen statistischen Nachweis der Sinnhaftigkeit. Die Candlestick-Charttechnik hat in ihrer ursprünglichen Form überhaupt nichts mit gleitenden Durchschnitten, Unterstützungen, Widerständen, Doppelböden oder Schulter-Kopf-Schulter-Formationen zu tun. Das theoretische Modell der historisch überlieferten Candlestick-Charttechnik ist nicht nur ein vollkommen anderes als das der westlichen Charttechnik, die Linien in einen Kursverlauf einzeichnet, sondern dieser diametral entgegengesetzt. Die Candlesticks diagnostizieren aktuelle Stimmungen und Stimmungsänderungen, während die Linien-Charttechnik versucht, der Vergangenheit Geheimnisse über die Zukunft zu entlocken. Es geht in diesem Buch also hauptsächlich um meine Deutung und meine Erfahrungen mit den Kerzencharts und darum, was sie leisten können und was nicht.

KAPITEL 6

DIE SUGGESTIVE KRAFT DER KURSBEWEGUNGEN

Bevor wir uns den einzelnen Figuren zuwenden, die sich aus mehreren Kerzen zusammensetzen und denen eigene Namen gegeben worden sind, müssen wir uns mit dem aus meiner Sicht fast wichtigsten Aspekt der Kerzen-Charttechnik auseinandersetzen: mit dem, was zwischen zwei Kerzen passiert. In der Kerzen-Charttechnik wird die Lücke, die zwischen zwei aufeinanderfolgenden Kerzen entstehen kann, Fenster genannt.

„FENSTER" IM KURSVERLAUF

Mehrere Arten von Fenstern treten auf. In einem ansteigenden Kursverlauf kann ein Fenster nach oben erscheinen, wenn bei einer vorauslaufenden grünen Kerze der Eröffnungs- und der Schlusskurs eines Tages deutlich über dem Schlusskurs des Vortages liegen. Wurde am Tag zuvor eine rote Kerze gebildet, müssen Eröffnungs- und Schlusskurs deutlich über dem Eröffnungskurs des Vortages liegen. Bei einem Fenster nach unten ist es umgekehrt: Eröffnungs- und Schlusskurs müssen deutlich unter dem Schlusskurs des Vortages liegen, falls eine rote Kerze vorauslief, oder unter dem Eröffnungskurs des Vortages, falls am Tag vorher eine grüne Kerze gebildet wurde.

19 Das Fenster nach oben

in Punkten

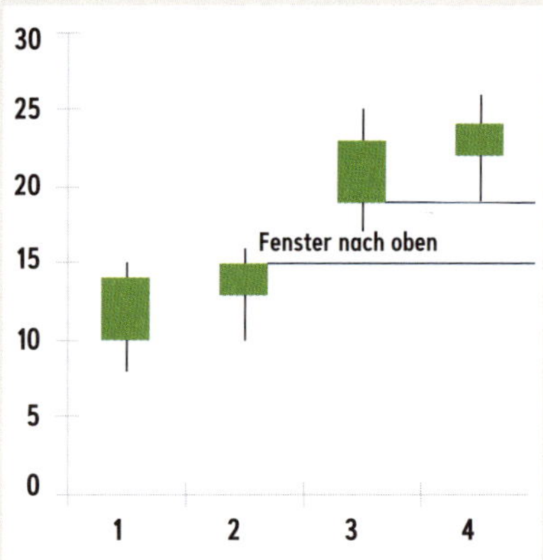

Quelle: Gebert

20 Das Fenster nach unten

in Punkten

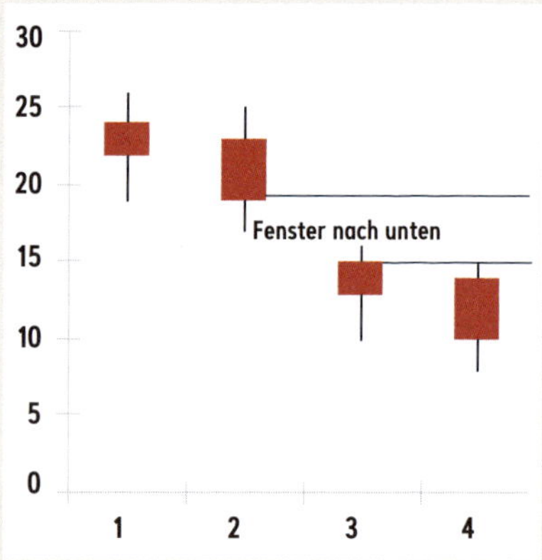

Quelle: Gebert

Noch aussagekräftiger sind diese Fenster, wenn keine oder nur kurze Dochte oder Lunten von den beiden aufeinanderfolgenden Kerzen in diese Lücke hineinragen. Man könnte diese starke Form des Fensters auch sauberes Fenster nennen.

21 Das saubere Fenster

in Punkten

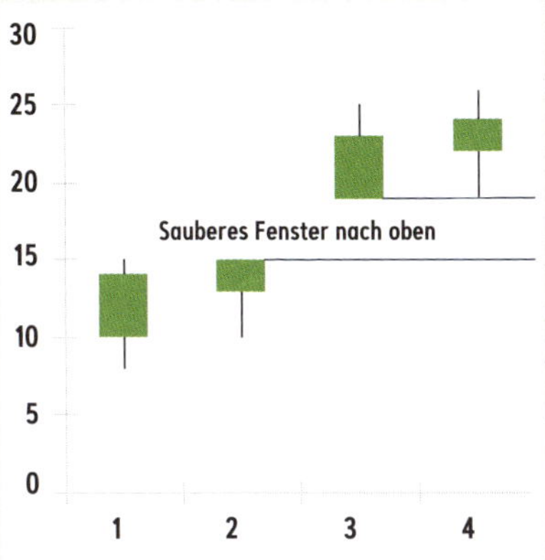

Quelle: Gebert

Solch ein Fenster, ob jetzt sauber oder nicht, zeigt eine starke Änderung der emotionalen Verfassung der Börsenteilnehmer an. Wenn das deutsche Aktienbarometer beispielsweise morgens um 9:00 Uhr über 100 Punkte höher eröffnet, als es am Tag zuvor geschlossen hat, muss in der Zwischenzeit irgendetwas passiert sein, was die Marktteilnehmer ohne Weiteres ein Prozent mehr für die Aktien bezahlen lässt als noch wenige Stunden zuvor. Da die Aktienkurse kurzfristig gesehen die Stimmung der handelnden Personen widerspiegeln, muss sich die Stimmung verändert haben. In einer Vielzahl der Fälle verändert sich die Stimmung aufgrund von neuen Informationen, zum Beispiel von inzwischen eingelaufenen neuen Nachrichten. Mindestens in ebenso vielen Fällen wechselt die Stimmung aber auch ohne einen erkennbaren Grund. Manchmal reicht auch das Ausbleiben von spezifischen oder generell schlechten Informationen aus, Anleger plötzlich die positiven Seiten einer Aktienanlage sehen zu lassen. In diesem Fall, einer plötzlichen Stimmungsverbesserung, kommt ein sich selbst verstärkender Prozess hinzu.

EIN RÜCKKOPPLUNGSPHÄNOMEN

Warum die Stimmungsverbesserung so schnell eingetreten ist, ob durch eine externe Nachricht oder einfach grundlos, spielt eigentlich keine Rolle. Allein die Tatsache, dass der DAX 100 Punkte höher eröffnet, hellt die Stimmung kolossal auf. Aktienbesitzer reagieren darauf freudig erregt und erwägen, noch zusätzliche Aktien zu kaufen. Wer noch keine Aktien hat oder zu wenige (wenn die Aktien steigen, hat man immer zu wenige, doch während sie fallen, hat man immer zu viele), fühlt sich gedrängt, Wertpapiere zu erwerben. So lösen eine höhere Eröffnung oder ein starkes Ansteigen des Kurses einen Mitnahmeeffekt aus. Anleger, die gar keine Aktien kaufen wollten oder zumindest noch nicht, werden verleitet, doch noch schnell einzusteigen. Die Vorstellung, dass die Aktien jetzt so richtig ansteigen und man nicht oder nicht genügend dabei ist, ist nur schwer zu ertragen. Wie oft ist es mir früher so ergangen, dass ich von steigenden Kursen förmlich in den Markt gesogen worden bin. Ich saß nichts ahnend vor dem Monitor mit den blinkenden Kursen oder früher vor dem Laufband von *n-tv* oder *CNBC* und staunte, dass die Aktien plötzlich so freundlich notierten. Leider hatte ich nicht vorher gekauft. „Was ist, wenn die Aktien jetzt steigen und ich nicht dabei bin? Vielleicht hat ja tatsächlich gerade die große Rallye begonnen, von der viele gesprochen haben, und sie findet nun ohne mich statt." Ein grausiger Gedanke. Hektisch überprüfte ich dann die Kurse der Aktien, die für mich infrage kamen. Guckte ich fünf Minuten später, notierten sie schon wieder etwas höher. Langsam wurde ich hektisch. Ich beschloss zu kaufen, allerdings erst bei einem kleinen Rückschlag. Sobald sie mir wieder ein Stück entgegengekommen wären, wäre ich zur Tat geschritten. Den Gefallen taten sie mir aber nicht. Nach einem Verharren auf dem erreichten Niveau fand ein erneuter Schub in neue Kursregionen statt. „Hätte ich doch bloß vorhin schon gekauft. Dann wäre ich jetzt schon im Gewinn." Schließlich gab ich auf und kaufte zu den gestiegenen Kursen. Ich wurde durch den Kursverlauf selbst zum Kauf von Aktien genötigt, obwohl ich zu diesem Zeitpunkt konkret eigentlich noch gar nicht kaufen wollte.

ABRUPT STEIGENDE AKTIENKURSE VERLEITEN ZUM KAUF

Der Aktienkurs kann eine enorme suggestive Wirkung entfalten. So kommt es zu einem Mitnahmeeffekt. Mehr Anleger kaufen, als zu diesem Zeitpunkt eigentlich kaufen wollten. Diese Käufe fehlen dann später. Es war ja nicht so, dass ich gar nicht kaufen wollte. Ich wollte ja kaufen, nur nicht zu diesem Zeitpunkt. Den Zeitpunkt hat mir der Kursverlauf aufgedrängt. Eine Weile ging es nach meinem Kauf noch weiter hoch und ich freute mich, dass ich schnell noch eingestiegen war. Doch dann erlahmte die Aufwärtsdynamik. Offensichtlich waren dann alle, die in den Startlöchern saßen, „abgeräumt". Besonders ausgeprägt tritt dieses Phänomen auf, wenn noch ein Chartsignal der herkömmlichen Charttechnik auftritt. Wenn an diesem freundlichen Tag noch ein Widerstand überwunden wird und der DAX „dynamisch" nach oben ausbricht, ist das ein weiterer Hinweis, dass zu diesem Zeitpunkt mehr Käufe stattfinden, als eigentlich geplant waren. Ich möchte damit niemand zu nahe treten. Es gibt viele Anleger, die das Instrumentarium der herkömmlichen Chartanalyse nutzen und darauf schwören. Meiner 40-jährigen Erfahrung nach sind diese Signale eher Kontraindikatoren, kurzfristig gesehen zumindest. Langfristig mag es sein, dass die Überwindung eines alten Kurswiderstandes, der von Gipfeln oder markanten Punkten in der Vergangenheit waagerecht in die Zukunft projiziert wird, positiv zu werten ist. Schließlich muss jede Bewegung, die in neue Höhen führt, irgendwann über alte Widerstände (oder vermeintliche oder gedachte Widerstände) steigen. In dem Moment, wenn dieses herkömmliche Chartsignal entsteht, kauft wieder eine „Überzahl" an Anlegern, die es für diesen Zeitpunkt im normalen Handelsgeschehen gar nicht vorhatte. Charttechniker kaufen in der Regel spät. Sie setzen ja auf Trends und solche Trends müssen erst einmal etabliert sein. Vor dem dynamischen Ausbruch nach oben müssen die Kurse also schon eine Weile oder sehr lange gestiegen sein. Sehr viele Anleger müssen bis dahin schon gekauft haben. Wenn dann bei dem vermeintlichen Ausbruch nach oben auch noch die Charttechniker kaufen, wer soll dann morgen oder übermorgen kaufen? Ich werde im Verlauf der Diskussion von einzelnen historischen Fällen, an denen ich meine Überlegungen darstellen möchte, noch auf diesen Faktor zurückkommen, dass gerade bei Chartsignalen in die eine Richtung zunächst eine Bewegung in die andere Richtung vorprogrammiert ist. Bei fallenden Kursen ist der genau umgekehrte Ablauf zu beobachten.

PANIK IST ANSTECKEND

Auch in Abwärtsbewegungen treten Verläufe auf, die dem Investor ein Handeln faktisch aufzwingen. Sie können sich nicht vorstellen, wie oft ich in meinen 40 Jahren an der Börse bereits zum Tiefpunkt verkauft habe, bevor ich den Mechanismus verstanden habe. Die Suggestivkraft von bestimmten Kurskapriolen ist so stark, dass man sich kaum dagegen wehren kann. Betrachten wir eine normale Abwärtsbewegung. Die Kurse geben zunächst nach, nicht allzu viel, und erholen sich wieder ein wenig. Alles verläuft noch im Rahmen dessen, was man an Verlusten gut verschmerzen kann. Doch dann werden die Minusstände im Depot etwas größer. Da setzen bereits die Gedanken ein, dass es doch besser gewesen wäre, vorher zu verkaufen oder wenigstens den Aktienanteil im Depot etwas zu reduzieren. Die nächste leichte Erholung vertreibt diese Gedanken wieder. Doch dann kommt der Schock: Die Kurse geben noch mehr nach. Mittlerweile haben sie schon mehr als zehn Prozent vom letzten Hochpunkt aus verloren. Das ist ärgerlich und hätte nicht passieren dürfen. Das wirklich Störende an der Situation aber ist, dass nun nach dem Rückschlag von mehr als zehn Prozent die Ursachen offensichtlich werden, warum die Aktien überhaupt erst so weit gefallen sind. Seien es eine Wirtschaftsschwäche in China, von Präsident Trump aufgebrummte Zölle oder einfach schlechte Wirtschaftszahlen, die den Rückgang der Aktienkurse im Nachhinein als durchaus gerechtfertigt erscheinen lassen. Das rosige Szenario, das man noch beim Kauf der Aktien im Kopf hatte und das noch beim letzten Hochpunkt als wahrscheinlich erschien, trübt sich dadurch deutlich ein. So reift der Entschluss, bei der nächsten Erholung die Aktien oder zumindest einen Teil von ihnen zu verkaufen. Das ist in der Regel der Zeitpunkt, ab dem keine nennenswerten Erholungen mehr folgen. Die Kurse treten die nächsten Stufen nach unten an, ohne sich zwischendurch spürbar zu erholen. Wenn sich dann der Chartverlauf nach unten beschleunigt, wird die eigene Aktienposition immer unhaltbarer. Positive Aspekte, aufgrund derer man die Aktien vorher überhaupt erst gekauft hat, scheinen dann plötzlich keine Rolle mehr zu spielen. Das niedrige Kurs-Gewinn-Verhältnis, die hohe Dividendenrendite: Alles zählt plötzlich nicht mehr. Der überstrahlende Faktor, der die Verkäufe auslöst, ist der schrumpfende Depotwert. Wenn die Bewegung nach unten Fahrt aufnimmt, gilt es nur noch, „zu retten, was zu retten ist". Selbst wenn man die Aktien als langfristige Anlage ins Depot gelegt und sich vorgenommen hat, sie einfach liegen zu lassen, egal was die Kurse machen, kann man trotzdem durch stürzende Kurse so in Panik versetzt werden, dass man quasi einfach verkaufen muss. Ich habe es erlebt. Nicht einmal, sondern häufig. Zeitgleich zum Tiefpunkt kommt dann noch irgendeine Hiobsbotschaft hinzu, die einen an der Zukunft der Aktie zweifeln lässt. So kann eine bestimmte Art des Kursverlaufs den Anleger zu einer Handlung drängen, die eigentlich von vornherein so nicht geplant war, und es entstehen dann zu bestimmten Zeitpunkten, ausgelöst durch bestimmte Kennzeichen im Kursverlauf, sogenannte Überverkäufe. Auch diese können wieder durch charttechnische Signale verstärkt werden. Wenn noch zusätzlich ein wichtiges Unterstützungsniveau dynamisch nach unten durchbrochen wird und die Charttechniker auch noch verkaufen, ist die Wende nach oben nah. Die letzten Verkäufer wurden so angelockt. Diese vorgezogenen oder initiierten Verkäufe fehlen dann in der unmittelbaren Zukunft oder veranlassen Rückkäufe in der nächsten Zeit. So kommt es gerade zu diesen Zeitpunkten zu Kurswenden.

KAPITEL 7

EMOTIONALE EXTREMWERTE

Wie wir diese emotionalen Extremwerte erkennen, die sich durch Überkäufe in einer Aufwärtsbewegung oder Überverkäufe in einer Abwärtsbewegung im Kursverlauf diagnostizieren lassen, damit beschäftigen wir uns nun.

Dazu betrachten wir die Abwärtsbewegung des DAX im Jahr 2018. Der DAX erreichte den höchsten Wert, den er jemals erzielt hat, 13.597 Punkte, am Dienstag, dem 23. Januar 2018. An diesem Tag eröffnete er um 9:00 Uhr morgens 107 Punkte über dem höchsten Kurs des Vortages.

22 Der DAX im Candlestick-Chart von Oktober 2017 bis Februar 2018

in Punkten

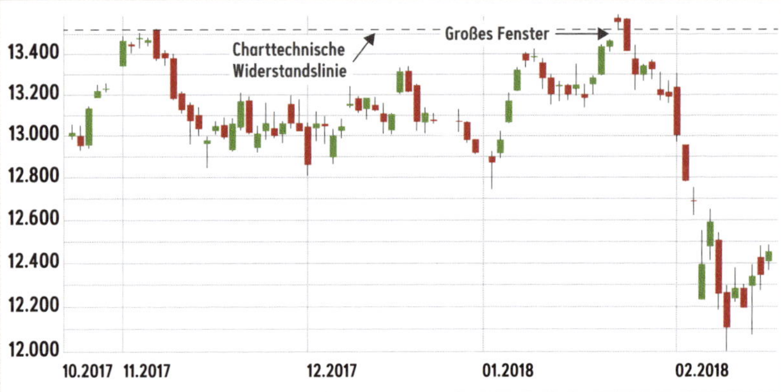

Quellen: Gebert, Captimizer

So entstand in der Kerzendarstellung des Chartverlaufs ein großes Fenster nach oben. Fast ein Prozent des Kurswertes betrug die Lücke zwischen den beiden Tagen. Eine Welle des überschwänglichen Optimismus trug den Kurs an diesem Tag in neue Regionen.

EUPHORIE BEIM KURSGIPFEL ERKENNBAR AM GROSSEN FENSTER

Der große Optimismus und die höhere Eröffnung hatten mehr Anleger in die Aktien getrieben, als vermutlich vorher überhaupt hatten kaufen wollen. Meiner Erfahrung nach bedeutet ein solch großer Optimismus, der sich in einer Aufwärtsbewegung nach einem großen Fenster nach oben manifestiert, einen lokalen Gipfel im Kursverlauf. Als Bestätigung meiner Diagnose eines Kursgipfels mit der Handlungsanweisung, den Aktienanteil im Depot zu reduzieren oder gar mit einem DAX-Short-Zertifikat auf fallende Kurse zu setzen, kam aus meiner Sicht noch das Kaufsignal der herkömmlichen Charttechnik hinzu. Der DAX hatte mit dem Fenster nach oben dynamisch die Widerstandslinie, die vom alten Kursgipfel vom 3. Mai bei 13.505 Punkten herrührte, nach oben durchbrochen. Dieses herkömmliche Kaufsignal der Charttechniker veranlasste viele Anleger, die an die aus der Vergangenheit gezogenen Linien glauben, schnell einzusteigen. Wenn nach einem solch klaren Kaufsignal diese Anleger auch noch gekauft haben, wer soll dann am nächsten oder übernächsten Tag noch einsteigen?

DIAGNOSE AM TAG DES GIPFELS

Am Tag des Gipfels, dem 23. Januar 2018, konnte man so noch am selben Tag selbst den Gipfel diagnostizieren: erstens durch die 100 Punkte höhere Eröffnung nach einer längeren Aufwärtsbewegung und zweitens durch das Kaufsignal der herkömmlichen Charttechnik, welches meiner Erfahrung nach als Verkaufssignal zu werten ist. Nach diesem Gipfel ging es dann ziemlich steil bergab. Insgesamt verlor der DAX über zehn Prozent in wenigen Tagen. Vorbei war diese Stimmungseintrübung erst nach zwei Monaten auf einem fast 2.000 Punkte tieferen Kursniveau. Danach erholten sich die deutschen Wertpapiere wieder zwei Monate, bevor eine erneute Schwächephase den Markt ergriff. Auch sie ließ sich vorher wieder durch ansteigenden und übergroßen Optimismus detektieren.

23 **Der DAX im Candlestick-Chart von Juni 2018 bis August 2018**

in Punkten

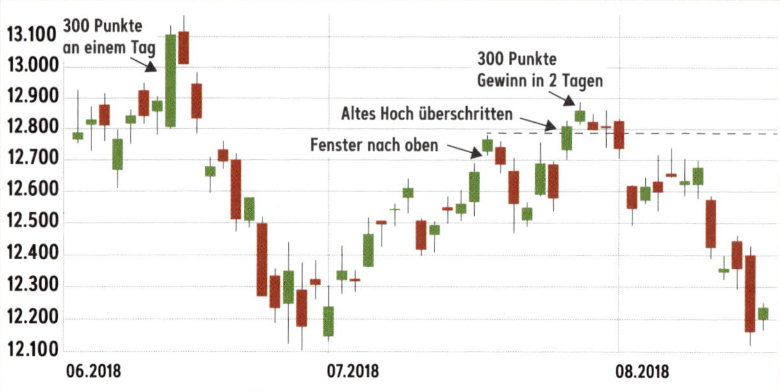

Quellen: Gebert, Captimizer

Auf diesem Bild können wir das Phänomen des großen Optimismus vor der Wende nach unten gleich dreimal beobachten. Am Donnerstag, dem 14.6.2018, stieg der DAX im Tagesverlauf 300 Punkte an. Das ist ein Tag, wie ich ihn eingangs beschrieben habe, an dem man dem Aktienmarkt nichts entgegenzusetzen hat. Man wird von den steigenden Kursen förmlich hineingesogen. Der starke Anstieg im Tagesverlauf löst eine solch optimistische Stimmung im beobachtenden Anleger aus, dass er sich dem Zwang, kaufen zu müssen, kaum entziehen kann. Mir ist es jedenfalls früher oft so ergangen. Das Resultat davon, sich vom Kursverlauf beeinflussen zu lassen, war in der Regel, dass man zum Höchstkurs gekauft hat. Am nächsten Tag kam dann das böse Erwachen. Wie schon beim Gipfel zu Jahresanfang ging es genauso schnell (und noch schneller) nach unten, wie es vorher nach oben gegangen war. Wenn man sich den Chartverlauf rückblickend ansieht, fragt man sich, was um alles in der Welt die

Anleger dazu verlasst haben könnte, den Kurs an einem Tag 300 Punkte in die Höhe zu treiben, um ihn in den nächsten drei Tagen wieder 400 Punkte abstürzen zu lassen. Rational betrachtet macht das keinen Sinn. Erklärt wird es nur dadurch, dass nach einem Anstieg bei zu großem Optimismus zu viele Anleger gekauft haben.

ÜBERKÄUFE UNMITTELBAR VOR DEM GIPFEL

Diese Überkäufe bereinigen sich in den nächsten Tagen von allein. Deshalb sind diese Hinweise auf großen Optimismus, sei es entweder durch ein großes Fenster nach oben, einen von der herkömmlichen Charttechnik als Kaufsignal gewerteten Ausbruch nach oben oder eine große grüne Kerze, in Wirklichkeit Wendesignale nach unten. Nach diesem kurzen scharfen Einbruch von über 1.000 Punkten in zehn Börsentagen kletterte der DAX wieder langsam nach oben. Nach 14 Börsentagen trat in diese Erholung hinein wieder ein großes Fenster nach oben auf, das ein Übermaß der guten Stimmung signalisierte. Schon am Tag zuvor konnten die deutschen Aktien im Tagesverlauf deutlich an Wert gewinnen. Am Dienstag, dem 17.7.2018, stieg der DAX 100 Punkte im Tagesverlauf. Am nächsten Tag eröffnete er noch einmal über 60 Punkte höher. Dieser Ausbund an guter Laune leitete aber noch nicht den endgültigen Wechsel nach unten ein, sondern es ging nach einem 300-Punkte-Rückschlag noch einmal kurzfristig nach oben. Doch als Verkaufssignal hatte dieser emotionale Überschwang schon gute Dienste geleistet. Bei der nächsten Erholung wurden nur etwas über 100 Punkte höhere Notierungen erreicht. Dieser zweite, etwas höher gelegene Gipfel, sieben Börsentage nach dem großen Fenster nach oben, machte sich wieder durch extrem gute Stimmung bemerkbar. Ein steiler Anstieg von 300 Punkten in drei Tagen mit einer 150 Punkte höheren Eröffnung am 26.7.2018 brachten das Fass der guten Laune zum Überlaufen. Auch zu diesem Zeitpunkt hatten sich zu viele Anleger von dem Optimismus anstecken lassen und ob der kletternden

Kurse gekauft. Als Verstärkung dieses so erschienenen Verkaufssignals wirkte wieder, dass die herkömmliche Charttechnik ein Kaufsignal signalisiert hatte, da der letzte Hochpunkt von zehn Börsentagen zuvor nach oben überschritten worden war. Dieses Kaufsignal der Charttechniker wirkte auch hier wieder als zuverlässiger Hinweisgeber für einen Gipfel. Der Kater nach der Euphorie und dem Ausbruch nach oben folgte wie immer stante pede. Nach diesem Verkaufshinweis – großer Optimismus mit dem Fenster nach oben und dem Kaufsignal der herkömmlichen Charttechniker – ging es steil bergab. Ein vorbildliches Zeichen eines Gipfels war vier Wochen später zu beobachten.

24 Der DAX im Candlestick-Chart von September 2018 bis November 2018

in Punkten

Quellen: Gebert, Captimizer

Schön zu sehen ist die Aufsteilung nach oben mit immer stärker steigenden Kursen. Auch sie kulminierte wieder in einem Fenster nach oben. Am Freitag, dem 21. September, eröffnete der DAX 80 Punkte über dem Schlusskurs des Vortages. Zum richtigen Zeitpunkt und nach einem bereits erfolgten Anstieg ist dies ein relativ zuverlässiges Zeichen, dass der Optimismus den Verstand bei vielen Anlegern ausgeschaltet hat. Eine emotional gesteuerte Verhaltensweise, die von steigenden Kursen wie in einer Art Herdentrieb ausgelöst wird, kennzeichnet in der Regel Wendepunkte. Auch an diesem Tag konnte man so am Tag selbst den Gipfel diagnostizieren und nicht erst rückwirkend, nachdem der DAX bereits 300 oder 400 Punkte gefallen war, um erst dann von einer Trendwende zu sprechen und nach dem bereits erfolgten sehr großen Verlust zu verkaufen und auf fallende Notierungen zu wetten.

GROSSES FENSTER ALS WENDEHINWEIS

Zwei Monate später trat schließlich in dieser langen Abwärtsbewegung des Jahres 2018 noch ein besonders schönes und eindrucksvolles Exemplar dieses Wendehinweises auf.

25 Der DAX im Candlestick-Chart von November 2018 bis Dezember 2018

in Punkten

Quellen: Gebert, Captimizer

Nachdem der DAX sich nach seinem Ausverkauf am 20. November acht Tage lang wieder erholen konnte und sich dabei 200 Punkte hochwand, eröffnete er am 3. Dezember 200 Punkte höher. Dieses riesige Fenster nach oben nach einem bereits erfolgten deutlichen Anstieg konnte man nach meiner Analysemethode als Gipfel und klares Verkaufssignal diagnostizieren. Ein empfindlicher Kursrutsch wurde durch dieses Signal des Überoptimismus eingeleitet. In der sonst eher freundlichen Weihnachtszeit stürzte der DAX nach dem Signal 1.000 Punkte in den Keller. Wieder stellt sich die Frage, warum der DAX, wenn er vorhat, in den nächsten Wochen 1.000 Punkte zu verlieren, noch einmal 200 Punkte höher eröffnet. So seltsam es ist, es hat doch Methode. Abwärtsbewegungen werden durch zu großen Optimismus eingeleitet. Wenn man diesen großen Optimismus diagnostizieren kann – ich hatte mehrere Punkte dafür angeführt, die einen zu diesem Schluss kommen lassen können –, kann man Gipfelpunkte im Kursverlauf dingfest machen.

ZEITNAHE IDENTIFIZIERUNG EINES GIPFELS

Und das ist der Vorteil gegenüber allen anderen Analysemethoden. Der Gipfel wird zeitnah identifiziert und nicht erst nachdem eine Wende stattgefunden hat, der DAX schon in den Keller gerauscht ist und sich sagen lässt: „Offensichtlich hat eine Trendwende stattgefunden." Das mag dann korrekt sein, doch dem Anleger nutzt es ja nichts mehr, wenn der DAX inzwischen schon ein paar Hundert Punkte verloren hat. Mit diesem Kriterium des Überoptimismus lässt sich der Gipfel häufig live, zeitgleich und taggenau dingfest machen. Zu achten ist dabei auf ein großes Fenster nach oben nach einem bereits erfolgten Kursanstieg. Alternativ kann auch eine große grüne Kerze nach einer Aufwärtsbewegung, die ein Aufsteilen des Kursverlaufs widerspiegelt, als Hinweis herhalten. Als Krönung eines solchen Signals gilt, wenn damit noch ein Kaufsignal der herkömmlichen Charttechnik ausgelöst wird, das ich als starken Kontraindikator werte. Das Reißen einer Chartmarke kann durchaus langfristig für steigende Kurse sprechen, kurzfristig gesehen sind diese Signale der Charttechniker jedoch als Gegenteil zu werten. Der große Vorteil der Betrachtungsweise, die ich gerade dargelegt habe, ist also, dass man am Tag des Gipfels bereits einen Hinweis darauf hat, dass dies der Gipfel sein könnte. Damit hat man dann die Möglichkeit, zum Höchstkurs zu verkaufen oder nahe des Höchstkurses auf fallende Notierungen zu setzen.

TIEFPUNKTE LASSEN SICH DURCH ÜBERGROSSEN PESSIMISMUS IDENTIFIZIEREN

Nun betrachten wir einmal dieselbe Zeitspanne und versuchen mit der eben dargestellten Methode zeitnah die Tiefpunkte zu lokalisieren. Beginnen wir mit der Abwärtsbewegung, die durch das große Fenster nach oben am Dienstag, dem 23. Januar 2018, angekündigt wurde.

26 Der DAX im Candlestick-Chart von Januar 2018 bis April 2018

in Punkten

Quellen: Gebert, Captimizer

Ich hatte diesen Tag ja bereits bei den oberen Wendepunkten besprochen. Drei markante Tiefpunkte bildete der DAX aus, bis er im April des Jahres 2018 einen vorläufigen Tiefpunkt nach einem Kursverlust von fast 2.000 Punkten fand. Jedem dieser drei Tiefpunkte ging unmittelbar ein großes Fenster nach unten voraus. Am 6. Februar eröffnete der DAX sage und schreibe 450 Punkte unter dem Schluss des Vortages. Man kann sich die Angst der Anleger vorstellen, die am Montagmorgen, als sie die ersten Kurse auf dem Laufband sahen, ihren Augen nicht trauten. Solch eine Angst – angesichts des starken Sturzes kann man wohl von Panik sprechen – erfüllt wieder das Kriterium der emotionalen Übertreibung, diesmal nach unten. Anleger, die vielleicht gar nicht verkaufen wollten, ließen sich durch die schwachen Notierungen zur Auflösung ihrer Positionen verleiten. Doch wie übergroßer Optimismus, erkennbar an dem großen Fenster nach oben, zu Überkäufen führt, die den Gipfel markieren, löst die Panik Überverkäufe aus, die Täler kennzeichnen. An diesem Tag, dem 6. Februar 2018, war der Tiefpunkt zwar noch nicht ganz erreicht, aber fast. Die Kurse konnten sich noch einmal leicht erholen, bevor drei Tage später der richtige Tiefpunkt, 100 Punkte tiefer, getroffen wurde. Fast genau vier Wochen später wurde nach einer zwischenzeitlichen Erholung das nächste tiefere Tief angepeilt.

EIN GROSSES FENSTER NACH UNTEN LÄUFT DEM TIEFPUNKT VORAUS

Auch dieses wurde wieder mit einem großen Fenster nach unten gebildet. Der DAX eröffnete am 2. März 140 Punkte unter dem letzten Kurs des Vortages. Diese starke Stimmungsverschlechterung wies den aufmerksamen Anleger wieder eindeutig darauf hin, dass der Tiefpunkt unmittelbar vor ihm liegen sollte. Am nächsten Tag drehten die Aktienkurse dann nach oben.

Der letzte dieser drei im Abstand von jeweils nicht ganz vier Wochen auftretenden Tiefpunkte folgte wieder – wie könnte es anders sein – unmittelbar nach einem großen Fenster nach unten. Am Freitag, dem 23. März, ging es 100 Punkte schwächer los. Das war das Zeichen, dass die Wende nach oben unmittelbar bevorstehen sollte. Am nächsten Tag fielen die Kurse noch einmal, aber mit diesem schwachen Tag war dann das endgültige Tal dieser Abwärtsbewegung erreicht. Nach Auftreten dieses Fensters ist man noch nicht unmittelbar in Zugzwang. Es zeigt nur die emotionale Extremsituation an, die in der Regel einer kurzfristigen Wende unmittelbar vorausläuft. Man hat also, wenn man ein solches Fenster bemerkt, in der Regel noch einen, manchmal zwei oder gar drei Tage Zeit bis zum Tiefpunkt. Man muss nicht hektisch die Position wechseln, sondern kann ab dem Zeitpunkt des Auftretens des Fensters nach einem günstigen Zeitpunkt Ausschau halten. Meist ist es der Tag danach.

NACH DER PANIK FOLGT DIE ENTSPANNUNG

Nach diesem Tiefpunkt folgte eine ausgedehnte Erholung bis weit in den Frühling hinein, die das Kursbarometer wieder über die 13.000 Punkte ansteigen ließ. Ende Mai wurden die vorläufig höchsten Kurse erreicht und die deutschen Aktien korrigierten danach 600 Punkte nach unten. Ein erster Tiefpunkt ließ sich wieder zeitnah durch ein aufgetretenes Fenster nach unten identifizieren.

27 **Der DAX im Candlestick-Chart von Mai 2018 bis August 2018**

in Punkten

Quellen: Gebert, Captimizer

Am 29. Mai startete der DAX 80 Punkte tiefer und lag damit schon etwa auf dem Niveau, wo zunächst eine vorläufige Erholung beginnen konnte. Nun ist es nicht zwingend so, dass sich die emotionale Ausnahmesituation durch ein Fenster zeigt, manchmal wird sie auch durch eine besonders große Kerze widergespiegelt. Bei den nächsten beiden Tiefpunkten eröffnete der DAX nicht deutlich schwächer, sondern fiel im Tagesverlauf mehrere 100 Punkte. Auch das konnte man als eine emotionale Stresssituation deuten, die Anleger dazu veranlassen konnte, Entscheidung zu treffen, die ruhigen Blutes nicht gefällt worden wären. Am 25. Juni ging es während der Börsensitzung 200 Punkte in den Keller. Diese Bewegung hat sicher keinen Aktionär, der zu diesem Zeitpunkt investiert war, unbeeindruckt gelassen. Auch das nächste relative Tief im August des Jahres lässt sich im Chartverlauf durch eine große rote Kerze auf den ersten Blick erkennen. Einen Kurssturz von fast 300 Punkten musste der Anleger, der die Kurse im Tagesverlauf beobachtete, ertragen.

DAS EIGENE BAUCHGEFÜHL IST DER KONTRAINDIKATOR PAR EXCELLENCE

Sich von diesen unaufhörlich stürzenden Kursen nicht mitreißen zu lassen verlangt nach Nerven wie Drahtseilen oder eben der Erkenntnis, dass der Impuls, zu verkaufen, zum Tief gehört und dass deshalb genau das Gegenteil von dem getan werden sollte, was man am liebsten tun würde.

Auch das nächste Tief im langen etappenweisen Abstieg in den Keller wurde von zwei Lücken im Kursverlauf nach unten gekennzeichnet.

28 **Der DAX im Candlestick-Chart von August 2018 bis September 2018**

in Punkten

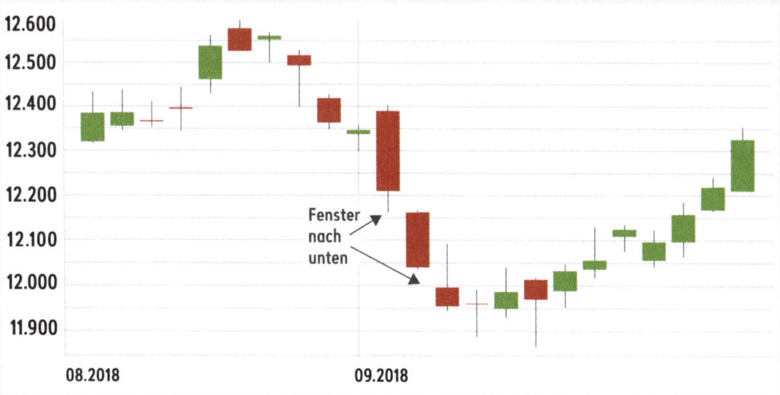

Quellen: Gebert, Captimizer

Am 5. und 6. September eröffnete der deutsche Leitindex jeweils etwa 50 Punkte unterhalb des Schlusskurses des Vortages. Beim ersten auftretenden Fenster nach unten am 5. September nach bereits deutlich gefallenen Kursen in den Tagen zuvor ergab sich damit der Hinweis eines unmittelbar bevorstehenden emotionalen Extrempunktes, der dann den Tiefpunkt des Rückschlages bilden sollte. Tatsächlich wurde dann am nächsten Tag, nach der erneuten tieferen Eröffnung, mit dem Tagesschlusskurs der tiefste Punkt dieser Bewegung erreicht. Am darauffolgenden Tag und drei Tage später wurde zwar innerhalb des Tagesverlaufs der Tiefpunkt noch einmal leicht unterschritten, aber ein tieferer Schlusskurs ergab sich vorläufig nicht mehr. Die nächste Grafik mit einem weiteren Abschnitt dieser langen Abwärtsbewegung von Anfang 2018 bis Ende 2018 zeigt gleich drei Beispiele, in denen ein Fenster nach unten einen Tiefpunkt zeitnah identifiziert.

29 Der DAX im Candlestick-Chart von Oktober 2018 bis November 2018

in Punkten

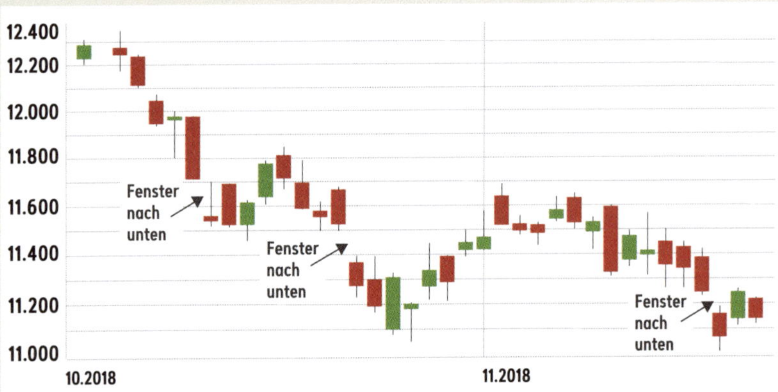

Quellen: Gebert, Captimizer

Im Zuge einer sich beschleunigenden Bewegung nach unten startete der DAX am 11. Oktober 150 Punkte unter der letzten Notierung des Vortages. Mit dieser Angstattacke erreichte der DAX einen vorläufigen Tiefpunkt, allerdings noch nicht den endgültigen dieses Abwärtsschubes. Er erholte sich danach drei Tage, um anschließend den gleichen Betrag wieder zurückzufallen, bevor ein erneutes Fenster von 150 Punkten am 23. Oktober die Einleitung zu einem neuen Tief deutlich machte. Das erste dieser beiden in kurzem Abstand aufeinander folgenden Fenster nach unten zeigte schon eine emotionale Extremsituation, die dem Anleger signalisierte, dass er sich schon nahe dem erst einmal tiefsten Kursniveau befinden sollte. Das nächste Fenster nach unten führte die Kurse zwar noch einmal 400 Punkte tiefer, doch von diesem – noch extremeren – Panikanfall erholten sich die Kurse zunächst deutlich, sodass das Niveau nach dem ersten Fenster wieder erreicht wurde. Also selbst bei einem Kauf nach dem ersten Fenster wäre man nach kurzer Zeit zumindest wieder über seinen Einstiegskurs gestiegen – trotz des erneuten Panikanfalls. Bei beiden Wendepunkten war wieder einmal zu beobachten, dass die Kurse nicht unmittelbar nach den Abwärtsfenstern drehen, sondern am nächsten Tag beziehungsweise beim zweiten Fenster am dritten Tag nach Auftreten der Kurslücke.

NACH DER KURSLÜCKE HAT MAN NOCH EINEN, ZWEI ODER DREI TAGE ZEIT

Man muss also nicht hektisch werden, wenn solch ein Fenster nach unten auftritt, sondern hat in der Regel noch einen, zwei oder drei Tage Zeit, sich der neuen Lage anzupassen, also entweder seine Position auf fallende Notierungen zu verkaufen oder eine Position, die auf steigende Kurse setzt, zu kaufen, also Aktien zu erwerben. Nach diesem extremen Ausverkauf nach dem zweiten Fenster nach unten erholten sich die Kurse in wenigen Tagen um 600 Punkte.

30 Der DAX im Candlestick-Chart von November 2018 bis Januar 2019

in Punkten

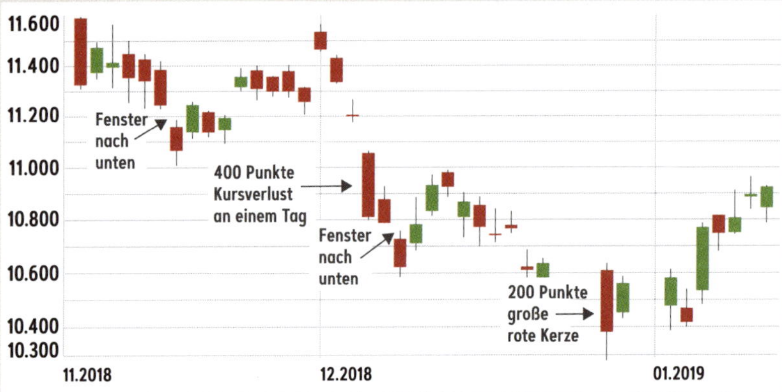

Quellen: Gebert, Captimizer

Doch die lange Abwärtsbewegung, die letztlich das ganze Jahr 2018 andauerte und den DAX fast 20 Prozent seines Wertes kostete, war noch nicht zu Ende. Die Kurse kippten erneut ab und das Zeichen, dass es mit der erneuten Abwärtsbewegung zu Ende war und eine zumindest vorläufige Kurswende unmittelbar bevorstand, war wieder das Fenster nach unten. Am 20. November war mit der 100 Punkte tieferen Eröffnung ein vorläufiges Tal angesteuert. In diesem Fall ergab sich der Tiefpunkt direkt an dem Tag mit dem Fenster nach unten.

Die nächste Etappe zeigt nun die endgültige Wende nach oben nach fast einem Jahr der immer wieder auftretenden Kursrückschläge. Das Fenster nach unten am 8. Dezember markierte den ersten der letzten beiden endgültigen Tiefpunkte. Signalverstärkend war es zwei Tage zuvor schon zu einer sehr großen roten Kerze gekommen. Am 6. Dezember fiel der DAX im Tagesverlauf 200 Punkte, nachdem er an diesem Tag bereits über 100 Punkte tiefer eröffnet hatte. Hätte man schon diesen Tag – wegen der tieferen Eröffnung und des großen Kursverlusts im Tagesverlauf – als Tiefpunkt identifiziert und zum Schluss des Tages seine Dispositionen getroffen, hätte man nicht so viel verkehrt gemacht. Der Weg zum echten Tief zwei Tage später mit einem erneuten Fenster nach unten führte den DAX nur etwa 200 Punkte weiter in die Tiefe, ein Verlust, der am nächsten Tag bereits wieder aufgeholt wurde. Der endgültige und letzte Tiefpunkt der fast einjährigen Abwärtsbewegung wurde schließlich mit einer 200 Punkte großen roten Kerze am Donnerstag, dem 20. Dezember, markiert. An diesem Tag erreichte der DAX im Tagesverlauf mit einem Kurs von unter 10.300 Punkten das tiefste Tal seines langen Abstiegs. Dieser sehr emotionale Tag mit einem zwischenzeitlichen Kursverlust von fast 400 Punkten versetzte die Anleger wieder so in Schrecken, dass viele Verkäufe ausgelöst wurden, die eigentlich gar nicht geplant waren. Durch diese Überverkäufe war mehr verkauft worden, als in der nächsten Zeit an Verkäufen angestanden hätte. So fielen in der nächsten Zeit dann Verkäufe aus. Manche Positionen wurden wieder zurückgekauft, als erkennbar war, dass es sich um einen Panikausverkauf gehandelt hatte. Eigentlich ist es ungewöhnlich, dass so kurz vor Weihnachten die Kurse so stark fallen. Die Vorweihnachtszeit gehört statistisch zu den freundlichsten Phasen des Jahres, im Dezember gewinnen die Kurse in der Regel. In den Zeitungen und Börsensendungen wurde dieser Kursverfall als negatives Zeichen gewertet. Seit 1932 habe es nicht mehr solch ein schreckliches Weihnachten an der Börse gegeben. Viele Anleger ließen sich dadurch noch zusätzlich verunsichern und trennten sich von ihren Positionen. Solche Panikverkäufe führen dazu, dass zu viel verkauft wird, und zeigen in der Regel die Tiefpunkte an.

KAPITEL 8

DER ZEITLICHE RHYTHMUS DER STIMMUNGEN

Neben den Fenstern im Kursverlauf und den großen grünen oder roten Kerzen, die eine Aufsteilung nach oben oder eine sich beschleunigende Bewegung nach unten aufzeigen und damit eine emotionale Extremsituation diagnostizieren, die einer Wende vorausläuft, ziehe ich noch ein zweites Hilfsmittel zur Lokalisierung dieser Wendepunkte hinzu. Mir ist aufgefallen, dass die Stimmungswechsel manchmal in einem bestimmten Rhythmus stattfinden. Stimmungen haben gewisse spezifische Lebensdauern. Nach einem Überoptimismus wird die Stimmung nicht noch besser und die gute Laune noch größer, sondern es tritt unweigerlich eine Enttäuschung ein. Bevor die Kurse wieder freundlich werden können, muss die Stimmung zunächst ins Gegenteil umschlagen. Die Kurse hangeln sich also nicht von Optimismus zu Optimismus, sondern von Optimismus zu Pessimismus und von Pessimismus dann wieder zu Optimismus. Dieser Ablauf dauert seine Zeit. So habe ich festgestellt, dass dieser Rhythmus etwa 13 bis 17, in Ausnahmefällen auch einmal 18 Börsentage dauert, nicht immer, aber sehr oft. Als Beispiel gehen wir dazu den Kursverlauf, den wir gerade schon einmal in Bezug auf die Fenster nach oben und unten abgeklopft hatten, nun mit Blick auf die Zeitspannen zwischen den extremen emotionalen Ereignissen durch.

31 Der DAX im Candlestick-Chart von Januar 2018 bis April 2018

in Punkten

Quellen: Gebert, Captimizer

Beginnen wir wieder bei dem Gipfel am 23. Januar 2018. Von dort aus legte der DAX drei Schübe nach unten hin, die jeweils in drei markanten Tiefpunkten mündeten, bevor eine längere Aufwärtsbewegung starten konnte, die den DAX wieder über die 13.000 Punkte trug. Die ersten beiden Tiefpunkte liegen genau 15 Börsentage auseinander. Ich halte es mit der Zählung der Tage so, dass ich den Tag nach dem Tiefpunkt als Tag Nummer 1 bezeichne. Ich habe die Zahlen an die erste 15-Tage-Welle angeschrieben.

32 Der DAX im Candlestick-Chart von Februar 2018 bis März 2018

in Punkten

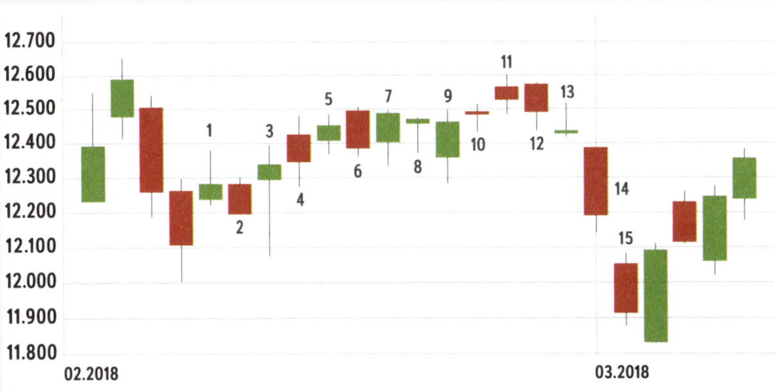

Quellen: Gebert, Captimizer

Als tiefsten Wert des Verlaufs dieser 15 Tage habe ich den Tag mit dem tiefsten Schlusskurs, also den 2. März, gewählt. Am nächsten Tag eröffneten die Kurse zwar etwas tiefer, stiegen aber im Tagesverlauf über den Eröffnungs- und den Schlusskurs des Vortages hinaus. Diese beiden Kerzen, die rote und die nachfolgende etwas größere grüne, die den Kursverlauf der vorangegangenen vollkommen umschließt, besitzen in der Candlestick-Charttechnik einen eigenen Namen, das „Positive Engulfing Pattern". Ich werde im weiteren Verlauf die einzelnen bekannten Candlechart-Formationen durchgehen und zeigen, dass sie eigentlich auf das von mir geschilderte Prinzip des Überoptimismus oder Überpessimismus zurückgehen und sich anhand dessen sinnvoll deuten lassen. Von dem Tiefpunkt aus, der von diesem Positive Engulfing Pattern gebildet wurde, dauerte es 16 Börsentage bis zum nächsten Tiefpunkt am 26. März.

HÄUFIGE ZEITSPANNE ZWISCHEN TIEFPUNKTEN

Diese zusätzliche Information, der Abstand vom letzten emotionalen Ereignis, vereinfacht natürlich die Suche nach den Punkten, an denen eine kurzfristige Wende stattfinden kann. Es treten manchmal Fälle auf, bei denen man sich nicht sicher ist, ob es sich schon um einen emotionalen Extrempunkt handelt oder nicht. Da kann der Abstand zum letzten emotionalen Ereignis einen wichtigen Hinweis liefern. Die Abwärtsbewegung zum ersten Tiefpunkt fand übrigens auch in einer solchen 13-bis-17-Tage-Struktur statt. Vom letzten Tiefpunkt vor dem Gipfel aus gesehen erreichten die deutschen Aktien 17 Tage später ihren Tiefpunkt in dem großen Ausverkauf, auf den ich bereits in dem Abschnitt über die emotionalen Extrempunkte eingegangen bin.

33 Der DAX im Candlestick-Chart von Januar 2018 bis Februar 2018

in Punkten

Quellen: Gebert, Captimizer

Ferner ist bei der Lokalisierung eines Wendepunktes darauf zu achten, dass bereits eine Bewegung in die Richtung, die dann emotional übertrieben wird, stattgefunden hat. Dazu möchte ich noch einmal auf Abbildung 32 eingehen, in dem ich die Tage nummeriert habe. Von Tag 13 auf Tag 14 tauchte bereits ein Fenster auf, allerdings ein sehr kleines. Dieses konnte aber noch nicht als Wendehinweis gewertet werden, weil der Aktienmarkt sich noch nicht ausreichend in die Richtung der emotionalen Übertreibung bewegt hatte. Genauso war es bei der Abwärtsbewegung 14 Tage später. Auch damals trat zum Start der beschleunigten Bewegung nach unten ein Kurssprung auf. Bei der ersten starken Welle trat bereits zum Zeichen der begonnenen Abwärtsbewegung ein erstes Fenster nach unten am sechsten Tag der Erholung nach dem letzten Tiefpunkt, dem 25. Januar, auf. Generell kann man sagen, dass im Idealfall eine Bewegung nach unten mit einem Fenster beginnt und mit einem Fenster endet oder allgemeiner mit einer emotionalen Ausprägung startet und mit einem emotionalen Überschwang endet, entweder positiv oder negativ, je nach Richtung. Es scheint ein allgemeines Phänomen zu sein, dass Bewegungen – gleich welcher Art, gleich in welchem Markt – mit einer starken Bewegung beginnen und mit einer starken Veränderung enden.

UNIVERSALES PHÄNOMEN

Ich habe dazu einmal den DAX seit dem Jahr 2001 über den Index der Relativen Stärke gelegt. Bei der Relativen Stärke wird der aktuelle Kurs durch den Mittelwert der Kurse einer beliebig gewählten Zeitspanne dividiert. In der Regel wird diese Zeitspanne zu 25 Wochen gewählt, wenn der DAX in der wöchentlichen Auflösung betrachtet wird. Konkret sieht dann die Rechnung so aus, dass der DAX-Kurs durch den Mittelwert der Schlusskurse der letzten 25 Wochen geteilt wird. Die „Relative Stärke" beim DAX sagt also aus, wo sich der DAX relativ zu der Bewegung der jüngsten Vergangenheit befindet. Ein Wert von 1 gibt an, dass der DAX so teuer ist wie im Mittel der letzten 25 Wochen. Daraus schließt man, dass, jedenfalls in der betrachteten zeitlichen Auflösung, keine besondere Dynamik beim DAX zu beobachten war. Ein Wert von 1,1 bedeutet zum Beispiel, dass der DAX zehn Prozent über seinem Mittelkurs der letzten Zeit notiert, er also in jüngster Zeit eine deutliche Dynamik nach oben vollführt hat. Umgekehrt bedeutet ein Wert von 0,9, dass der DAX aktuell zehn Prozent tiefer als in der letzten Zeit gehandelt wird. Dies zeigt eine Dynamik nach unten an. Prinzipiell gibt es aus technischer Sicht zwei Arten von Indikatoren, die Trendindikatoren und die Oszillatoren. Bei den Trendindikatoren wird ein Anstieg in der jüngsten Zeit als Beginn eines neuen Trends aufgefasst mit der Prognose, dass dieser eingeschlagene Trend sich fortsetzen wird und sich die Kurse in die eingeschlagene Richtung weiterentwickeln werden. Bei dem Oszillator ist es umgekehrt. Bei ihm wird ein Anstieg in jüngster Zeit als überkauft und zu viel des Guten bewertet und daraus geschlossenen, dass die Aktien oder der DAX oder was auch immer mit dem Oszillator begutachtet wird, zunächst wieder fallen müssten. Beim Relative-Stärke-Index ist die Bewertung also nicht eindeutig. Manche betrachten einen großen Wert, also von 1,1 oder höher, als positives Zeichen und gehen davon aus, dass der eingeschlagene Trend des Anstiegs weiter fortgeführt wird. Andere hingegen werten die gleiche Maßzahl als negativ, weil sie davon ausgehen, dass nach dem starken Anstieg zunächst einmal ein Rückschlag fällig ist. Das Gleiche gilt für die umgekehrte Richtung. Nach einem Rückfall sehen die Anhänger der Trendtheorie die Relative Stärke als Trendbarometer und glauben, dass es weiter nach unten gehen wird, während andere den gleichen Wert positiv werten und behaupten, der Markt sei überverkauft und müsse sich zunächst erholen. Ich möchte hier keine Wertung der beiden Deutungen ein und desselben Sachverhaltes vornehmen. Ich möchte jedoch eine Grafik des DAX mit der Linie der Relativen Stärke darunter zeigen.

34 Der DAX und die Relative Stärke

in Punkten und als Verhältnis

Quellen: Gebert, Captimizer

Sehen wir uns zunächst den Verlauf vom Jahr 2000 bis zum Jahr 2008 an.

RELATIVE STÄRKE ZU BEGINN EINER AUFWÄRTSBEWEGUNG UND AM ENDE DER BEWEGUNG

Die beiden höchsten Werte der Relativen Stärke, die in dieser Zeitspanne auftraten, waren einmal 1,2 Mitte des Jahres 2003 und dann der zweithöchste Wert, 1,16, Mitte des Jahres 2007. Der erste große Wert 1,2 wurde also zu Beginn der großen Aufwärtsbewegung, die von 2003 bis 2007 dauerte, erzielt. Der zweitgrößte Wert wurde zum Schluss der Aufwärtsbewegung beim Gipfel registriert. Der Beginn der Aufwärtsbewegung war mit einer starken Kursveränderung, also einem großen emotionalen Moment verbunden und der Schluss der Bewegung zeigte auch wieder eine Dynamik, die einen emotionalen Extremwert abbildet. Wenn man also die Relative Stärke in dieser Auflösung betrachtet, heißt ein großer Wert, dass entweder eine große Aufwärtsbewegung begonnen hat oder sie im Begriff ist, zu ihrem Ende zu kommen. Bei der nächsten langen Aufwärtsbewegung konnte das gleiche Phänomen beobachtet werden. Der hohe Wert von 1,15 zu Anfang des Jahres 2012 spiegelte die Erholung nach der Eurokrise wider. Die erlösenden Worte von Mario Draghi, „Whatever it takes", mit denen er implizit eine Garantie der italienischen Schulden abgab, vertrieben die Furcht vor einem Auseinanderbrechen des Euro. Mit diesem Startschuss begann eine dreijährige steile Aufwärtsbewegung. Ihr Ende fand sie im März des Jahres 2015. An der Relativen Stärke lässt sich das Ende an dem Extremwert 1,18 zu diesem Zeitpunkt ablesen. Also auch hier wurden die beiden höchsten Werte der Relativen Stärke beim Start und beim Schluss der Bewegung registriert. Diese Betrachtungsweise liefert also auch einen Anhaltspunkt, in welcher Phase einer Bewegung man sich befindet. Wenn ein hoher Relative-Stärke-Wert bei einer Bewegung des DAX in eine Richtung, die er erst vor Kurzem eingeschlagen hat, auftritt, gilt das als Startsignal einer langen Phase, während ein hoher Relative-Stärke-Wert nach einer längeren Anstiegsphase als Schlusspunkt gewertet werden muss. Ein hoher Relative-Stärke-Wert ist also an sich weder gut noch schlecht, sondern es kommt darauf an, in welchem Zusammenhang er auftritt. Insofern sind die beiden Deutungsmöglichkeiten einmal als Trendfortsetzungs-Hinweis und einmal als Wendesignal plausibel. Beim Start einer Bewegung bedeutet eine hohe Relative Stärke eine Trendbestätigung, während nach einer längeren Aufwärtsbewegung ein hoher Wert als Wendesignal akzeptiert werden muss. In der etwas kürzeren Aufwärtsbewegung zwischen diesen beiden langen Haussen wurden wiederum die beiden höchsten Werte vom Start und vom Schluss dieser Zwischenrallye markiert. Mitte 2010 gab ein Wert von 1,15 den Startschuss zur Erholung, während anderthalb Jahre später im Jahr 2011 ein Wert von 1,10 das Ende markierte. Die Relative Stärke kann also durchaus beobachtet werden und entweder als Trendbestätigung gewertet werden, wenn der DAX vorher eine neue Richtung eingeschlagen hat, oder als dringendes Verkaufssignal nach einem längeren Anstieg.

AUCH KLEINE AUFWÄRTSSCHÜBE BEGINNEN UND ENDEN MIT RELATIVER STÄRKE

Hauptsächlich wollte ich mit diesem Beispiel aber zeigen, dass das Grundmuster im Großen wie auch im Kleinen bei unserer Betrachtungsweise der kurzfristigen Zyklen anzuwenden ist. Auch in der feinen zeitlichen Auflösung beginnt eine Bewegung mit einem emotionalen Impuls wie zum Beispiel einem Fenster nach oben oder nach unten und endet mit einem Stimmungsextrem.

Kommen wir zurück zu unserem Beispiel des Jahres 2018. Nun sind diese 13-bis-17-Tages-Strukturen nicht immer so auffällig und leicht zu erkennen wie bei den drei Tiefpunkten, die ich zuletzt besprochen hatte. Sehen wir uns den weiteren Verlauf des Jahres 2018 im Hinblick auf Zeitstrukturen an.

35 **Der DAX im Candlestick-Chart von Juni 2018 bis September 2018**

in Punkten

Quellen: Gebert, Captimizer

Wenn wir die grüne Kerze etwa zum Tiefpunkt am 28. Juni als Tag 1 wählen, landen wir bei Börsentag 16 bei einer kleinen grünen Kerze, die mit einem Fenster nach unten gebildet wurde. Sowohl die Zählung als auch das Fenster nach unten haben diesen Tag als kurzfristigen Tiefpunkt identifiziert. Danach ging es vier Tage nach oben und drei Tage seitwärts, bevor ein Fenster nach unten auftrat. Nun können wir die bisher gewonnenen Erkenntnisse anwenden. Dieses Fenster nach unten kann also noch nicht den Tiefpunkt und damit die Wende nach oben signalisieren, wenn wir erstens von der Zählung noch nicht so weit sind und zweitens das Fenster offensichtlich am Beginn einer Bewegung auftritt und nicht, nachdem der DAX schon eine Weile vorher in diese Richtung des Fensters marschiert ist. Dieses Fenster nach unten konnte eigentlich nur signalisieren, dass weitere schwache Tage folgen werden. Zählen wir von diesem Tag Nummer 8, dem Fenster nach unten, am 2. August weiter. Am Tag

Nummer 17 wurde dann der Tiefpunkt dieser Bewegung erreicht. Der Tag Nummer 8 mit dem Fenster nach unten hatte alle dazu eingeladen, kurzfristig auf fallende Kurse zu setzen. Tatsächlich gab der DAX in den nächsten neun Tagen 400 Punkte ab. Der Tiefpunkt ließ sich dingfest machen erstens durch die Zählung und zweitens durch das emotionale Moment, die große rote Kerze. Damit sollte die Abwärtsbewegung zunächst vorbei sein. Danach ging es neun Tage nach oben und anschließend acht Tage abwärts. So kommen wir zu der Differenz zwischen diesen beiden markanten Tiefpunkten von wiederum 17 Börsentagen. Wie an diesem Beispiel der drei aufeinanderfolgenden kurzfristigen Zeitstrukturen zu erkennen ist, sehen nicht alle gleich aus.

13 BIS 17 BÖRSENTAGE SIND DER TYPISCHE ZEITTAKT FÜR STIMMUNGSWECHSEL

In diesen 13 bis 17 Tagen werden nicht immer ein Halbkreis oder zwei Seiten eines gleichschenkligen Dreiecks gebildet. Manchmal treten in Aufwärtsbewegungen mehr Tage mit steigenden Kursen als mit fallenden auf. Umgekehrt weisen Abwärtsbewegungen häufig mehr negative als positive Tage in einem Zyklus auf. Sonst könnten sich ja auch keine langen Haussen oder langen Baissen entwickeln, wenn der DAX immer etwa so viel verlieren würde, wie er in den Tagen zuvor gewonnen hatte. Sehen wir uns dazu noch einmal die ersten beiden 15-Tage-Strukturen der drei zuletzt betrachteten Wellen an: Bei der ersten vom 2. Juli bis zum 23. Juli stieg der DAX sechs Tage an und bildete danach am siebten Tag ein Fenster nach unten. Er setzte dann nicht weiter nach unten nach und stieg an den Tagen 8, 9, 10, 11 und 12 wieder an. Die Wende nach unten setzte erst nach dem Fenster nach oben zur Kerze des zwölften Tages ein. Mit den Kerzen 13, 14 und 15 ging es dann bergab. Es kommt also durchaus in Aufwärtsbewegungen vor, dass sich der DAX nicht acht Tage nach oben und sieben Tagen nach unten bewegt, sondern dass er zwölf Tage steigt und nur drei Tage fällt. Genau die umgekehrte Entwicklung trat in der zweiten 15-Tage-Struktur auf. Nach dem 23. Juli tendierte der DAX nur vier Tage aufwärts, dann drei Tage seitwärts und stürzte danach zehn Tage in den Keller. Diese Strukturen können also durchaus verformt sein. Die Endpunkte sollten aber in der Regel mehr oder weniger ausgeprägte Minima im Kursverlauf bilden. Die dritte dieser drei Strukturen wies vom zeitlichen Ablauf her zwar einen symmetrischen Verlauf auf, aber in den acht Aufwärtstagen gewann der DAX weniger, als er in den acht negativen Tagen danach abgeben musste, sodass der DAX in diesen 16 Börsentagen deutlich an Boden verlor. Die sich anschließenden zwei 15-Tage-Strukturen sehen etwas ungewöhnlich aus. Beide großen Tiefpunkte, der am 6. September und der am 26. Oktober, liegen zwar zwei Mal 17 Börsentage auseinander, aber der Tiefpunkt dazwischen ist nur ganz schwach ausgeprägt und kaum zu erkennen. Trotzdem geht es im gleichen Takt weiter. Die nächste Grafik zeigt die sich anschließenden drei 13-18-Tage-Strukturen – in Zukunft unter dem Begriff 15-Tage-Strukturen subsumiert.

36 Der DAX im Candlestick-Chart von Oktober 2018 bis Januar 2019

in Punkten

Quellen: Gebert, Captimizer

Die erste Struktur wird von einem schön geformten 17-tägigen Halbkreis gebildet. Er überspannt die Strecke vom 26. Oktober bis zum 20. November. Am Ende dieses Halbkreises trat ein großes Fenster nach unten auf, das ich im vorigen Kapitel bereits beschrieben habe. Doch nach diesem schönen symmetrischen Verlauf verzerren sich die Strukturen bei den nächsten beiden 15-Tage-Wellen wieder. Der DAX wollte offensichtlich weiter nach unten, sodass die Abwärtsphasen dieser Strukturen länger und ausgeprägter auftraten. Beginnen wir mit der zweiten Struktur, die am Tag nach dem Tiefpunkt vom 20. November beginnt. Acht Tage ging es in dieser Welle hoch, bis mit einem großen Fenster nach oben der neunte Tag den Gipfel dieses Bogens bildete. Nach diesem Tag der plötzlichen Euphorie, die wieder zu Überkäufen und damit zu einer sich anschließenden Umkehr der Richtung führte, fiel der DAX an den Tagen 10, 11, 12, 13 und 14 fast senkrecht wie ein Stein nach unten. Der Chartverlauf wies an diesem letzten Tag, dem 10. Dezember, zur Kennzeichnung der bevorstehenden Wende wieder ein großes Fenster nach unten auf. Diese 15-Tage-Struktur wies zwar mehr steigende als fallende Tage auf, führte aber per saldo zu deutlich tieferen Notierungen, da es in der Abwärtsphase der Welle steiler nach unten ging als in den freundlichen Tagen bergauf. Die letzte dieser drei Abwärtswellen, mit der der DAX dann schlussendlich den Tiefpunkt seiner beinahe einjährigen Abwärtsbewegung erreichte, konnte nur drei steigende Tage aufweisen. Anschließend ging es zehn Tage talwärts bis zum letzten Tiefpunkt am 4. Januar.

RHYTHMISCHE EINBRÜCHE IN DER AUFWÄRTSBEWEGUNG

Nun schauen wir uns das Ganze bei der dann folgenden Aufwärtsbewegung an. Generell verlaufen Kursanstiege nicht so erratisch wie Kursstürze. In Abwärtstrends treten häufig deutliche Erholungen auf, bevor es noch tiefer in den Keller geht. Eine Abwärtsbewegung sieht im Chartverlauf zackiger aus, bei steigenden Notierungen verläuft der Kurs dagegen eher kontinuierlich. Das mag daran liegen, dass Anleger schnell verschreckt reagieren, sobald die Kurse schwächer tendieren oder eine schlechte Nachricht eintrifft, sie jedoch bei überstandener Gefahr oder wieder leicht ansteigenden Kursen nur sehr langsam wieder Vertrauen fassen. Abwärtsbewegungen verlaufen deshalb meist steiler als Anstiege.

37 Der DAX im Candlestick-Chart von Dezember 2018 bis Mai 2019

in Punkten

Quellen: Gebert, Captimizer

So fallen bei der sich an den 4. Januar anschließende Kursrallye keine großen Einschnitte oder Rückschläge auf. Bis zum 1. Mai verläuft der Weg ziemlich gerade nach oben. Zwei Einbrüche, in denen zwei große rote Kerzen vorkommen, fallen jedoch auf. Der erste relative Tiefpunkt wird am 8. Februar erzielt. Hinab geht es mit einer großen roten Kerze, die schon einmal Unruhe bei den handelnden Börsianern anzeigte. Der nächste Tag mit der deutlich tieferen Eröffnung und dem so entstandenen Fenster nach unten spiegelte die Kulmination des Pessimismus wider, die der Wende nach oben am nächsten Tag vorauslaufen musste. Am Tag nach dem Tag mit dem großen Fenster nach unten drehte der Markt tatsächlich wieder nach oben. Die zweite deutlich ins Auge stechende Delle fand ihr Tal am 25. März. Auch sie wurde mit einer großen roten Kerze und zum Schluss einer etwas tieferen Eröffnung am nächsten Tag gebildet. Der Abstand zwischen dem großen Tief am 27.12.2018 und dem Tal der ersten erkennbaren Delle am 8. Februar betrug 29 Börsentage, also etwa zwei 15-Tage-Wellen. Eine Unterstruktur, die die beiden 15-Tage-Wellen auflösen würde, ist kaum auszumachen. Gegen Ende des ersten Zyklus, an den Tagen 10, 11, 12 und 13, verläuft der Weg des DAX nur noch waagerecht nach den Anstiegen der Vortage und mit Tag 14 erscheint mit einem großen Fenster nach oben ein neuer Impuls in diese Richtung. Der Tiefpunkt der ersten großen Delle war zum Tiefpunkt des zweiten deutlichen Einbruchs 30 Tage entfernt. Im gleichen Takt ging es weiter. Zwei 15-Tage-Wellen später wurde ein erneuter Tiefpunkt registriert. Immerhin gab der DAX am Ende dieser Struktur 500 Punkte nach. Auch in dieser Struktur ließ sich an den Tagen 11, 12 und 13 eine Abflachung und ein leichtes Nachgeben bemerken, bevor zum Auftakt der nächsten 15-Tage-Struktur ein großes Fenster nach oben erschien. Insgesamt lassen sich in der Aufwärtsbewegung seit Anfang des Jahres 2019 drei Doppelstrukturen der 15-Tage-Welle erkennen. Auch hier war es hilfreich, diesen Rhythmus zu beachten, weil der Anleger die Zeitfenster identifizieren konnte, in denen nicht unerhebliche Rückschläge von fast bis zu fünf Prozent auftraten. Ferner sieht man deutlich das vorhin im großen Maßstab besprochene Muster.

EIN SCHUB ZU BEGINN UND EIN SCHUB AM ENDE DER AUFWÄRTSWELLE

Eine Bewegung beginnt mit Dynamik und hört mit Dynamik auf, im Großen wie im Kleinen. Das erste der 2-mal-15-Tage-Muster startete mit einer fast 300 Punkte großen grünen Kerze am 3. Januar. Sein Ende fand es mit einer 200 Punkte großen Kerze am 5. Februar. Nach diesem Ausbruch eines überbordenden Optimismus drehte der DAX am nächsten Tag fast auf dem Absatz um und machte sich auf den Weg 400 Punkte in die Tiefe.

DIE ZWEITE WELLE STARTETE MIT EINEM GROSSEN FENSTER NACH OBEN

Richtig in Schwung kam die zweite 2-mal-15-Tage-Struktur am 15. Februar. Drei Tage vorher wurde schon mit einem 100 Punkte großen Fenster nach oben der Optimismus eingeläutet. Nachdem die Richtung festgelegt und der Optimismus vorhanden war, ging es eine Weile nach oben, bevor am 19. März mit einer großen grünen Kerze der Überschwang des Optimismus und damit das Ende der Aufwärtsbewegung angezeigt wurde. Wenn ein Übermaß an Optimismus oder an Pessimismus auftritt, ist es also stets wichtig, zu beachten, ob es sich dabei um den Start oder das Ende einer Bewegung handelt. Nach einer Abwärtsbewegung verspricht eine große grüne Kerze oder ein großes Fenster nach oben eine weitere Entwicklung in diese neu eingeschlagene Richtung. Hat der DAX allerdings schon einen längeren Anstieg hinter sich, signalisiert Kursdynamik, gekennzeichnet durch eine große grüne Kerze oder ein Fenster nach oben, das Ende der Bewegung. Wie man auch am langfristigen Chart seit dem Jahr 2001 mit der darunterliegenden Indikatorlinie der Relativen Stärke sehen kann, lässt sich der Beginn einer Bewegung und das Ende einer Bewegung durch eine große Relative Stärke identifizieren. Verstärkend und als kurzfristig negatives Signal kam für mich zu dem Zeitpunkt hinzu, dass mit dieser großen grünen Kerze nach oben ein klares Kaufsignal der herkömmlichen Charttechnik aufgetreten war. Wie man in der nachfolgenden Grafik sieht, war der DAX an diesem Tag deutlich über die bisherige „Widerstandslinie" nach oben ausgebrochen.

38 **Der DAX im Candlestick-Chart von Oktober 2018 bis April 2019**

in Punkten

Quellen: Gebert, Captimizer

DER DYNAMISCHE AUSBRUCH NACH OBEN ALS VERKAUFSSIGNAL

Was in der herkömmlichen Charttechnik, die mit Trendlinien, Unterstützungen und Widerstandslinien hantiert, als klares Kaufsignal gewertet wurde, der dynamische Ausbruch nach oben über eine Widerstandslinie, die sowohl vom Kursgipfel des 1. März als auch vom Kursgipfel des 1. November herrührte, sah ich als das dynamische Ende einer kurzfristigen Aufwärtsbewegung an. Ich will die herkömmliche Charttechnik hiermit nicht verteufeln. Letztlich ging es nach dem kurzfristigen Einbruch dann weiter nach oben. Schließlich muss der DAX, wenn er in neue Höhen klettern will, alte (tatsächlich vorhandene oder vermutete) Widerstandslinien und alte Höchststände überbieten. Kurzfristig jedoch – und darum geht es in diesem Buch – ist dieses dynamische Kaufsignal der herkömmlichen Charttechnik negativ zu werten, wie dieses Beispiel deutlich zeigt.

Zunächst ging es 500 Punkte nach unten, bevor die Aufwärtsbewegung wieder aufgenommen werden konnte. Wann immer bei diesem viermonatigen Anstieg Dynamik nach oben in den Markt gekommen war, nicht beim Start einer Bewegung, sondern nachdem der DAX schon eine Weile in diese Richtung marschiert ist, ging es danach zumindest nicht weiter hoch, manchmal sogar spürbar nach unten. Darauf hereinzufallen, sich von solch einer Aufwärtsdynamik mitreißen zu lassen und zu kaufen ist also in den seltensten Fällen angebracht. Gerade das sind aber die Situationen, in denen man so schwer widerstehen kann. Darauf beruht ja dieses Phänomen, dass sich viele Anleger dem Sog nicht widersetzen können und kaufen, obwohl sie es vorher gar nicht wollten, oder mehr kaufen, als sie geplant hatten. Durch diese Überkäufe fehlt in der unmittelbaren Zeit danach die Nachfrage. Wie heißt es so schön: Man soll den Kursen nicht hinterherlaufen. Das gilt aber wie gesagt nur bei überbordendem Optimismus am Ende einer Bewegung, also nachdem die Kurse schon einen erheblichen Zeitraum in diese Richtung gelaufen sind. Beim Start einer Rallye wirkt dieser Ratschlag kontraproduktiv. Gerade da ist es sinnvoll, den Kursen hinterherzulaufen. Die am Beginn einer Bewegung gezeigte Stärke trägt den DAX noch viele Tage weiter in die Höhe. Zusammenfassend lässt sich sagen, dass man mit diesen beiden Hilfsmitteln – auf emotionale Extremsituationen zu achten, zu erkennen an einem deutlichen Fenster nach oben oder nach unten und an einer großen grünen oder roten Kerze, und den 15-Tage-Takt zu verfolgen – Hoch- und Tiefpunkte live im Kursverlauf gut identifizieren kann. Diese Vorgehensweise eröffnet die Möglichkeit, Tief- und Hochpunkte ziemlich genau zu treffen. Die meisten anderen Strategien, wie die herkömmliche Charttechnik oder die Trendfolge mithilfe der Relativen Stärke, müssen für eine Signalgenerierung darauf warten, dass der DAX schon eine Weile in die neue Richtung gelaufen ist. Auf Trends zu setzen oder die herkömmliche Charttechnik anzuwenden und zum Höchstkurs zu verkaufen oder zum Tiefstkurs zu kaufen schließt sich gegenseitig aus. Das war eigentlich mit ein Hauptgrund, warum ich mit dem Unterfangen begonnen habe, zu versuchen, Gipfel und Tiefpunkte zeitnah zu lokalisieren und zu identifizieren.

WENN MAN WARTET, BIS SICH EIN NEUER TREND ETABLIERT HAT, SIND DIE GRÖSSTEN KURSGEWINNE SCHON PASSIERT

Mit der bis dahin allgemein anerkannten Vorgehensweise war ich nicht zufrieden. Der verbreitete Hauptslogan „Greife nie in ein fallendes Messer“, der insinuiert, dass man bei fallenden Kursen nicht kaufen, sondern warten soll, bis sie wieder gestiegen sind, verleitet dazu, gute Gelegenheiten zu verpassen. Nach Tiefpunkten ging es in der Vergangenheit meist wieder steil nach oben. Zu schauen, ob der Tiefpunkt schon wirklich erreicht worden war, ließ den Anleger in der Regel bereits die ersten 10 bis 20 Prozent der neuen Aufwärtsbewegung verpassen. In der Endabrechnung machen sich 20 Prozent höhere Kaufkurse sehr deutlich unangenehm bemerkbar. Kauft man eine Aktie statt bei 100 erst bei 120 Euro, beträgt der Kursgewinn, wenn die Aktie anschließend auf 150 Euro gestiegen ist, nur 25 Prozent statt 50 Prozent. Versucht man beim Verkauf nicht, den Gipfel zu treffen, sondern wartet ebenfalls, bis sich die Kurse 20 Prozent ermäßigt haben, oder wendet den viel gepriesenen Stop-Loss, den automatischen Verkauf bei einem bestimmten Rückschlag, an, landet man bei plus/minus null statt bei einem Gewinn von 50 Prozent. Dieses Manko beinhalten auch die bekannten Trendfolgestrategien. Manche Anleger halten sich beispielsweise an die 200-Tage-Linie – den mitgeführten Mittelwert der letzten 200 Börsentage. Wenn sich der DAX von seinem Tiefpunkt entfernt, dauert es in der Regel lange, bis er die 200-Tage-Linie nach oben durchschneidet und damit für den Trendfolger ein Kaufsignal auslöst. Die ersten 20 Prozent der Aufwärtsbewegung sind damit bereits verloren. Bei oberen Wendepunkten wirkt das umgekehrte Phänomen. Erreicht der DAX seinen Gipfel, befindet er sich nicht selten 20 Prozent über der Trendlinie. Wartet man mit dem Verkauf, gehen schon einmal die 20 Prozent verloren, die der Kurs bis zur Trendlinie fallen muss, bevor das Verkaufssignal generiert wird. Deshalb hat sich auch bei meinen Berechnungen kein Vorteil bei einer Anwendung dieses Trendfolgesystems ergeben. Hätte man seit 1960 im DAX beim Durchbrechen der 200-Tage-Linie nach oben Aktien gekauft und bei einem Unterschreiten der Linie wieder verkauft, hätte man keinen Vorteil erzielt. Es wird immer behauptet, wenn man wartet, bis der Boden gefunden ist und sich ein erneuter Aufwärtstrend etabliert hat, hätte man zwar nicht zum Tiefstkurs gekauft, aber damit eine höhere Wahrscheinlichkeit, dass die Kurse weiter steigen, erreicht. Doch auch hier gilt das Phänomen, das ich zu Beginn bereits geschildert habe. Wirklich belohnt wird nur der an der Börse, der ein Risiko auf sich nimmt, der nicht erst einmal schaut, ob alles glattgeht, der nicht wartet, bis die Gefahr vorbei ist. Wer zögert, bis der Aufwärtstrend etabliert ist, die Kurse sich deutlich von ihrem Tal entfernt haben, die Lage sicher und beherrschbar und die Wahrscheinlichkeit steigender Kurse groß ist, hat den größten Teil der Aufwärtsbewegung bereits verpasst. Gerade wenn die Nacht am dunkelsten, die Situation verfahren, keine Lösung in Sicht ist und der Kursverlauf die Panik der anderen Marktteilnehmer widerspiegelt, winken bei einem Kauf die größten Kursgewinne.

MAN KANN DIE BÖRSE NICHT AUF NUMMER SICHER SPIELEN

Schon der Versuch schadet. So wie man keinen Gewinn gemacht hätte, wenn man beim DAX in den letzten 30 Jahren nur tagsüber investiert gewesen wäre, sondern sogar Verlust, so birgt der Versuch, nur in sicheren Phasen das Geld in Aktien angelegt zu haben, ein großes Risiko. Wenn man sich die großen Gewinne abschneidet, die sich bei Anstiegen unmittelbar nach Tiefpunkten und Einbrüchen ergeben, besitzt man auch kein Polster, das bei einem unvermuteten Rückschlag aufgezehrt werden kann. Börsenverluste sind die Folge. Man kann es auch etwas überspitzt so formulieren: Die Risikovermeidung beinhaltet selbst ein Risiko. Albert Einstein hätte wesentlich länger leben können, hätte er sich einer notwendigen Operation unterzogen. Er lehnte sie ab, weil er Angst davor hatte. Börsengewinne ergeben sich immer nur durch Risikoübernahme.

DER GLEICHE RHYTHMUS AUCH BEIM DOLLAR

Eigentlich wollte ich mich in diesem Buch fast ausschließlich mit dem DAX beschäftigen, aber während ich diese Zeilen schreibe, fällt mein Blick auf die Entwicklung des Euro gegen den Dollar seit Beginn des Jahres 2019. Auch in diesem Markt beobachtet man, dass die kleinste Einheit eines Taktes, in dem sich Stimmungen verändern, etwa 15 Tage beträgt. Schauen wir uns den Verlauf des Euro gegen den Dollar seit Beginn des Jahres einmal an:

39 Der Dollar im Candlestick-Chart von Januar 2019 bis Mai 2019

in Dollar für einen Euro

Quellen: Gebert, Captimizer

Vom Beginn des Jahres bis zum 2. Mai hat sich eine ausgeprägte Sägezahnbewegung vollzogen. Direkt nach dem Jahresstart stieg der Euro steil zwei Cent an, machte auf dem Absatz kehrt und gab in den nächsten Tagen wieder zweieinhalb Cent ab. Das gleiche Spielchen wiederholte sich. Der Euro drehte nach oben, stieg zwei Cent an, kippte ab und sauste zweieinhalb Cent nach unten. Bei der nächsten Bewegung gewann er nur anderthalb Cent, wieder in einer fast geradlinigen Bewegung nach oben, und verlor dann zwei Cent. Der nächste Stalagmit, oder der nächste Wigwam oder wie auch immer man diese beiden Seiten eines Dreiecks nennen will, verlief bei der nächsten Ausprägung so, dass ein spitzes gleichschenkliges Dreieck in den Himmel zeigte. Bei der letzten und vierten Erholung des Euro gegen den Dollar konnte der Euro nur noch einen Cent hinzugewinnen. Anderthalb Cent ging es danach in den Keller.

TÄLER DES EURO IM ABSTAND VON JEWEILS 15 BÖRSENTAGEN

Die Zeitspannen zwischen jeweils zwei benachbarten Gipfeln beziehungsweise zwischen zwei benachbarten Tälern beliefen sich auf die auch bei den Aktien zu beobachtenden etwa 15 Börsentage. Ich beginne mit der Zählung wieder mit dem ersten Tag nach einem Tiefpunkt – gemessen am Schlusskurs. Nach dem Euro-Tiefpunkt am 3. Januar, der sich mit einer großen roten Kerze von 1,1450 Dollar für einen Euro hinab bis 1,1350 Dollar für einen Euro zeigte, eröffnete der Euro am 4. Januar etwas über dem Schlusskurs des Vortages und stieg im Tagesverlauf an. Wenn wir diesen Tag als den ersten Tag wählen, wird der nächste Tiefpunkt, wieder am Schlusskurs gemessen, 16 Tage später erreicht, am 25. Januar. Beginnen wir am nächsten Tag wieder mit der Nummer 1, landen wir an Tag 14 im nächsten Tal mit dem tiefsten Schlusskurs. Zwei Tage später, was dann der Nummer 16 entsprechen würde, tauchte der DAX zwar in noch tiefere Gefilde ab, erholte sich aber im Tagesverlauf. Wir hören also nach der Nummer 14 auf zu zählen, weil dieser Tag den tiefsten Schlusskurs aufwies, und beginnen am nächsten Tag erneut mit der Nummer 1. 16 Tage darauf wurde das nächste Kurstal angesteuert. Beim dritten Wigwam, dem gleichschenkligen Dreieck, dauerte es allerdings 18 Tage, bevor es auf festem Boden stand und der nächste Tiefpunkt markiert war. Die zeitliche Differenz zum folgenden Tiefpunkt betrug dann 17 Tage. In den ersten vier Monaten des Jahres 2019 bildete der Euro gegen den Dollar also sechs ausgeprägte Tiefpunkte aus. Zwischen 14 und 18 Börsentagen dauerte es jeweils, bis der nächste angesteuert war. Dies entspricht genau dem Rhythmus, in dem sich auch Aktienkurse häufig verändern. Diese 13 bis 18 Tage, im Mittel 15 Tage, scheinen gerade der Zeittakt zu sein, in dem sich Stimmungsänderungen der Menschen abspielen. Auch der Dollarkurs unterliegt offensichtlich diesem Takt.

DIE EINZELNEN FINANZMÄRKTE BELEUCHTEN DASSELBE GESCHEHEN AUS VERSCHIEDENEN PERSPEKTIVEN

Überhaupt ist mir bei der langjährigen Beobachtung der Finanzmärkte aufgefallen, dass es sich um ein Geschehen handelt, das sich zeitgleich in verschiedenen Finanzinstrumenten widerspiegelt, ähnlich einem Geschehen in einem von innen beleuchteten Zelt, das man von verschiedenen Winkeln aus betrachten kann. Wenn man einmal um das Zelt herumläuft, ergibt sich aus jeder Perspektive ein anderes Bild, das aber letztlich nur denselben Vorgang wiedergibt. Es ist eine sehr große Hilfe, wenn man weiß, in welchem Takt sich Stimmungen ändern. Der Tag des Tiefpunktes, der 3. Januar mit 1,1350 Dollar für einen Euro beim Start dieser wellenförmigen Abwärtsbewegung, liegt in etwa auf gleicher Höhe wie der Gipfelpunkt der fünften Welle bei 1,1320 Dollar am 17. April. Jedoch hätte der Eurokauf fünf Börsentage nach dem ersten Tiefpunkt, also am 10. Januar bei 1,1560 Dollar, und der Verkauf nicht am 17. April, sondern sechs Börsentage später am 25. April bei 1,1120 Dollar einen Verlust von vier Cent ergeben – bei einer Währung ein nicht unerheblicher Unterschied. Der Kauf wenige Tage eher oder später und entsprechend der Verkauf können also darüber entscheiden, ob eine Transaktion profitabel verläuft oder nicht.

STIMMUNGSEXTREME BEI DEN KURSEXTREMEN

Auch bei diesen fünf aufeinanderfolgenden 15-Tage-Strukturen des Eurokurses gegen den Dollar konnte man die emotionale Befindlichkeit der Anleger an den Extrempunkten wieder gut beobachten. Die große grüne Kerze am 10. Januar signalisierte ein Übermaß an Optimismus für den Euro, der gleich am nächsten Tag mit einer großen roten Kerze wieder in Skepsis umschlug. Nach einigen schwächeren Tagen wurde dann, wie schon gesagt, 14 Tage nach dem letzten Tiefpunkt wiederum mit einer großen roten Kerze eine auffällige emotionale Situation erreicht. Quasi über Nacht drehte dann die Stimmung unmittelbar und mit fast einem Cent Plus ging der Euro am nächsten Tag aus dem Markt. So ging es weiter bergauf und bergab mit großen einprägsamen Kerzen jeweils zu den Wendepunkten. Besonders ins Auge sticht der Tiefpunkt am 8. März mit der riesigen roten Kerze, die ihn markiert. Es bleibt auch hier festzustellen, dass sich während dieser pendelnden Bewegung bei den Wendepunkten immer extreme emotionale Stimmungen diagnostizieren ließen. Die eine Stimmung muss sich erst ins Extrem steigern, bevor sie ins Gegenteil kippt. Um solch einen Kursverlauf gut nutzen zu können, ist es also wichtig, auf emotionale Extremsituationen zu achten, und dabei ist es wiederum außerordentlich hilfreich, wenn man die Zeitpunkte in etwa lokalisieren kann, wo diese Extreme auftreten sollten. Wenn man etwa 15 Tage nach einem Tiefpunkt die Augen offen hält, ob eine erneute emotionale Extremsituation auftritt, erkennbar an entweder einem großen Fenster oder einer großen Kerze, kann man einen möglichen

Kaufzeitpunkt einigermaßen gut identifizieren. Diese Methode hat, wie bereits erwähnt, gegenüber allen anderen den Vorteil, dass man nah an den Extrempunkten handeln kann. Bei allen anderen Methoden mit Indikatoren der Trendstärke oder anderen Trendfolge-Instrumenten muss man immer erst warten, bis der Kurs eine Weile in die Richtung gelaufen ist.

TRENDFOLGESTRATEGIEN HELFEN NICHT WEITER

Wie oft eine Trendfolgestrategie ins Leere läuft, lässt sich an dem gerade gezeigten Beispiel gut verdeutlichen. Ist der Euro gerade einige Tage in die vermutete Richtung gelaufen und man denkt, jetzt ist ein neuer Trend da, und setzt auf ihn – schon wechselt der Euro die Richtung. Dann wartet man wieder, bis der neue Trend etabliert und der Kurs eine Weile gefallen ist, bevor man den Euro verkauft und auf eine fallende europäische Währung setzt. Doch kaum ist man die neue Position eingegangen, wechselt der Euro schon wieder die Richtung. Bei diesen Sägezahnbewegungen liefern die Trendfolgemodelle große Verluste, da der Trend wechselt, sobald man ihn identifiziert hat und eingestiegen ist. Die Methode, mit dem Zeittakt und den emotionalen Extremsituationen den Gipfel möglichst genau zu identifizieren, ist dagegen erfolgversprechender. Doch kommen wir zurück zu den Aktien.

UMSETZUNG DER STRATEGIE

Wie lässt sich nun diese Vorgehensweise, nach emotionalen Extrempunkten im 15-Tage-Takt zu suchen, umsetzen? Zunächst ist dieser Ansatz dafür gedacht, bei geplanten Transaktionen den richtigen Zeitpunkt zu lokalisieren. Wie wir gesehen haben, ist der Tag, an dem man den größten Impuls verspürt, dringend Aktien kaufen zu müssen, weil sie einem sonst davonlaufen, der denkbar ungünstigste für eine

Investition. Gerade darauf beruht der Effekt, dass viele Anleger zu etwas verleitet werden, was sie gar nicht vorhatten. Man selbst spürt diesen Drang natürlich auch. Dem zu widerstehen ist schon einmal der wichtigste Punkt, den man verinnerlichen muss. Umgekehrt fällt es schwer, in einen fallenden Markt hinein zu kaufen. Nach einer großen roten Kerze am Vortag und einer nochmals schwächeren Eröffnung ist man von Panik erfüllt und tendiert eher dazu, Aktien zu verkaufen, als gerade dann zu kaufen. Ich weiß, welche Gedanken einem an solchen Tagen im Kopf herumschwirren. Man malt sich alle möglichen finsteren Szenarien aus. Nur durch den Verkauf von Aktien glaubt man, den Seelenfrieden wiedererlangen zu können. Dieser von vielen empfundene Drang verleitet einige Anleger, in Panik zum Tiefstkurs zu verkaufen – viele Beispiele von mir und anderen sind mir präsent. Man sollte diesem Impuls auf keinen Fall nachgeben, sondern im Gegenteil gegen das eigene Gefühl kaufen. Das ist schwer genug. Wenn man sich aber einmal damit vertraut gemacht und den Mechanismus durchschaut hat und zum richtigen Zeitpunkt die Augen nach einem Ausverkauf offenhält, kann man sich daran gewöhnen.

GEGEN DAS EIGENE GEFÜHL HANDELN

Selbst bei der jüngsten Aufwärtsbewegung zu Beginn des Jahres 2019 haben wir im 2-mal-15 Tage-Rhythmus deutliche Einbrüche gesehen. Bei 11.800 Punkten am 19. März zu kaufen oder vier Tage später bei 11.300 macht bei einer Aktienanlage später einen erheblichen Unterschied. Fünf Prozent billiger zu kaufen macht so schon den Unterschied eines gesamten durchschnittlichen Jahresertrags aus. Selbst für Langfristanleger ist also die Beachtung der kurzfristigen Rhythmen außerordentlich hilfreich. Diese von mir angeführte Methode kann man auch beim Erwerb oder Verkauf von einzelnen Aktien anwenden. Sinnvoller ist es jedoch, den DAX selbst mittels eines ETF als Investitionsvehikel zu nutzen. Die Kursverläufe einzelner Aktien halten sich nicht so streng an die geschilderten Hinweise. Ihre Bewegungen werden zusätzlich von den spezifischen aktuellen Nachrichten zu den einzelnen Aktien beeinflusst. So haben wir es in den letzten Monaten erlebt, dass Beiersdorf an einem Tag zehn Prozent abstürzte oder Fresenius im Dezember 20 Prozent in zwei Tagen abgeben musste. Auch Henkel tauchte im Januar zehn Prozent in zwei Tagen ab. Das sind aktienspezifische Bewegungen, die nicht unbedingt von der Stimmung der Börsenteilnehmer abhängen. Unsere gefundenen Hinweise lassen sich bei ihnen also nicht sinnvoll anwenden. Ohnehin bin ich persönlich nicht wirklich ein Freund der einzelnen Aktienauswahl. Ich als privater Anleger muss dabei mit einem Informationsnachteil kämpfen. Der Vorstand eines Unternehmens oder ihm nahestehende Personenkreise oder Großanleger wie Fonds oder Hedgefonds, die über persönliche Beziehungen an Informationen aus dem engsten Kreis gelangen, wissen besser, ob es dem Unternehmen gerade besonders gut geht oder die Entwicklung sich in der letzten Zeit verschlechtert hat. Ich erfahre es erst später aus der Zeitung.

EINZELNE AKTIEN ODER EIN INDEX?

Meiner Erfahrung nach ist es so, dass man manchmal einen Glücksgriff landet und eine Aktie entwickelt sich besonders gut. Ein anderes Mal wird in die falsche Kiste gegriffen und seit dem Kauf kennen die Kurse nur noch eine Richtung: nach unten. Sobald man zehn oder mehr Aktien im Depot hat, stellt man fest, dass sich das gesamte Depot in etwa wie der entsprechende Index entwickelt. Outperformance ergibt sich, wenn man mit dem falschen Index vergleicht. Wenn jemand Nasdaq-Werte oder TecDAX-Werte im Depot hat und vergleicht sein Depot dann mit dem DAX, führt das zwangsläufig zu einer Outperformance. Die entsteht aber in der Regel nicht aufgrund der geschickten Aktienauswahl, sondern wegen des falschen Vergleichsindex.

Ferner erleidet man beim Kauf und Verkauf von einzelnen Aktien einen gewissen Verlust, den man „Schlupf“ nennen könnte. Ankauf- und Verkaufskurse sind nicht identisch. Bei einigen Werten sind diese Spannen sogar sehr groß. Selbst beim Verkauf von nicht allzu großen Aktienpositionen ist es mir schon häufig so ergangen, dass ich bei einem Kurs verkaufen wollte, der mit 28,20 Euro zu 28,40 Euro angegeben war. Allein diese Spanne von 20 Cent macht schon 0,6 Prozent des Kurswertes aus. Die Geld-Brief-Spanne – der niedrigere Wert gibt den Kurs an, zu dem man verkaufen kann, und der höhere den, zu dem man kaufen kann, Briefkurs genannt – steigt in volatilen Börsenzeiten deutlich an. Statt 28,20 Euro zu 28,40 Euro heißt es plötzlich 28,00 Euro zu 28,60 Euro. Ferner sackt der Geldkurs gerade dann ab, wenn man verkaufen will. So ist es mir passiert, dass meine Verkaufsorder nicht ausgeführt wurde, als ich bei einem Kurs von 28,20 Euro zu 28,40 Euro den Kurs 28,20 Euro als Verkaufslimit eingegeben hatte, der eigentlich sofort hätte ausgeführt werden müssen. Stattdessen rutschte die Geld-Brief-Spanne in dieser Sekunde auf 28,00 Euro zu 28,20 Euro. Nach Anpassung des Limits auf 28,00 Euro rutschte die Geld-Brief-Spanne auf 27,80 Euro zu 28,00 Euro. Ich bekam das Papier nicht verkauft. Diesem Ärgernis geht man aus dem Weg, wenn man den DAX als Ganzes kauft, zum Beispiel als ETF, Exchange Traded Fund, der an der Börse wie eine Aktie gehandelt wird. Die meisten dieser ETFs, zum Beispiel die von der Deutschen Bank oder der Commerzbank, bilden den Index direkt durch Aktien ab. Direkt replizierend (DR) wird diese Vorgehensweise genannt. Man muss also keine Angst haben, dass diese ETFs im Falle einer Bankenpleite wertlos werden. Die vom Fonds gehaltenen Aktien bleiben im Besitz des Käufers des ETF. Der ETF gilt als Sondervermögen und wird nicht einer etwaigen Konkursmasse zugeschlagen. Von vielen großen Anbietern wie der Deutschen Bank (DBX1DA), der Commerzbank (ETF001) oder iShares von Blackrock und vielen anderen wird dieses Produkt angeboten. Die Geld-Brief-Spanne liegt in der Regel bei 0,01 Prozent.

BILLIGST- ODER LIMIT-ORDER?

Wenn man einen DAX-ETF kaufen möchte, sollte man ein Kurslimit eingeben, zu dem man kaufen möchte, oder eine Billigst-Order vorziehen, bei der man zum gerade aktuellen Briefkurs den DAX erwirbt? Für Käufe und Verkäufe eine Limit-Order einzugeben hilft bei einzelnen Aktien, in denen keine großen Umsätze stattfinden. Damit schützt man sich davor, bei einer großen Geld-Brief-Spanne über den Tisch gezogen zu werden. Mit einer Limit-Order kauft man in der Regel nicht billiger, sondern dann eben nicht, wenn der aktuelle Kurs nicht den eigenen Vorstellungen entspricht. Bei Papieren, die häufig gehandelt werden, wie zum Beispiel Daimler oder eben ein DAX-ETF, bringt ein Kauflimit nicht viel. Wenn man das Limit auf der Höhe des aktuellen Kurses eingibt, erzielt man den aktuellen Kurs, den man bei einer Billigst-Order auch erhalten hätte, und wenn man das Limit tiefer legt, weiß man nicht, ob der Kurs den Punkt erreichen wird und der Kauf ausgeführt werden wird. Bei der von mir vorgestellten Analysemethode, die sich nach Zeitpunkten richtet und nicht nach Kurshöhen, auf die man Limits platzieren sollte, scheinen Billigst-Käufe und Bestens-Verkäufe angebracht. Möchte man auf fallende Kurse setzen, stehen dafür Short-DAX-ETFs wie der DBX1DS von der Deutschen Bank zur Verfügung, der sich genauso wie eine Aktie oder ein DAX-ETF handeln lässt, nur dass er ein Prozent steigt, wenn der DAX ein Prozent fällt, und umgekehrt.

Wie sehr man sich bei der Aktienauswahl vertun kann, zeigt die nächste Grafik. Es gibt Strategien, die einmal funktionieren und einmal nicht, je nach Börsensituation. Als Beispiel möchte ich die Auswahl nach fundamentalen Bilanzkriterien der Unternehmen anführen. In den 90er-Jahren des letzten Jahrhunderts trat ein Vermögensverwalter namens Frank Lingohr häufig im Börsenfernsehen auf. Er suchte für seinen Fonds die Aktien mit den besten Kennzahlen aus. Kaum jemand hat zu diesem Zeitpunkt so viel Arbeit und Mühe in die Untersuchung von einzelnen Aktien gesteckt. Über

10.000 Aktien hatte er im Computer, die durchleuchtet wurden. Diese intensive Arbeit und das Herausfiltern von besonders vertrauenswürdigen Unternehmen waren zunächst von Erfolg gekrönt. In den letzten Jahren des vorigen Jahrhunderts konnte er den DAX jeweils leicht schlagen. Während der langen Baisse von 2000 bis 2003 fiel jedoch diese Outperformance in sich zusammen. Nach zehn Jahren entsprach das Anlageergebnis genau der Entwicklung des DAX selbst. Die viele Mühe hatte sich letztlich nicht gelohnt. Es lag nicht an Frank Lingohr. Das Problem liegt tiefer. Dazu sehen wir uns die Grafik genauer an.

40 Die Aktienkursentwicklung nach Bilanzkriterien

als Verhältnis und in relativen Werten

Quelle: Goldman Sachs

Die blaue Linie zeigt das Verhältnis der Kursentwicklung von Aktien mit einer starken Bilanz zur Kursentwicklung von Aktien mit einer schwachen Bilanz. Goldman Sachs hat als Produkt einen Aktienkorb im Programm, der aus 500 Aktien mit einer starken

Bilanz besteht (Reuters-Kürzel: GSTHSBAL), ebenso wie einen mit 520 Aktien von Firmen, die eine schwache Unternehmensbilanz aufweisen (GSTHWBAL). Der Wert dieses Verhältnisses sank in den letzten 17 Jahren von 140 auf unter 50. Das heißt, die Unternehmen mit den schwachen Bilanzen haben sich in der Zeit fast dreimal so gut entwickelt wie die gesunden Unternehmen mit den soliden Bilanzen. Wären Sie vor 15 Jahren auf die Idee gekommen, sich beim Aufbau Ihres Portfolios gerade die Aktien der Unternehmen mit den schwachen Bilanzen herauszusuchen? „Oh, hier habe ich noch eine mit einer lausigen Bilanz gefunden. Die kaufe ich." Wenn ja, hätten Sie ein dreimal so gutes Anlageergebnis erzielt. Die hellgraue Linie auf der linken Achse zeigt übrigens die Verschuldung der US-Unternehmen gemessen an ihrer jeweiligen Ertragskraft (EBITDA = Earnings Before Interest, Tax, Depreciation and Amortization). Die schlechten Aktien haben in guten Börsenphasen mehr Erholungspotenzial, während bei den guten zwar alles optimal läuft, aber wenig Steigerungsmöglichkeiten vorhanden sind.

Ein weiterer Grund für das schlechte Abschneiden der Aktien mit den guten Bewertungskennzahlen könnte in der Zinsentwicklung seit dem Jahr 2010 zu finden sein. Der Wert eines Unternehmens sollte ja theoretisch der Summe aller zukünftigen abgezinsten Gewinne entsprechen. Ein bestimmter Geldbetrag, den ich in der Zukunft bekommen werde, ist weniger wert, als wenn ich ihn heute schon hätte. Von heute bis zum Zeitpunkt des Zuflusses könnte er sich nämlich verzinsen. Der abgezinste Wert der in der Zukunft zufließenden Gewinne fällt umso kleiner aus, je höher der Zinssatz ist. Bei einem Zinssatz von nahe null macht sich die Differenz kaum bemerkbar, aber wir hatten ja auch schon Zinsen von um die zehn Prozent. Bei diesem Zinssatz wären 1.000 Euro, die ich in zehn Jahren bekommen werde, heute nur 350 Euro wert. 1.000 Euro in 20 Jahren entsprächen dann heute nur 120 Euro und 1.000 Euro in 30 Jahren heute gar nur 42 Euro. Wenn nun ein Unternehmen in den nächsten 30 Jahren jedes Jahr eine Million Euro Gewinn erzielen wird, wären die in der Zukunft zufließenden Beträge bei einem Zinssatz von null Prozent heute 30 Millionen Euro wert und damit das Unternehmen ebenso viel. Bei einem angenommenen Zinssatz von zehn Prozent summieren sich die zukünftigen Gewinne aber nur zu 8,6 Millionen Euro. Dasselbe Unternehmen sollte also bei einem Zins von null Prozent dreieinhalbmal so viel wert sein wie bei einem Zins von zehn Prozent. Besonders stark macht sich dieser Effekt bemerkbar, wenn es sich um ein Unternehmen handelt, bei dem die Gewinne in der Zukunft vermutlich stark steigen werden. Bei einem so niedrigen Zinssatz, wie wir ihn im Moment haben, schlagen sich vermutete große Unternehmensgewinne in der fernen Zukunft direkt auf den Wert des Unternehmens nieder. Bei einem höheren Zinssatz wären sie nicht so bedeutend. Die momentan niedrigen Zinsen hätten also, wenn sie uns erhalten blieben, einen profunden Einfluss auf die Bewertung der Aktien. Seit Jahrzehnten gibt es die Diskussion, ob das sogenannte Value-Investing nach dem Kriterium des vermeintlichen inneren Wertes einer Firma sinnvoll sei oder ob der Wachstumsansatz zu bevorzugen sei. Value oder Growth war die Gretchenfrage. Der bekannteste Vertreter des Value-Ansatzes heißt Warren Buffett. Er sucht seine Aktien nach günstigen Kennzahlen aus. In der letzten Zeit ist es ruhig um ihn geworden. Die Underperformance seiner Strategie in den letzten Jahren ergibt sich aus dem neuen Zinsumfeld. Wie die obere Grafik zeigt, stellt die Entwicklung der Wachstumsaktien, die keine niedrigen Bewertungskriterien und eine hohe Verschuldung aufweisen, die Entwicklung der Aktien, die nach fundamentalen Gesichtspunkten günstig bewertet sind, weit in den Schatten. Vom Aspekt des Value-Investings hätte man Apple, Amazon, Google oder Netflix niemals kaufen dürfen. Doch im Nullzinsumfeld kommt es gar nicht darauf an, ob eine Aktie nach aktuellen Bewertungskriterien günstig erscheint oder nicht, sondern nur darauf, mit welchen Steigerungen der Unternehmensgewinne eine Firma rechnen kann. Der alte Ansatz, der auf Benjamin Graham, der die fundamentale

Analyse entwickelt hat, zurückgeht und den Waren Buffett übernommen hat, funktioniert nicht mehr. Im Nullzinsumfeld braucht man nicht mehr auf das Kurs-Gewinn-Verhältnis oder die Dividendenrendite zu achten, sondern nur noch auf die kommenden Gewinnsteigerungen. Das Value-Investing gehört in eine andere Zeit zu einem anderen Zins.

Dass die beiden Kurven von 1980 bis zum Jahr 2000 in etwa parallel liefen, zeigt an, dass bei einem Anstieg der Gesamtverschuldung der US-Unternehmen diejenigen Unternehmen von den Anlegern bevorzugt wurden, die eine solide Bilanz hatten. Das klingt logisch. Wenn man eine Krise aufgrund der hohen Verschuldung befürchtet, wählt man nämlich die Aktien, denen vermutlich nichts passiert. Seit dem Jahr 2011 laufen diese beiden Kurven auseinander. Trotz höherer Unternehmensverschuldung werden die bilanzschwachen Unternehmen favorisiert.

WELCHE AKTIEN STEIGEN WANN?

Eine weitere Regel, die bei der Auswahl von einzelnen Aktien Sinn macht, ist die Unterscheidung zwischen konjunktursensiblen und konjunkturunsensiblen Werten. Zu den konjunktursensiblen Werten werden die Firmen gezählt, die bei einem Konjunkturaufschwung einen deutlichen Umsatzzuwachs verspüren, dafür aber auch während einer Flaute weniger verkaufen. So schwanken die Gewinne und Umsätze der Unternehmen stärker mit der Konjunktur. Diese Aktien werden auch zyklische Titel genannt. Wenn es mit dem DAX bergauf geht, steigen sie überproportional. Zu ihnen gehören Werte aus der Automobil-, Stahl- und Elektroindustrie. Die konjunkturunsensiblen Aktien kommen dagegen aus der Pharma-, Nahrungsmittel- und Konsumgüterindustrie. Beiersdorf verkauft nicht viel weniger Seife während einer Rezession. Deshalb schwanken die Aktien des Unternehmens im Normalfall nicht so deutlich wie die der konjunktursensiblen Firmen. Darum werden sie auch defensive Titel genannt. Wenn man mit einem Aufschwung des DAX rechnet, sollte man konjunktursensible Werte erwerben, da diese dann überproportional steigen können. Steht eher eine holprige Börsenphase vor der Tür, sind defensive Werte zu bevorzugen. So lässt sich, vorausgesetzt man hat Anhaltspunkte dafür, ob es mit dem DAX nach oben geht oder nicht, das Ergebnis steigern, indem man die richtige Gruppe der Aktien auswählt, zyklisch oder defensiv. Ganz elegant lässt sich diese Aufgabenstellung mit dem Schweizer Index SMI bewältigen. Die drei größten Aktiengesellschaften der Schweiz mit den höchsten Börsenwerten sind der Nahrungsmittelkonzern Nestlé und die beiden Pharma-Giganten Roche und Novartis.

DEFENSIVE AKTIEN IM SMI

Die Aktien dieser drei Firmen gehören zu den konjunkturunsensiblen Werten. Von einem konjunkturellen Abschwung sollten sie nur peripher betroffen sein. Die Zahl der verschriebenen Medikamente von Novartis und Roche verändert sich nicht signifikant mit der Wirtschaftslage. Andere Einflussfaktoren wie zum Beispiel Zinsänderungen können natürlich die Kurshöhen der Aktien verändern. Höhere Zinsaufwendungen für Kredite schmälern das Ergebnis und sollten sich beim Aktienkurs negativ bemerkbar machen. Auch die Bewertung der Aktie sollte vom Zins abhängen. Ganz ungeschoren von der Unbill des Marktes werden diese Aktien damit nicht davonkommen, aber die großen Schwankungen, denen Stahl- und Automobil-Aktien gelegentlich unterliegen, sollten ihnen erspart bleibt.

41 Der Vergleich des DAX mit dem SMI von Mitte 2018 bis Ende 2018

in Prozent

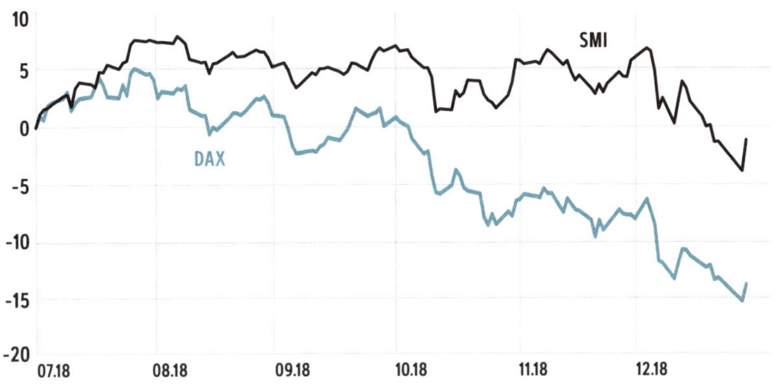

Quellen: Gebert, TeleTrader

Diese drei Werte, Nestlé, Roche und Novartis, machen die Hälfte des Schweizer Aktienindex SMI aus. Wenn man also den SMI kauft, erwirbt man gewissermaßen ein Paket konjunkturunsensibler Aktien. Um dies zu verdeutlichen, habe ich den SMI über den DAX in der von uns bereits betrachteten Zeitspanne von Mitte 2018 bis Ende 2018 gelegt.

Satte zehn Prozentpunkte verlor der DAX mehr als der SMI. In einer unruhigen Börsenphase sollte man also in Zürich besser aufgehoben sein als in Frankfurt. Bei Börsenaufschwüngen dagegen kann der DAX punkten. Die Automobil- und Stahlwerte können dann glänzen. Bei der Konjunkturerholung nach dem Jahr 2011 ließ der DAX den SMI weit hinter sich.

42 **Der Vergleich des DAX mit dem SMI von 2011 bis 2019**

in Prozent

Quellen: Gebert, TeleTrader

IM BOOM DEN DAX, IN DER KRISE DEN SMI

So lässt sich der Wechsel der Präferenz zwischen konjunktursensiblen und konjunkturunsensiblen Werten leicht umsetzen. Bei Konjunkturaufschwüngen sollte auf den DAX gesetzt werden, in unruhigen Börsenphasen wäre der SMI zu bevorzugen. Dabei gilt es jedoch für den deutschen Anleger bei einer Investition in der Schweiz die Währungsrelationen zu beachten, genauso wie es umgekehrt für einen Schweizer von Bedeutung ist, den Eurokurs mit einzukalkulieren. Wenn man in die jüngste Vergangenheit blickt, fällt auf, dass sich aus Sicht des Euroraums der Schweizer Franken in etwa wie der Dollar verhält, wie die nächste Grafik zeigt.

43 **Der Euro gegen den Dollar und den Schweizer Franken**

in Prozent

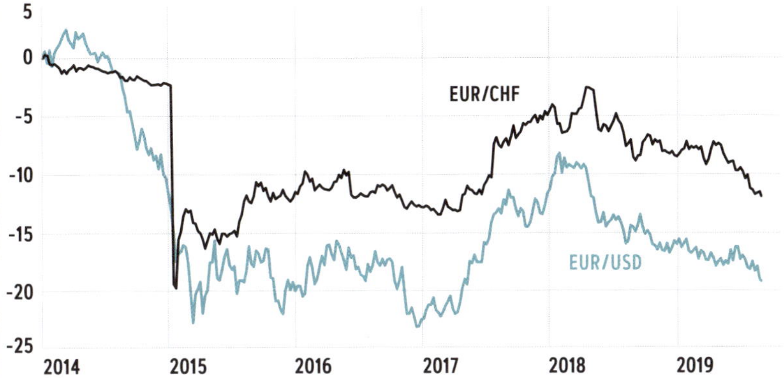

Quellen: Gebert, TeleTrader

Auch der steile Absturz des Euro gegen den Franken von 1,20 Franken für einen Euro auf einen Franken für einen Euro Anfang des Jahres 2015 verlief parallel zu dem abrupten Fall des Dollar von 1,35 Dollar für einen Euro auf nur noch 1,05 Dollar für einen Euro. Den im Gegenzug steilen Anstieg des Franken versuchte die Schweizerische Nationalbank zunächst durch Interventionen am Devisenmarkt zu verhindern. Sie kaufte große Mengen Euro gegen Schweizer Franken, weil sie befürchtete, dass bei einem zu starken Anstieg der eigenen Währung Schweizer Firmen einen deutlichen Nachteil beim Export erleiden würden. Insgesamt hat die SNB im Jahr 2015 86,1 Milliarden Franken aufgewendet, um den Euro zu stützen und den Franken zu drücken. Doch gegen die Marktkräfte war sie machtlos. Letztlich musste sie ihre Interventionen einstellen und zusehen, wie der Schweizer Franken 20 Prozent an Wert gegen den Euro gewann. Erst zu Beginn des Jahres 2017 drehte der Euro nennenswert nach oben und gewann gegen den Dollar 20 Prozent an Wert. Eine ähnliche Bewegung führte er gleichzeitig gegen den Schweizer Franken aus. Dabei konnte er den Wechselkurs von 1,20 Franken für einen Euro von vor seinem steilen Sturz des Jahres 2015 wieder erreichen. Aus der Sicht des Euroraums bewegt sich der Schweizer Franken damit ebenfalls im Takt des 16-jährigen Dollar-Rhythmus, den ich später noch genauer erläutern werde. Sollte der Dollar also, wie es der 16-jährige Takt vorgibt, in den nächsten Jahren wieder gegen den Euro verlieren, könnte auch der Franken deutlich billiger werden. Schweizer Unternehmen würden von einer solchen Entwicklung außerordentlich profitieren. Sie könnten billiger im Ausland anbieten und die erlösten Devisen erbrächten zurückgewechselt einen größeren Franken-Betrag. Dieses Phänomen, dass ein Land, dessen Währung fällt, einen Aktienaufschwung erlebt, wird Abwertungs-Hausse genannt. Für den deutschen Anleger ist deshalb bei einer Anlage in der Schweiz ein Finanzprodukt zu empfehlen, das den Schweizer Franken absichert, ein sogenanntes währungsgesichertes Partizipations-Zertifikat, wie etwa CU0F00 von der Commerzbank. Für den Schweizer Anleger sollten Schweizer Aktien bevorzugt werden, da sie bei einem schwächeren Schweizer Franken profitieren würden. Aktien aus dem Euroraum, zum Beispiel Deutschland, versprechen einen zusätzlichen Währungsgewinn und können auch berücksichtigt werden.

Im Normalfall sollte aber als Investment ein DAX-ETF erste Wahl sein oder statt des DAX der MDAX, der Index der mittelgroßen deutschen Unternehmen, oder auch der TecDAX. Beim TecDAX muss man erwähnen, dass er nicht mehr der TecDAX von früher ist, denn nachdem die schweren Werte SAP und Deutsche Telekom aufgenommen worden sind, die wegen ihres großen Gewichts den Index dominieren, verhält sich dieser Index nicht mehr wie die kleinen Technologiewerte, für die er einmal konzipiert war, sondern im Prinzip nur noch wie der DAX.

DIE KURZFRISTSTRATEGIE

Bei einer langfristigen Investition, sinnvollerweise in einen DAX-ETF, kann die Methode, nach emotionalen Extrempunkten, die in einem bestimmten Rhythmus auftreten, Ausschau zu halten, dabei helfen, günstige Kauf- und Verkaufszeitpunkte zu finden. Ein um wenige Tage verschobener Kauf und Verkauf kann durchaus zehn Prozent zum Ergebnis beitragen.

Natürlich kann man auf diese Weise auch überlegen, kurzfristige Investments einzugehen. Dies ist natürlich nur sinnvoll, wenn man bei einem Discountbroker mit niedrigen Gebühren handelt. Bei einem Prozent für den Kauf und einem Prozent für den Verkauf, dem normalen Spesensatz vieler Banken und Sparkassen, ergeben kurzfristige Geschäfte natürlich keinen Sinn. Allerdings räumen auch einige Banken, zum Beispiel die Commerzbank mit dem Premiumdepot, günstigere Sätze ein. Bei Depotgebühren von etwa einem Prozent pro Jahr kann man so viel handeln, wie man will, ohne zusätzliche Spesen zu bezahlen. Dies stellt eine Art Flatrate für Börsentransaktionen dar. Auch bei kurzfristigen Transaktionen sollte ein DAX-ETF als Investmentvehikel bevorzugt werden. Zusätzlich ermöglicht es die Konzentration auf DAX-ETFs, auch auf fallende Kurse zu setzen. Einige Anbieter, so zum Beispiel die Deutsche Bank, bieten Short-DAX-ETFs an, die die inverse Bewegung des DAX abbilden. Steigt der DAX beispielsweise ein Prozent, sinkt der Wert des Short-DAX-ETF um ebenfalls ein Prozent. Fällt der DAX, gewinnt der Short-DAX-ETF entsprechend. Mit einzelnen Aktien ist es dagegen nicht oder nur sehr schwer möglich, auf fallende Kurse zu setzen. Dazu müsste man sich auf Hebel-Zertifikate einzelner Anbieter spezialisieren, mit denen man ähnliche Leistungen erzielen kann.

Eigentlich bin ich gerade jetzt, Anfang Juni 2019, mit dem Text des Buches fertig und bastle nur noch an den Grafiken. Doch in den letzten Tagen zeigte sich wieder ein prägnantes Beispiel der eben geschilderten Theorie, das ich noch schnell einfügen möchte.

44 Der Dow von Mai 2019 bis Juni 2019

in Punkten

Quellen: Gebert, Captimizer

Der erste Tiefpunkt im Kursverlauf dieser seit Anfang Mai laufenden Abwärtsbewegung des Dow Jones wurde mit einem 250 Punkte großen Fenster nach unten markiert. Der Tag dieser Panik mit der deutlich tieferen Eröffnung signalisierte einen emotionalen Extremzustand, der in kürzester Zeit eine Wende nach oben nach sich ziehen sollte. Der Dow gewann auch in den nächsten Tagen 600 Punkte hinzu. Danach drehten die Kurse wieder nach unten und stürzten in den folgenden acht Tagen über 1.000 Punkte in die Tiefe. Der neue Tiefpunkt wurde exakt 14 Börsentage nach dem vorherigen Tiefpunkt erreicht. Auch wurde er wieder mit einem über 300 Punkte großen Fenster nach unten signalisiert. Man konnte als Anleger also in der sich darin widerspiegelnden Panik den Tiefpunkt zeitnah lokalisieren. Und ich kann es nicht oft genug sagen: Genau dies ist der Vorteil gegenüber allen anderen Analysemethoden – die Identifizierung des Tiefpunktes, während er auftritt. Wieder war es so, dass diese scharfe Abwärtsbewegung von 1.000 Punkten mit einer Kursschwäche und einem großen Fenster nach unten begonnen wurde und mit Panik, verbunden mit einem großen Fenster nach unten, endete. Zwei Börsentage vor dem endgültigen Tiefpunkt eröffnete der Dow schon einmal tiefer mit einem Fenster nach unten. Auch diese emotionale Extrembewegung hätte man als Tiefpunkt deuten können. Aber erstens wäre es nicht so schlimm gewesen, hätte man den Tiefpunkt zwei Tage zu früh verortet, denn im Anschluss an den endgültigen Tiefpunkt ging es sehr steil nach oben. Man wäre also spätestens nach fünf Börsentagen im Gewinn gewesen. Zweitens war die Zeit noch nicht reif. Nach zwölf Börsentagen wäre eine Wende nach oben zu früh gekommen. Durch die Zählung vom letzten Tiefpunkt aus gesehen hätte man also das erste Fenster nach unten noch nicht als Tiefpunkt identifiziert. Dass man tatsächlich mit dieser Methode dann genau zwei Tage später den Tiefpunkt erwischt hatte, bestätigte sich am nächsten Börsentag. Der Dow eröffnete mit einem großen Fenster nach oben am 4. Juni 250 Punkte höher. Da dieses Fenster, verbunden mit der großen Kursbewegung und der Relativen Stärke, ein großes emotionales Engagement der Anleger für die neu eingeschlagene Richtung zeigte und solch eine Stärke in der Regel zu Beginn und am Ende einer Bewegung auftritt, konnte man aus diesem ersten Kurssprung nach oben auf eine gerade begonnene längere Aufwärtsbewegung schließen. Dieser Satz nach oben vergewisserte den Anleger, dass er am Tag zuvor tatsächlich den Tiefpunkt korrekt identifiziert hatte. Die Kurse galoppierten danach steil in den Himmel. Von diesem Tiefpunkt – während er sich gerade bildete und dem Anleger die Möglichkeit eröffnete, sich entsprechend zu positionieren – ging es in den nächsten vier Börsentagen fünf Prozent nach oben. Diesen einen Einstiegspunkt richtig zu wählen hätte dem Anleger also den durchschnittlichen Jahresertrag einer Aktienanlage ermöglicht – in vier Börsentagen. Was mich in meiner Vermutung bestärkte, dass ich an diesem 3. Juni tatsächlich gerade den Tiefpunkt der Abwärtsbewegung gesehen hatte, und dazu veranlasste, auf steigende Kurse zu setzen, war die

Tatsache, dass die herkömmliche Charttechnik an diesem Tag ein glasklares Verkaufssignal geliefert hatte. Als Kontraindikator hatte sie mir schon oft gute Dienste geleistet.

45 Der Dow von Januar 2019 bis Juni 2019

in Punkten

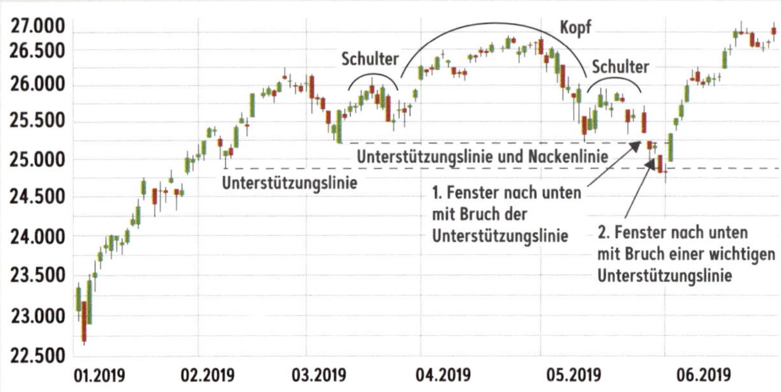

Quellen: Gebert, Captimizer

Bei der ersten möglichen Wende, der deutlich tieferen Eröffnung am 30. Mai, wurde die Widerstandslinie bei 25.250 Punkten dynamisch mit einem großen Schub nach unten gerissen. Dies ergab ein deutliches Verkaufssignal der herkömmlichen Charttechnik. Dies hätte mich schon zusammen mit dem Fenster nach unten zur Diagnose eines Tiefpunktes veranlassen können, doch mit zwölf Börsentagen seit dem letzten Tief schien mir der Markt für eine endgültige Wende nach oben noch nicht reif zu sein. Stimmungen benötigen bestimmte Zeitspannen, um anzuwachsen und wieder abzuklingen. Erst zwei Börsentage später mit dem erneuten großen Fenster nach unten, mit dem die nächste wichtige Unterstützungslinie der Charttechnik bei 24.900 Punkten, die auf einen Tiefpunkt Anfang Februar zurückging, nach unten durchbrochen wurde, schien mir der tiefste Punkt erreicht. Wer sich mit der herkömmlichen Charttechnik beschäftigt und an sie glaubt, hat spätestens an diesem Tag verkauft und auf fallende Kurse gesetzt. Hinzu kommt, dass sich in den Wochen zuvor eine deutliche Schulter-Kopf-Schulter-Formation ausgeprägt hatte. Mit dem schwachen Tag wurde die Nackenlinie unterschritten, was nach der Lehre der herkömmlichen Charttechnik als unbedingtes Verkaufssignal zu deuten ist. Nachdem so – nach der bereits erfolgten Bewegung von über 1.500 Punkten nach unten – nun auch noch alle Charttechniker verkauft hatten, schien mir der „überverkaufte" Zustand erreicht, an dem die Kurse unweigerlich nach oben streben müssen. Ich muss aber noch einmal darauf hinweisen, dass meine Analysemethode ein Instrument ist, um die aktuelle Stimmung der Anleger zu beurteilen und damit die unmittelbar folgende Bewegung der Aktienkurse zu prognostizieren. Sie liefert keine Anhaltspunkte, wie Aktienkurse in drei, sechs oder neun Monaten notieren werden. So ist es durchaus möglich, dass in wenigen Wochen die Aktienkurse tatsächlich nach unten durchbrechen und die Charttechniker mit der Schulter-Kopf-Schulter-Formation eine langfristige Wende nach unten erkannt haben. Kurzfristig gesehen sind meiner Erfahrung nach jedoch diese Chartsignale absolute Kontraindikatoren. Während ich diese Zeilen schreibe, weiß ich nicht, wo die Kurse in drei Monaten stehen werden. Ich versuche nur, die nächsten Tage in den Griff zu bekommen. Diese Vorgehensweise ist meiner bisherigen Erfahrung nach um ein Vielfaches lukrativer als eine Langfristanlage und das Aussitzen der Kursschwankungen.

KAPITEL 9

STATISTISCHE UNTERSUCHUNGEN

Nun aber zurück zu den Charts. Versuchen wir, mit meinen gefundenen Hinweisen Gipfel und Täler im Kursverlauf zeitnah zu identifizieren und mit der Candlestick-Charttechnik zu kombinieren. Vor allem möchte ich wissen, ob sich vermutete Vorteile auch statistisch nachweisen lassen. Fenster im Kursverlauf und besonders große Kerzen befinden sich meiner Beobachtung nach besonders am Beginn und gegen Ende von Bewegungen nach oben oder unten. Deshalb macht es keinen Sinn, Kursbewegungen nach auffallend großen Kerzen statistisch auszuwerten, da sie nach und vor einer Wende besonders häufig auftreten. Ein Kursschub nach oben beginnt meist mit einer starken Steigung und endet mit einer Aufsteilung. Eine Abwärtswelle fängt mit einer leichten Panik an und schließt mit einem Ausverkauf. Vielleicht lässt sich ja die Wende selbst, also der Richtungswechsel nach unten nach einem Anstieg oder die Erholung nach einem Sturz, mit der Kerzentechnik dingfest machen und statistisch erhärten. Besonders eindrucksvoll wird ein solcher Richtungswechsel von einer langen Lunte oder einem langen Docht angezeigt.

46 Die Lunte
in Punkten

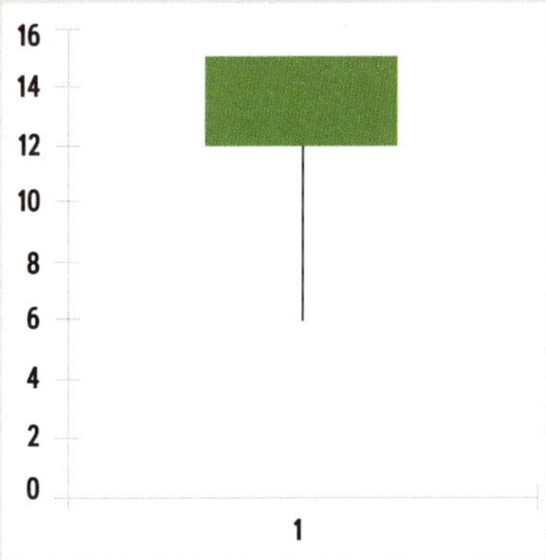

Quelle: Gebert

47 Der Docht
in Punkten

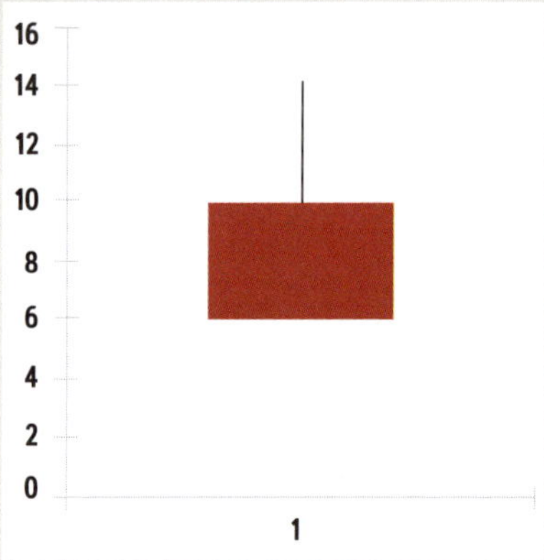

Quelle: Gebert

Dazu habe ich untersucht, wie sich die Aktienkurse nach einer Kerze mit einer Lunte, die mindestens ein halbes Prozent des Kurswertes vom Kerzenkörper nach unten reicht, verhalten. Das Ergebnis habe ich in der nachfolgenden Grafik aufgetragen.

48 Die Kursveränderung nach einer langen Lunte

in Prozent

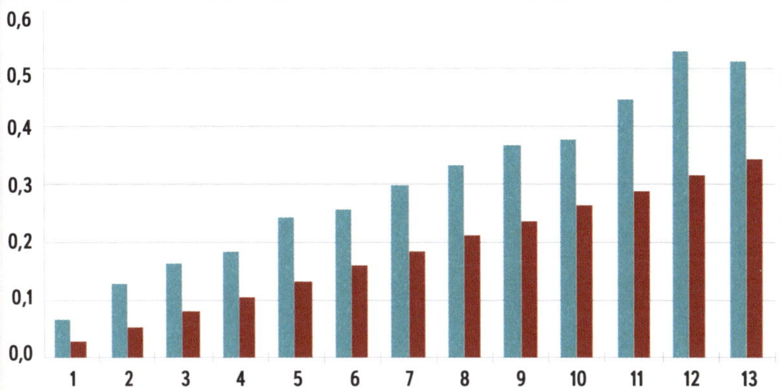

Quelle: Gebert

Insgesamt 1.869 Kerzen, deren Lunten mit einer Länge von über einem halben Prozent des Kurswertes nach unten ragten, traten im Beobachtungszeitraum auf. Die Grafik zeigt mit den blauen Säulen die prozentualen Veränderungen des DAX-Kurses in den Tagen nach Auftreten der Lunten. Nach vier Tagen hatte der DAX im Mittel 0,18 Prozent gewonnen, nach sieben Tagen 0,3 Prozent. Die roten Säulen zeigen an, wie sich der DAX im statistischen Mittel der gesamten Zeit entwickelt hätte. Von 1989 bis 2019 konnte der DAX pro Börsentag im Mittel 0,026 Prozent an Wert gewinnen. Falls die Lunte keine Auswirkung auf den zukünftigen Kursverlauf hat, sollte sich der DAX nach ihrem Auftreten in etwa so verhalten wie bei ungestörter Beobachtung und circa 0,026 Prozent pro Tag klettern.

GERINGFÜGIG HÖHERE KURSE NACH EINER LANGEN LUNTE

Ein leichter Vorteil kann also nach dem Erscheinen einer Lunte beobachtet werden. Nach sieben Börsentagen notiert der DAX 0,1 Prozent höher, als wenn keine Lunte aufgetreten wäre. Das ist nicht allzu viel, kann aber als Hinweis gewertet werden. Sehen wir uns das Gegenteil der Lunte an, den Docht.

49 Die Kursveränderung nach einem langen Docht

in Prozent

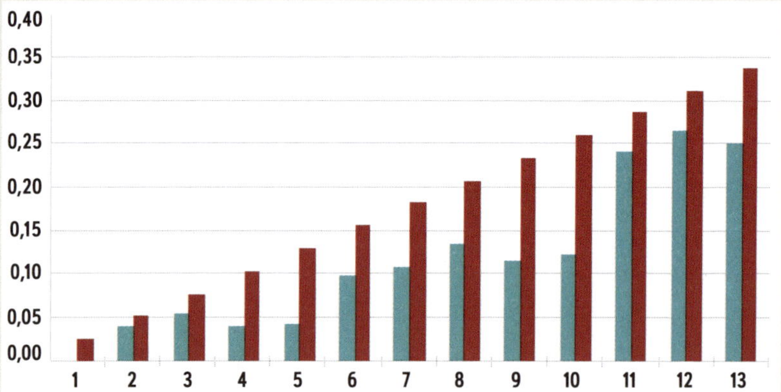

Quelle: Gebert

Wiederum zeigen die blauen Säulen die Kursveränderungen nach dem Erscheinen eines mindestens ein halbes Prozent vom Kurswert betragenden oberen Schattens. Die roten Säulen geben die Veränderung wieder, die der DAX statistisch in dieser Zeit durchlaufen sollte. Anders als in der zuvor gezeigten Grafik fallen hier die blauen Säulen deutlich kleiner aus als die roten, die den ungestörten DAX wiedergeben.

MINIMAL SCHWÄCHERE KURSE NACH EINEM LANGEN DOCHT

Bis zum neunten Tag hinkt der Verlauf des DAX nach einem Docht der Referenzmarke etwa 0,1 Prozent hinterher. Danach, in Richtung des 15. Börsentages, verschwindet dieser Vorteil wieder. Eine leichte Wirkung eines Dochts und einer Lunte lässt sich also tatsächlich zeigen, wenn auch der Effekt sehr gering ausfällt.

Lohnt es sich aber, eine Strategie zu verfolgen, die nach sieben Börsentagen einen Gewinn von 0,1 Prozent verspricht? Ich zeige einmal zwei Beispiele einer Lunte. Das eine Mal drehen die Kurse mit ihr nach oben und vollführen eine steile Aufwärtsbewegung, das andere Mal geht es nach der Lunte weiter bergab.

50 **Die Kurse drehen nach einer Lunte**

in Punkten

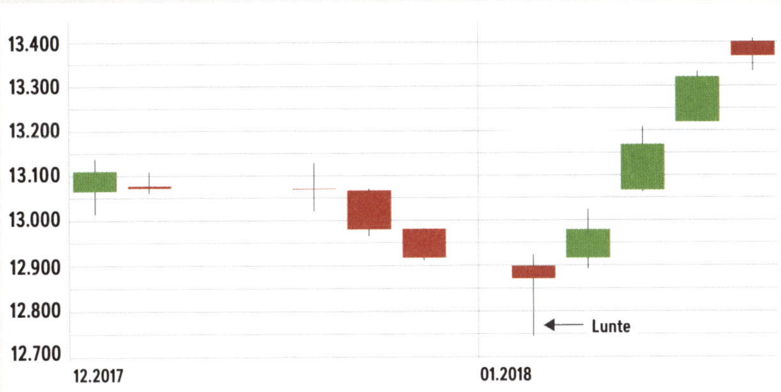

Quellen: Gebert, Captimizer

51 **Die Kurse drehen nicht nach einer Lunte**

in Punkten

Quellen: Gebert, Captimizer

Generell kommt meiner Erfahrung nach den Dochten und Lunten in der Candlestick-Charttechnik keine große Bedeutung zu. Man könnte den Kursverlauf durchaus ohne diese beiden Zipfel zeichnen, ohne an seiner Aussagekraft zu rütteln. Trotzdem werden sie von Candlestick-Charttechnikern gern eingezeichnet. Solche Wenden nach oben nach einer langen Lunte sehen im Chartverlauf sehr eindrucksvoll und einprägsam aus. Da übersieht man gern die langen Lunten, nach denen keine Wende stattgefunden hat. Die Annahme der großen Aussagekraft geht vermutlich auf die selektive Wahrnehmung zurück, weil die Richtungsänderungen, die von einer großen Lunte eingeleitet wurden, so deutlich ins Auge fallen.

WENDESYMBOLE IN DER PRÜFUNG

Versuchen wir uns an anderen Wendesymbolen der Kerzentechnik. Ein besonders beliebtes Zeichen für einen Kurswechsel ist wie bereits erwähnt das „Positive Engulfing Pattern“. Ins Deutsche übersetzt könnte man in etwa von einem positiven umschlingenden Muster sprechen. Ich habe diese Figur in meinem ersten Buch über die Candlestick-Charttechnik als „Positive Umarmung“ bezeichnet. Mittlerweile hat sich bei den Charttechnikern im englischsprachigen Raum dieses Bild durchgesetzt. So wird das „Positive Engulfing Pattern“ dort kurz als „Bull Hug“, die Umarmung von einem Bullen, bezeichnet. Auch im deutschsprachigen Raum trifft man diese kurze Bezeichnung mittlerweile am häufigsten an. Diese Formation soll eine Trendwende am Markt signalisieren. Während noch am ersten Tag dieser Figur die Kurse im Tagesverlauf nachgeben und am nächsten Tag noch niedriger eröffnen, findet offenbar ein Stimmungsumschwung statt, der die Kurse am zweiten Tag sogar noch über die Eröffnung des ersten Tages ansteigen lässt. Die Candlestick-Charttechnik vermutet nun, dass mit diesem kurzfristigen Stimmungsumschwung eine Wende zum Besseren eingeleitet worden sein könnte.

52 Positive Engulfing Pattern

in Punkten

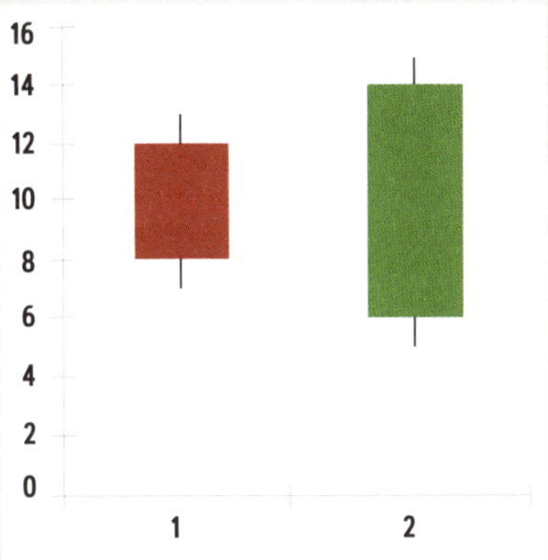

Quelle: Gebert

Auch bei dieser Formation habe ich versucht, ihre Wirksamkeit statistisch nachzuweisen. Dazu habe ich sie mit meinen gefundenen Hinweisen kombiniert. Ich habe nachgerechnet, wie sich die Kurse im Anschluss entwickelt haben, wenn ein Bull Hug nach einem Fenster nach unten von mindestens einem halben Prozent Größe erschien und sich der Kursverlauf am Tag danach mit einem Fenster nach oben von ebenfalls mindestens einem halben Prozent des Kurswerts fortgesetzt hat.

EIN POSITIVE ENGULFING PATTERN NACH EINEM FENSTER NACH UNTEN BRINGT ZWEI PROZENT KURSGEWINN

Dieses nach beiden Seiten durch Fenster vom übrigen Kursverlauf getrennte Positive Engulfing Pattern zog tatsächlich deutlich steigende Kurse nach sich. Nach fünf Tagen notierte der DAX bereits 0,7 Prozent höher, nach 14 Tagen betrug der Anstieg zwei Prozent.

53 Die Kursentwicklung nach einem von Fenstern eingerahmten Positive Engulfing Pattern

in Prozent nach Tagen

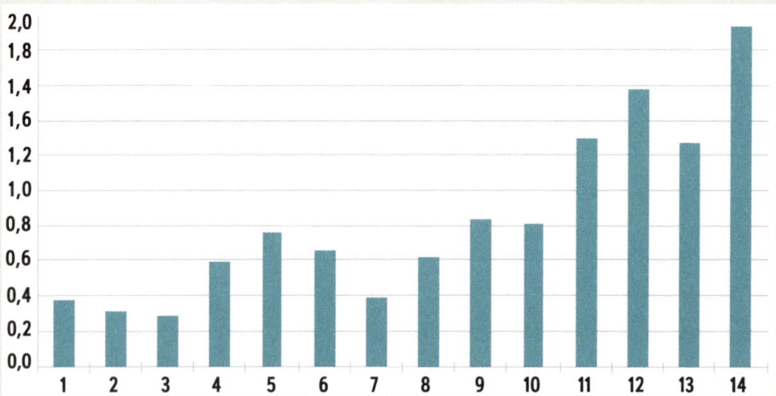

Quelle: Gebert

In dieser Grafik habe ich den statistischen Anstieg des DAX von 0,026 Prozent pro Börsentag bereits abgezogen. Es handelt sich bei den erzielten zwei Prozent um den tatsächlichen Mehrertrag nach einem Bull Hug zwischen zwei Fenstern. Von einem Bullen umarmt zu werden zahlt sich also aus. Beinahe die Hälfte eines durchschnittlichen Jahresgewinns des DAX kann so erzielt werden. Nun wollte ich der Sache noch näher auf den Grund gehen und überprüfte, ob diese günstige Wirkung vom Positive Engulfing Pattern ausgeht oder von den Fenstern an beiden Seiten. Dazu habe ich die gleiche Rechnung ausgeführt, nur ohne die Bedingung, dass das Positive Engulfing Pattern tiefer als der letzte Kurs zuvor schließt und der Tag nach ihm höher beginnt. Das Resultat verblüffte mich.

DAS POSITIVE ENGULFING PATTERN OHNE FENSTER FÜHRTE ZU KEINEM KURSGEWINN

Der Vorteil des vorher betrachteten Positive Engulfing Pattern nach einem Fenster nach unten und vor einem Fenster nach oben war vollkommen verschwunden.

54 Kein Kursgewinn nach einem Positive Engulfing Pattern ohne Fenster

in Prozent nach Tagen

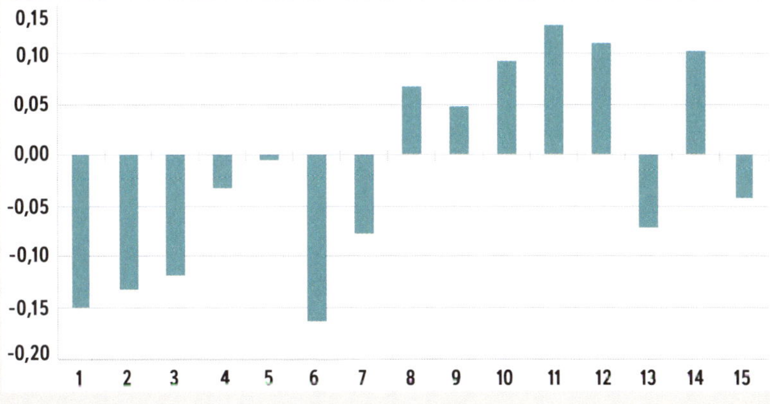

Quelle: Gebert

Nach sieben Börsentagen lagen die Börsenkurse sogar 0,08 Prozent im Minus. Der Bull Hug als solcher kann also gar nicht als Kaufsignal gewertet werden, jedenfalls nicht beim DAX. Den durchschnittlichen Anstieg des DAX von 0,026 Prozent pro Börsentag habe ich im Vorfeld wieder von den angegebenen Kursveränderungen abgezogen. Der Bull Hug erhält seine Prognosekraft also von den beiden Fenstern links und rechts und nicht vom Positive Engulfing Pattern an sich.

FENSTER OHNE DAS POSITIVE ENGULFING PATTERN FÜHRTEN JEDOCH ZU STEIGENDEN NOTIERUNGEN

Daraufhin habe ich die Probe aufs Exempel gemacht und eine Kurskonfiguration nachgerechnet, die aus einem Fenster nach unten, zwei beliebigen Kerzen und einem anschließenden Fenster nach oben besteht.

55 Die Kursentwicklung nach zwei höher liegenden umgebenden Fenstern

in Prozent nach Tagen

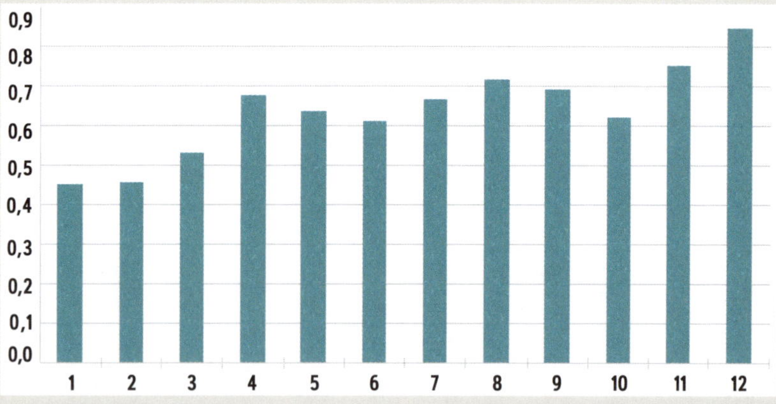

Quelle: Gebert

Diese Figur lieferte eine messbare Prognosekraft. Nach acht Börsentagen lagen die Aktienkurse im Mittel 0,8 Prozent höher, die normale durchschnittliche Steigerungsrate des DAX bereits abgezogen. Diese 0,8 Prozent der beliebigen Figur, die von zwei Fenstern vom Rest des Kursverlaufs abgeschnitten ist, sind zwar nicht so hoch wie die zwei Prozent, die ein durch Fenster getrenntes Positive Engulfing Pattern nach sich zog, aber immerhin spürbar. Vor allem war der Einfluss der Fenster mit 0,8 Prozent wesentlich größer als der Einfluss des Bull Hug, der in der Vergangenheit statistisch gesehen überhaupt keinen Kursgewinn nach sich zog. Eigentlich enttäuscht es, dass dieses berühmteste und am häufigsten zitierte Signal der Kerzentechnik, die bullishe Umarmung, keinen Vorteil lieferte. Da gibt es keine zwei Meinungen oder verschiedene Interpretationsmöglichkeiten. Ein Positive Engulfing Pattern kann man sehr leicht mathematisch formulieren und in eine Excel-Tabelle eingeben. Von 1989 bis zum Anfang des Jahres 2019 hat der Rechner so exakt 218 Fälle gefunden, auf die die Definition dieser Figur zutrifft. Bei 98 dieser 218 Vorkommnisse notierten die Kurse nach sieben Tagen im Minus.

DAS GLEICHE ERGEBNIS IN DER SCHWEIZ

Dann wollte ich natürlich wissen, ob das Positive Engulfing Pattern nur beim DAX nicht funktioniert oder ob es überhaupt kein brauchbares Diagnosewerkzeug darstellt. Also habe ich die gleiche Rechnung mit dem Schweizer SMI durchgeführt und gelangte zum gleichen Ergebnis. Das Positive Engulfing Pattern vermochte es auch in der Schweiz nicht, einen kommenden Anstieg der Kurse zu signalisieren. Nach acht Tagen notierten die Kurse im Mittel der 222 aufgetretenen Fälle 0,1 Prozent im Minus. Anders sah es aus, wenn man das kerzentechnische Signal Positive Engulfing Pattern mit zwei Fenstern auf beiden Seiten kombinierte. Dann notierten die Schweizer Aktien nach neun Tagen im Mittel 1,2 Prozent höher. Das entscheidende

Merkmal, aus dem man schließen kann, wohin die Reise geht, besteht nicht in der Figur des Positive Engulfing Pattern, sondern im Auftreten von Fenstern. An ihnen kann man eine emotionale Ausnahmesituation, die einer Wende vorausläuft, erkennen.

EINEM NEGATIVE ENGULFING PATTERN NACH EINEM FENSTER NACH OBEN FOLGTEN SCHWÄCHERE KURSE

Schauen wir uns die komplementäre Figur einmal an, das „Negative Engulfing Pattern", auch „Bear Hug" genannt, die Umarmung des Bären. Dazu habe ich nach diesem Negative Engulfing Pattern im Kursverlauf gesucht und nachgeschaut, wie sich der DAX im Anschluss entwickelt hat. Begonnen habe ich mit der „bearishen Umarmung", die einem Fenster nach oben folgte und an die sich ein Fenster nach unten anschloss. Auch hier zeigte sich eine deutliche Wirkung.

56 **Die Kursentwicklung nach einem von Fenstern eingerahmten Negative Engulfing Pattern**

in Prozent nach Tagen

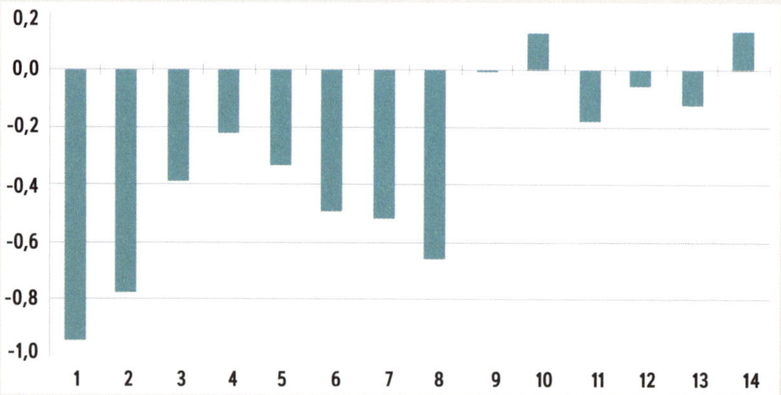

Quelle: Gebert

Nach acht Tagen lagen die Kurse im Anschluss an die schwächere Eröffnung weitere 0,7 Prozent im Minus. Nun galt es, wieder nachzuforschen, ob diese Signalwirkung auf den Fenstern oder auf der Kerzenformation beruhte.

OHNE FENSTER BLIEB DAS ERGEBNIS AUS

Zunächst überprüfte ich, wie sich die Kurse nach einem Bear Hug, ohne dass er durch Fenster auf der linken und rechten Seite vom übrigen Kursverlauf getrennt war, entwickelt haben. Auch hier war das Ergebnis wieder wie beim Bull Hug enttäuschend. Die Kurse gaben zwar im Anschluss an diese Formation nach, lagen aber selbst am achten Tag nur knapp 0,1 Prozent im Minus. Auch das Negative Engulfing Pattern an sich ist offenbar keine Figur, die eine große prognostische Wirkung entfaltet. Nun folgte wieder die Gegenprobe. Wie entwickelte sich der DAX, wenn zwei beliebige Kerzen links und rechts durch Fenster vom übrigen Kursverlauf getrennt waren?

57 Die Kursentwicklung nach zwei tiefer liegenden umgebenden Fenstern

in Prozent nach Tagen

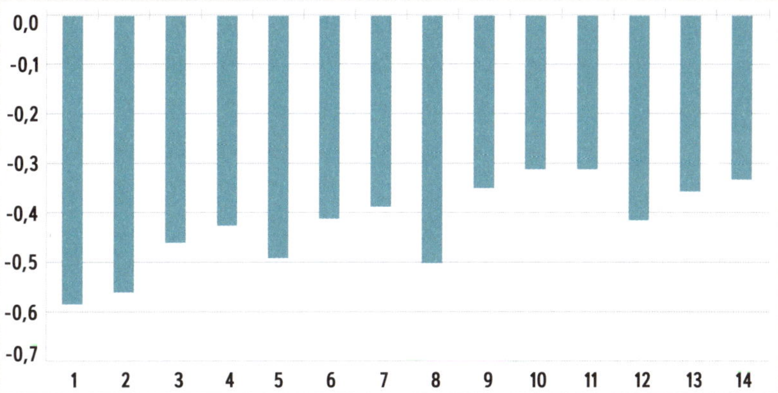

Quelle: Gebert

Ich schaute also nach, was der DAX gemacht hat, wenn die Figur so aussah, dass sie mit einem Fenster nach oben begann, zwei beliebige Kerzen auftraten und dann ein Fenster nach unten folgte. Tatsächlich war die Aussagekraft dieser Kombination deutlich größer. Nach acht Tagen lagen die Kurse im Mittel ein halbes Prozent niedriger. Auch bei der bearishen Umarmung zeigte sich also, dass die eigentliche charttechnische Figur keinen deutlichen Einfluss auf die nachfolgende Kursentwicklung hatte.

DIE PROGNOSEKRAFT LIEGT IN DEN FENSTERN

Jedoch konnte man anhand der beiden Fenster eine zuverlässige Aussage über die weitere Entwicklung treffen. Die statistische Untersuchung bestärkt die Beobachtung, dass sich Wenden durch emotionale Ereignisse auszeichnen. Das Fenster nach oben signalisierte also ein Übermaß an Optimismus, das schon bald in Pessimismus umschlagen würde. Wenn dann zwei Tage später mit einer tieferen Eröffnung die erste Ernüchterung der Anleger einsetzte, folgte in der Regel ein weiterer Rückgang. In diesem Fall waren also die Fenster, die entweder einen emotionalen Überschwang nach oben oder eine emotionale Verzweiflung nach unten signalisierten, das deutlich bessere Vorhersageinstrument als die reinen Symbole der Kerzentechnik. Auch durch sie ließ sich manchmal ein leichter Vorteil erzielen, der aber gegen die deutlichen Ergebnisse, die bei Beachtung der Fenster erreicht wurden, verblasste. In der Schweiz zeigte sich wieder ein ähnliches Bild. Während der Bear Hug, der links und rechts von je einem Fenster umgeben war, zu 1,3 Prozent niedrigeren Notierungen in acht Tagen führte, folgten dem gewöhnlichen Bear Hug, der nicht durch Fenster vom restlichen Kursverlauf getrennt war, nur 0,1 Prozent tiefere Kurse.

1,4 PROZENT HÖHERE KURSE NACH EINEM POSITIVE HARAMI MIT FENSTERN

Die zweite markante Figur, die sich aus zwei Kerzen ergibt und die in der Kerzentechnik als Wendesignal gedeutet wird, ist der Harami. Er ist einfach ein an der senkrechten Achse gespiegeltes Engulfing Pattern. Die umschlingende Kerze tritt als Erstes auf, die kleinere folgt.

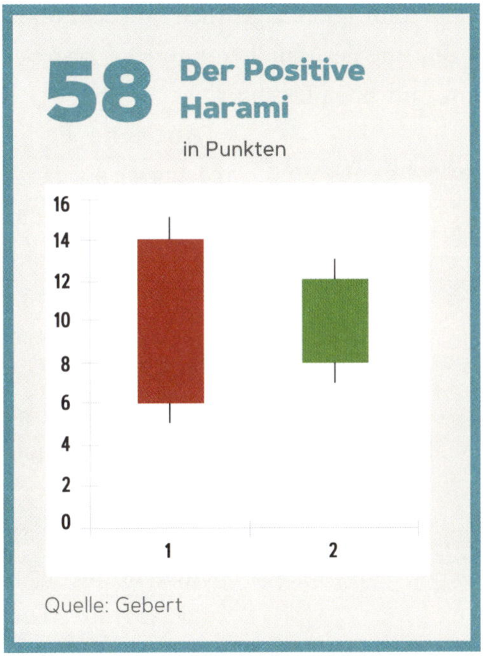

Auch beim Positive Harami fiel es nicht schwer, den Kursverlauf des DAX dahingehend zu untersuchen, wie oft ein solches Symbol aufgetreten war und wie sich die Aktienkurse im Anschluss verhalten haben. Zunächst hielt ich nach einem Positive Harami Ausschau, der einem Fenster nach unten folgte und an den sich ein Fenster nach oben anschloss. In dieser Formation, mit den beiden Fenstern, konnte man die Figur durchaus als Kaufsignal werten. Nach wenigen Tagen notierten die Aktienkurse im Mittel 1,4 Prozent höher. Den statistischen Gewinn des DAX von 0,026 Prozent pro Tag, den er im Mittel in dieser Zeit ohnehin gemacht hätte, habe ich natürlich abgezogen. Auch habe ich die Kursveränderungen erst nach dem Fenster hinter dem Harami gewertet.

OHNE FENSTER VERSCHWINDET DER EFFEKT WIEDER

Bei der Untersuchung der 330 Positive Harami, die insgesamt von 1989 bis Anfang 2019 aufgetreten sind, unabhängig von der Bewegung der Kurse vorher und nachher, ergab sich kein Anhaltspunkt für ein sinnvolles Kaufsignal. Im Mittel dieser 330 Positive Harami notierten die Aktienkurse sogar nach zehn Tagen mit 0,2 Prozent im Minus. Keine Spur von einem Kaufsignal. Eigentlich führt der reine Positive Harami, ohne Beachtung der Randbedingungen, also bei Anwendung nicht zu einem sinnvollen Ergebnis.

59 **Der Abendstern**
in Punkten

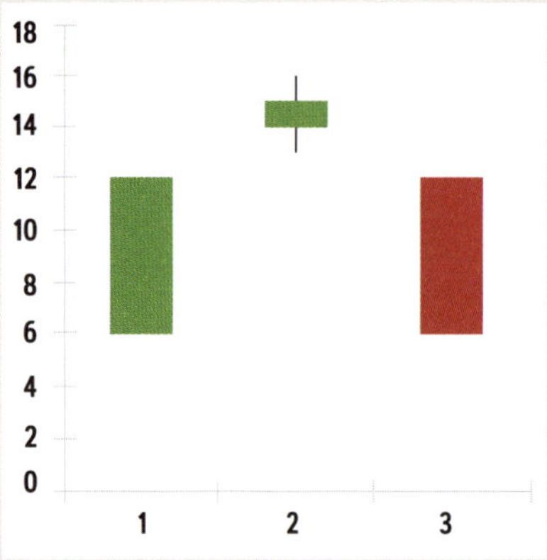

Quelle: Gebert

Auf eine Figur möchte ich noch eingehen, weil sie recht schön aussieht: der Abendstern, im Englischen Evening Star. In dieser Formation verläuft der Stimmungswechsel über drei Börsentage.

Am ersten Tag klettern die Kurse im Tagesverlauf. Die Aufwärtsbewegung scheint sich noch ungestört zu entwickeln. Am nächsten Tag eröffnen die Kurse höher, bilden nur eine kleine Kerze und können nach der freundlichen Eröffnung keinen richtigen Geländegewinn mehr erzielen. Am dritten Tag hat die Stimmungsverschlechterung dann bereits morgens begonnen. Die Eröffnung signalisiert schon einmal eine gewisse

Skepsis, die sich im Tagesverlauf mit den weiter sinkenden Kursen noch steigert.

AUCH DER ABENDSTERN STRAHLT NUR, WENN ER VON FENSTERN UMGEBEN IST

Wenn ich im DAX-Verlauf der letzten 30 Jahre nach dieser Figur mit zwei Fenstern links und rechts suche, finde ich zehn Fälle. Diese sind klar als Verkaufssignale zu verstehen. 1,6 Prozent geht es in den nächsten zehn Tagen bergab. Ein von zwei Fenstern eingerahmter Abendstern kann also durchaus als aussagekräftiges Verkaufssignal gewertet werden. Allerdings tritt er in dieser Konfiguration nur sehr selten auf. Man muss im Mittel drei Jahre auf solch eine Formation warten.

Wenn ich die Randbedingungen, dass der Abendstern mit einem Fenster nach oben beginnen und nach seinem Erscheinen ein Fenster nach unten auftreten soll, weglasse, findet der Rechner 181 Vorkommnisse. Allerdings leidet die Prognosekraft der Formation darunter. Im Mittel der 181 aufgetretenen Abendsterne notierten die Aktien nach zehn Tagen 0,05 Prozent im Plus. Den reinen Abendstern, ohne dass er von zwei Fenstern eingerahmt wird, kann man also nicht als treffsicheres Verkaufssignal bezeichnen. Seine Prognosekraft erhält er nur, wenn sowohl vor als auch nach seinem Erscheinen ein Kurssprung beobachtet wird.

Nun gibt es noch weitere kerzentechnische Formationen, die auf das Grundmuster des Engulfing Pattern zurückgehen. Wenn die zweite Kerze beim Negative Engulfing Pattern es nicht schafft, die vorherige Kerze komplett zu umschließen, sondern auf der Höhe des Kerzenkörpers des Vortages in der Nähe von dessen Eröffnungskurs endet, wird diese Figur als Dark Cloud Cover bezeichnet.

60 Das Dark Cloud Cover

in Punkten

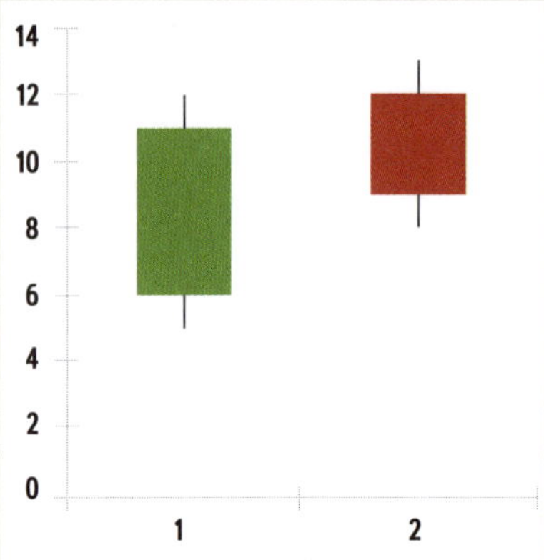

Quelle: Gebert

61 Das Negative Thrusting Pattern

in Punkten

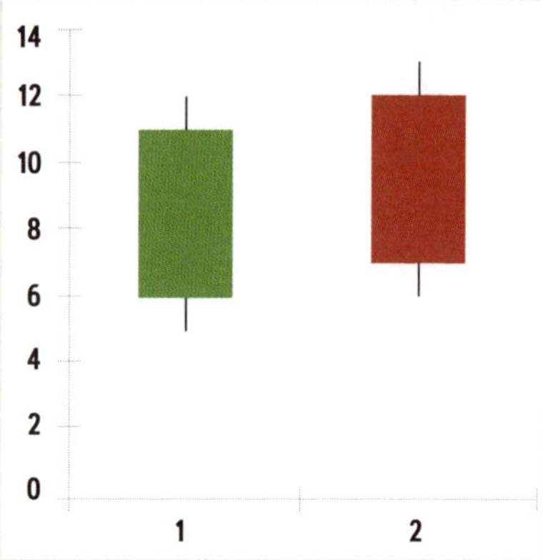

Quelle: Gebert

Schließt der zweite Tag innerhalb der oberen Hälfte des Kerzenkörpers des ersten Tages, ist ein Negative Thrusting Pattern entstanden. Mehreren weiteren Kombinationen von zwei Kerzen und ihren relativen Lagen zueinander wurden ebenfalls eigene Namen gegeben, wie das Piercing Pattern, die In Neck Line und so weiter.

Ich möchte Sie nun aber nicht mit weiteren Berechnungen langweilen. Es ergeben sich immer die gleichen Ergebnisse. Die kerzentechnischen Formationen an sich liefern, wenn überhaupt, nur schwache Anhaltspunkte für die weitere Kursentwicklung. In Kombination mit den Fenstern können ihnen jedoch belastbare Signale entlockt werden. Entscheidend ist also nicht das kerzentechnische Symbol, sondern das Augenmerk muss vielmehr auf die emotionale Verfassung der Börsenteilnehmer gelegt werden, die sich entweder durch eine besonders große Kerze oder ein Fenster im Kursverlauf bemerkbar macht. Erst sie lässt zuverlässige Rückschlüsse auf die weitere Entwicklung der Kurse zu.

STATISTISCHER BEWEIS DER STRATEGIE

Ich konnte damit also zeigen, dass sich die von mir vorgestellte Methode, Extrempunkte zu lokalisieren, tatsächlich statistisch beweisen lässt. Bei der Analyse der charttechnischen Darstellung eines Kursverlaufs kommt es also ausschließlich darauf an, emotionale Extrempunkte zu finden, die Kurswenden unmittelbar vorauslaufen. Sie lassen sich durch besonders große Kerzen oder Fenster im Chart sehr leicht dingfest machen, wenn man erst einmal darauf achtet. Unterstützt wird man dabei durch den 15-tägigen Rhythmus, in dem die Stimmungen gewöhnlich schwanken. So weiß man, wann man worauf genau achten muss. Ich habe diese Vorgehensweise anhand des Chartverlaufs des DAX im zweiten Halbjahr 2018 ausführlich beschrieben.

KAPITEL 10

LANGFRISTIGE ASPEKTE

Bisher haben wir uns mit der kurzfristigen Aktienkursprognose beschäftigt. Wie wir gesehen haben, liefern die Kerzencharts ein außerordentlich hilfreiches Werkzeug, um die Entwicklung der nächsten Tage bis maximal zwei Wochen abzuschätzen. Darüber hinaus ist es aber auch für den Anleger von Bedeutung, den großen Zusammenhang zu sehen. Er muss wissen, wo er sich mit seinem Investment befindet, auf dem Hochseil oder auf festem Boden. Ich möchte dazu nun im Folgenden einige Punkte anführen, die dem Investor die Frage beantworten können, ob er sich in einer großen Hausse, einer langen Abwärtsbewegung, einer Erholung, einer Korrektur oder einer Seitwärtsbewegung befindet. Ein

Indiz, ob es sich um eine günstige Gelegenheit handelt, längerfristig in Aktien zu investieren, oder um eine Phase, in der man besser keine Dauerinvestments eingeht, liefert der Dollarkurs. In den letzten Jahrzehnten zeigte der Dollar gegen den Euro (beziehungsweise davor die D-Mark) einen ausgeprägten 16-Jahres-Rhythmus.

62 Der Dollarkurs in Euro beziehungsweise D-Mark seit 1969

in D-Mark

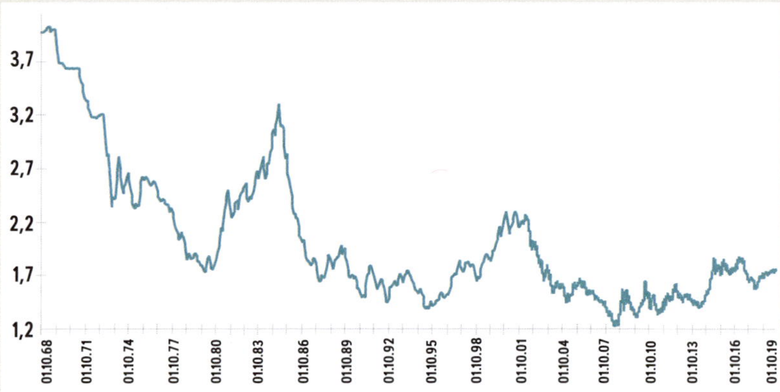

Quelle: Gebert

Die Grafik ist in der alten Notation Dollar in D-Mark beziehungsweise Euro abgebildet. Hohe Werte kennzeichnen also einen starken Dollar. Heute wird üblicherweise der Kehrwert angegeben, Euro in Dollar. Die Hochpunkte des Dollar Anfang des Jahres 1969, Anfang 1985, Anfang 2001 und zu Beginn des Jahres 2017 liegen jeweils ziemlich genau 16 Jahre auseinander.

DER DOLLAR-ZYKLUS

Für diesen auffälligen Dollar-Rhythmus gibt es sogar eine einleuchtende Erklärung. Wenn eine Firma in einem Emerging Market die Produktion ausweiten und investieren will, braucht sie dazu frisches Geld. Sie muss einen Kredit aufnehmen oder Anleihen begeben. Nehmen wir an, die Firma sitzt in Indien. Niemand kauft eine Rupien-Anleihe. Um an Geld zu kommen, muss diese Firma also eine Dollar-Anleihe auf den Markt bringen. Die durch den Erlös der verkauften Anleihe erhaltenen Dollar wechselt die indische Firma dann in Rupien. Im Land müssen Arbeitskräfte, Baumaterialien und Maschinen in Rupien bezahlt werden. So entsteht durch den Tausch von Dollar in Rupien am Markt ein Angebot an Dollar. Die Laufzeit einer begebenen Anleihe beträgt in der Regel zwischen fünf und zehn Jahre, also im Mittel etwa acht Jahre. Wenn nach acht Jahren die Rückzahlung der Anleihe ansteht, muss die indische Firma ihre Rupien in Dollar tauschen, um die geliehenen Dollar zurückzahlen zu können. Dadurch entsteht etwa acht Jahre nach dem Dollar-Angebot eine Dollar-Nachfrage. Wenn dies nun nur eine Firma machen würde, würde man davon nichts merken. Wenn jedoch die Emerging Markets einen Aufschwung erleben, entsteht durch die vielen Kredite, die in die eigenen Währungen umgetauscht werden, ein großes Angebot an Dollar. Acht Jahre später, bei Rückzahlung, sollte sich eine große Nachfrage nach Dollar bemerkbar machen. Folgende Grafik zeigt diesen Zusammenhang deutlich.

63 Das Kreditwachstum in den Emerging Markets und der Dollar-Index

in Prozent und in Punkten

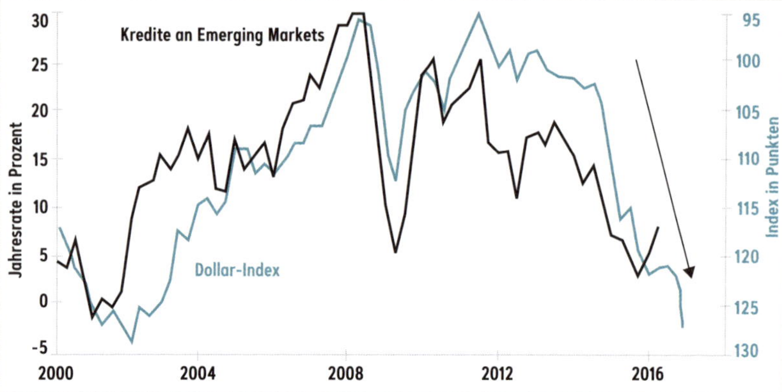

Quelle: Bloomberg

In Schwarz ist das Wachstum der Kreditnachfrage in den Emerging Markets aufgetragen, in Blau darüber der Dollar-Index invertiert. Man sieht, dass der Dollar-Gipfel im Jahr 2001 – in der Grafik an einem Minimum erkennbar – mit einem Minimum des Kreditwachstums der Emerging Markets einhergeht. Zu diesem Zeitpunkt wurden also wenige Kredite aufgenommen und viele zurückgezahlt. Das Gegenteil davon trat acht Jahre später im Jahr 2008 auf. Da erlebte das Kreditwachstum eine Zunahme von 30 Prozent gegenüber dem Vorjahr. Entsprechend ging diese große Kreditnachfrage mit einem schwachen Dollar einher, denn die Dollar-Kredite wurden sofort in die heimischen Währungen getauscht. Acht Jahre darauf folgte wieder ein erneuter Dollar-Gipfel, weil es wieder an der Zeit war, die Kredite zurückzuzahlen. Aus dem Investitionszyklus der Emerging Markets ergibt sich also etwa acht Jahre nach großer Kreditnachfrage und einem damit einhergehenden schwachen Dollar ein starker

Dollar wegen der Rückzahlungen der Kredite. So entsteht der 16-Jahre-Zyklus des Dollar.

DER DOLLAR-RHYTHMUS BEEINFLUSST DIE FINANZMÄRKTE

Dieser Zyklus steuert, wie sich welche Anlageklasse wann entwickelt. Welche Anlageklasse glänzte, hing in der Vergangenheit davon ab, in welcher Phase des Dollar-Rhythmus man sich gerade befand. In den Dollar-Anstiegsphasen, von 1980 bis 1985, von 1996 bis 2001 oder von 2012 bis 2017, vervielfachten sich die Aktienkurse. Während zwei der drei Dollar-Abstiegsphasen seit 1969 vervielfachte sich dagegen der Goldpreis: nach 1969 und nach dem Jahr 2001. Hätte man im Jahr 2001 in Gold investiert, hätte sich das Depot bis zum Jahr 2011 beinahe versiebenfacht. Die deutschen Aktien haben in diesem Zeitraum 40 Prozent verloren. Wir reden hier also von einem Faktor 10. Der Goldanleger hatte im Jahr 2011 zehnmal so viel Geld wie der Aktienanleger. Ebenfalls um einen Faktor 10 ging es nach 1969. Auch damals hätte der Goldanleger nach zehn Jahren zehnmal so viel besessen wie der Aktienanleger. Genau umgekehrt war es in den Dollar-Anstiegsphasen. Von 1980 bis 1985 verdreifachten sich die Aktienkurse, der Goldpreis fiel auf ein Drittel zurück. Auch dabei handelt es sich wieder fast um einen Faktor 10, diesmal aber zugunsten des Aktienanlegers. Knapp 16 Jahre später das gleiche Bild: Von 1995 bis zum Jahr 2000 vervierfachten sich die Aktien, während der Goldpreis 30 Prozent fiel. Zu einem gegebenen Zeitpunkt die richtige Anlageklasse zu wählen hätte sich in der Vergangenheit nach zehn Jahren durchaus mit einem Faktor 10 im Depotwert auswirken können. Anfang des Jahres 2017 befanden wir uns zuletzt wieder auf einem Dollar-Gipfel wie 16 Jahre zuvor im Jahr 2001, 32 Jahre zuvor im Jahr 1985 und 48 Jahre zuvor im Jahr 1969. Es hätte sich zu diesem Zeitpunkt also angeboten, in Gold zu investieren und nicht in Aktien. Tatsächlich ist seitdem, bis Anfang 2019, auch Gold zehn Prozent gestiegen und die Aktien sind zehn Prozent gefallen. Bis dahin wäre es richtig gewesen, entsprechend dem 16-jährigen Dollar-Rhythmus Gold statt Aktien zu wählen.

Ich weiß, es mutet seltsam an, dass die Finanzmärkte in einem 16-jährigen Rhythmus schwingen. Nun wird es aber noch merkwürdiger. Auf dem nächsten Bild sehen Sie die Zahl der Geburten in den USA über der Zeitachse aufgetragen. Sie sehen, dass die Zahl der Geburten anderthalb bis zwei Jahre vor Rezessionen – kenntlich gemacht durch die grauen senkrechten Balken – dramatisch absinkt.

64 Die Änderung der Zahl der Geburten in den USA

in Prozent

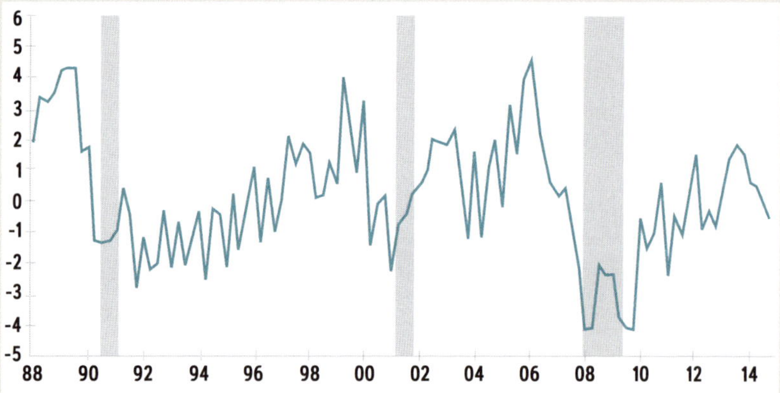

Quelle: Wall Street Journal

Wie will man das erklären? Würde in den Rezessionen oder nach den Rezessionen die Zahl der Geburten zurückgehen, könnte man es ja verstehen. Ist die wirtschaftliche Lage nicht so gut, wird sich das eine oder andere Paar überlegen, ob es gerade ein günstiger Zeitpunkt für Nachwuchs ist. Dann würden aber die Einbrüche bei den Geburtenzahlen auf die Rezessionen folgen und nicht umgekehrt. Aus der Natur sind ja Phänomene bekannt, dass zum Beispiel Tiere vor einem strengen Winter besonders große Vorräte anlegen oder Pflanzen sich auf eine Trockenperiode vorbereiten. Kann es sein, dass Menschen instinktiv spüren, dass wirtschaftlich schwierige Zeiten auf sie warten, und sie deshalb ihren Kinderwunsch vertagen? Bei der letzten großen Rezession wurden zehn Millionen Menschen arbeitslos. Hat man gerade seinen Job verloren, handelt es sich um keinen günstigen Zeitpunkt, ein Kind in die Welt zu setzen. Ferner fällt auf, dass die beiden Tiefpunkte in der Kurve, 1992 und 2008, genau 16 Jahre, also die Länge unseres Dollar-Zyklus, auseinanderliegen. Es kann auch sein, dass Paare nicht eine kommende wirtschaftliche Krise spüren, sondern die Zahl der Geburten einem 16-jährigen Rhythmus unterliegt. Viele Populationen in der Natur schwanken in einem bestimmten Takt. So könnten auch der 16-jährige Dollar-Rhythmus und der 32-jährige Rohstoff-Rhythmus, den ich später noch beschreiben werde, auf den Geburtentakt zurückgehen. Wenn Nachwuchs unterwegs ist, steigen die Konsumausgaben. Eine größere Wohnung muss beschafft werden oder ein Haus, das Kinderzimmer muss hergerichtet werden und neben Windeln, Babynahrung und Kleidung müssen noch viele weitere Dinge besorgt werden. Bleibt der Nachwuchs aus, fallen diese Anschaffungen weg. Sind die wirtschaftlichen Rhythmen auf Schwankungen in der Population zurückzuführen? Das klingt merkwürdig. Ich werde oft gefragt, worauf diese größeren Zyklen beruhen. Ich weiß es ehrlich gestanden auch nicht. Aber sie sind beobachtbar und es wäre fahrlässig, sie einfach beiseitezuwischen, nur weil man sie noch nicht versteht. Ich gehe also nun davon aus, dass der 16-jährige und der 32-jährige Rhythmus existieren, auch wenn ich nicht genau weiß, wieso.

Nun will ich die Gründe darlegen, warum ich, obwohl wir uns noch in der Dollar-Abstiegsphase befinden und Gold eigentlich zu bevorzugen wäre, die Aktienpräferenz zunächst noch für sinnvoller halte.

DER GOLDPREIS HÄNGT AM ÖLPREIS

Entscheidend für die gute Rohstoffpreis- und Goldpreisentwicklung in den beiden Dollar-Abschwungphasen nach 1969 und 2001 war offensichtlich der steigende Ölpreis. Man kann den Goldpreis durchaus als Anhängsel des Ölpreises bezeichnen. Die großen Gold-Haussen fanden bei jeweils einer Vervielfachung des Ölpreises statt. So erklärt sich auch, warum in der Dollar-Abschwungphase nach 1985 der Goldpreis kaum zulegen konnte. Dazu habe ich eine Grafik eingefügt.

65 Der Ölpreis seit 1970
in Dollar pro Barrel

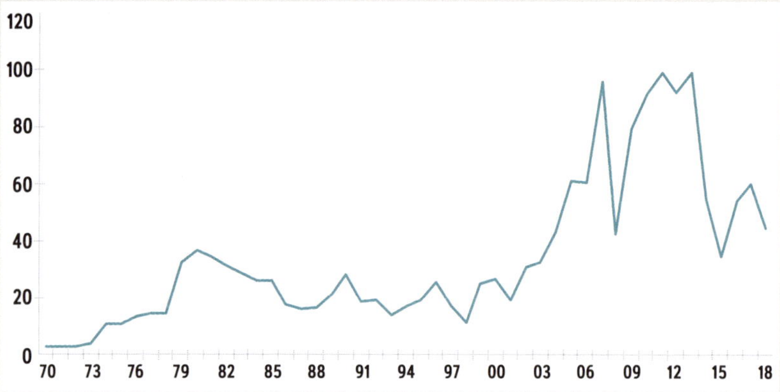

Quelle: Gebert

Der Ölpreis spielte nicht mit. Normalerweise steigen Rohstoffe bei einem fallenden Dollar. In der Dollar-Abschwungphase nach 1985 konnte der Ölpreis aber nicht an Höhe gewinnen. Offensichtlich waren durch die bei der letzten Rohstoff-Hausse so stark angestiegenen Ölpreise so viele neue Vorkommen abbaubar geworden, dass es einfach zu keiner Erhöhung des Ölpreises kam, sondern er noch weitere zehn Jahre fallen sollte. Der technische Fortschritt ermöglichte inzwischen die Tiefseebohrungen. So trugen der Golf von Mexiko und die Nordsee zur Ölversorgung der Welt bei und es kam bei der Dollar-Abschwungphase von 1985 bis 1995 nicht zu einem nennenswerten Anstieg des Ölpreises. Entsprechend kletterten auch die Goldnotierungen nicht. Nachdem sich bei der letzten Dollar-Abstiegsphase von 2001 bis 2011 der Ölpreis von 20 Dollar pro Barrel auf 100 Dollar pro Barrel verfünffacht hatte, lohnte die Erschließung von bis dahin nicht profitabel auszubeutenden Lagerstätten.

ÖL IM ÜBERFLUSS DURCH FRACKING

Dabei wurden neue Fördertechniken entwickelt, die in Deutschland etwas abfällig unter dem Begriff „Fracking" subsumiert werden. Das Fracking, kurz für „Hydraulic Fracturing", selbst wird seit über 50 Jahren angewendet. Es begann damit, dass in Texas einfach Dynamitstangen in die Bohrlöcher geworfen wurden, um die das Öl enthaltenden Gesteinsformationen aufzubrechen. Die großen Produktivitätssteigerungen ergaben sich aber erst dadurch, dass Lagerstätten horizontal angebohrt werden konnten. Man muss die unterirdische Ölblase nicht mehr senkrecht von oben anbohren, sondern über ein flexibles Bohrgestänge kann vom Schacht aus seitwärts vorgestoßen werden. Die Bohrköpfe sind mittlerweile mit Sensoren und Prozessoren ausgerüstet, sodass sie selbst den Weg zum nächsten Ölvorkommen finden. Durch die Möglichkeit, waagerecht zu bohren, kann von einem Schacht aus gleichzeitig in mehrere Richtungen vorgestoßen werden. Diese neuen Fördertechniken haben dazu geführt, dass im Bakken-Feld in North Dakota und im Eagle-Ford-Feld in Texas mittlerweile fünf Millionen Barrel täglich zusätzlich gefördert werden. Durch die neuen Fördertechniken in den USA können die Fördermengen so hoch werden, dass ein deutlich steigender Ölpreis sehr unwahrscheinlich wird.

66 Die förderbaren Ölmengen in Abhängigkeit vom Ölpreis

in Dollar pro Barrel

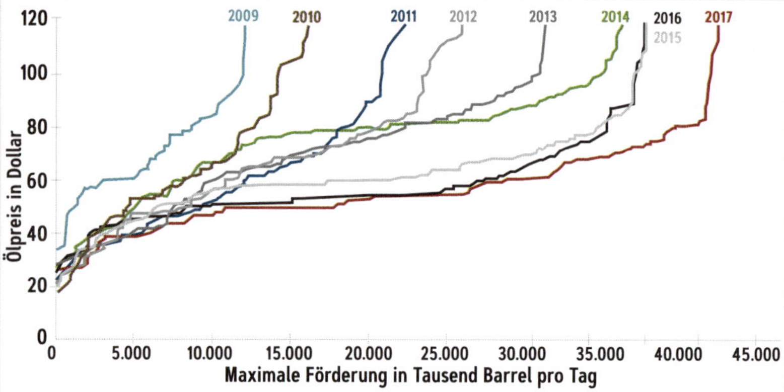

Quelle: Goldman Sachs

So nimmt Goldman Sachs an, dass bei einem Ölpreis von 100 Dollar die zusätzlich förderbaren Mengen bis auf 40 Millionen Barrel pro Tag ansteigen könnten. Ein in diese Region vordringender Ölpreis scheint damit eigentlich nicht mehr vorstellbar zu sein. Und Schieferöl-Lagerstätten, die mit den neuen Fördermethoden ausgebeutet werden können, wurden nicht nur in den USA gefunden. Das Bazhenov-Feld in Russland, das Gazprom bald beginnen könnte zu fracken, soll mehr Öl enthalten als die beiden großen und ergiebigen Felder Bakken und Eagle Ford in den USA zusammengenommen. Auch in China sind riesige Lagerstätten bereits nachgewiesen. Es ist nur eine Frage der Zeit, bis China die neuen Fördermethoden anwendet, um an eigene Kohlenwasserstoffe zu kommen. Öl und Gas sollten damit auf Jahrzehnte hinaus im Überfluss verfügbar sein. Und ohne einen deutlich steigenden Ölpreis sollte es Gold in den nächsten Jahren sehr schwer haben, neue Höhen zu erklimmen.

In der Dollar-Abstiegsphase, während der der Ölpreis wegen der neuen Tiefseefunde nicht stieg (von 1985 bis 1995), konnte der Goldpreis zwar von 250 Dollar pro Unze auf 350 Dollar (also 40 Prozent) zulegen, zu einer Vervielfachung wie von 1969 bis 1979 oder von 2001 bis 2011 reichte es aber nicht. Gold sollte also in den nächsten Jahren kein schlechtes Investment sein – eine Dollar-Abwärtsphase beflügelt ihn in der Regel –, aber ein sagenhafter Anstieg auf Zielkurse von 5.000 Dollar pro Unze oder gar 10.000 Dollar pro Unze, wie sie oft an die Wand gemalt werden, ist eher unwahrscheinlich. Dazu müsste der Ölpreis mitspielen.

IN DOLLAR-BAISSEN LEIDEN DIE AKTIEN

In den Dollar-Abstiegsphasen (und in solch einer Phase befinden wir uns seit Anfang 2017) entwickelten sich die Aktienkurse in der Vergangenheit nicht sehr vorteilhaft. Von Anfang 1969 bis Anfang 1979 konnten die deutschen Aktien keinen Geländegewinn erzielen. Inklusive der Dividenden ergab sich gerade einmal ein Anlageerfolg von plus/minus null. Die nächste Dollar-Abwärtswelle verschaffte dem Aktionär immerhin einen Zuwachs von 60 Prozent. Dieses deutlich bessere Anlageergebnis in der zweiten Dollar-Abwärtswelle lässt sich darauf zurückführen, dass der Ölpreis nicht wie in der vorherigen Dollar-Abwärtswelle stark anstieg. Dieser Gegenwind für die Aktien fiel also weg. Die dritte Dollar-Abwärtswelle von 2001 bis 2011 entpuppte sich dann aber als verheerend für den Aktionär. Zwei schwere Baissen mussten durchgestanden werden: das Platzen der Internetblase nach dem Jahr 2000 und die Finanzkrise nach dem Jahr 2008. Insgesamt konnte sich der Anleger nach zehn Jahren nur über einen Gewinn von zehn Prozent inklusive der ausgeschütteten Dividenden freuen. In den für den Aktionär eher ungünstigen jeweils zehn Jahre dauernden Zeitspannen, in denen der Dollar deutlich an Boden verlor, von 1969 bis 1979, von 1985 bis zum Jahr 1995 und von 2001 bis 2011, konnten die Aktien also so gut wie keinen Kursfortschritt erzielen.

Das heißt: In 30 der letzten 50 Jahre ging es mit den Aktien per saldo fast nicht nach oben, inklusive der gezahlten Dividenden, die in den deutschen Aktienindex eingerechnet werden. Diese 30 Jahre hätte sich der Aktionär komplett sparen können. Oder er hätte nach Baissen jeweils nur auf ausgedehnte Zwischenerholungen setzen sollen. Und damit komme ich wieder auf mein Alter zurück. Wenn ich jetzt mein Geld zufällig zu einem Zeitpunkt in Aktien investieren würde, ab dem die Kurse zehn Jahre nicht steigen werden, wäre ich fast 75, wenn ich meinen Einsatz dann wieder heraushätte, inklusive der gezahlten Dividenden, von Gewinnen noch keine Spur. Warte ich dann noch auf den Gewinn, wird es etwas knapp, noch eine sinnvolle Verwendung für das Geld zu finden – außer ich sehe mich schon einmal nach würdigen Erben um. Umso wichtiger ist es deshalb für mich, gar nicht erst in solch eine Situation zu kommen, in der ich nur noch hoffen kann, dass sich die Kurse irgendwann wieder erholen werden. Deshalb macht es, wie von mir schon zu Beginn des Buches dargelegt, einen Riesenunterschied, ob ich nach meiner Investition erst einmal fünf Prozent ins Plus laufe oder ins Minus rutsche. Bin ich fünf Prozent im Plus, behalte ich alle Handlungsoptionen. Geht es nicht weiter bergauf, komme ich plus/minus null wieder heraus, falls der Markt gegen mich dreht. Fällt er jedoch weiter, nachdem ich bereits fünf Prozent im Minus war, sitze ich in der Falle. Dann geht das Hoffen und Bangen los, ob sich die Kurse wieder erholen werden, möglicherweise für die nächsten zehn Jahre. Deshalb ist es so wichtig, nach meiner Methode die richtigen Ein- und Ausstiegspunkte zu finden, selbst wenn man gar nicht kurzfristig spekulieren will.

ZWISCHENERHOLUNGEN DER AKTIEN IN DEN DOLLAR-BAISSEN

Es fällt auf, dass jeweils etwa zwei Jahre nach einem Dollar-Gipfel die Aktienkurse einen Tiefpunkt erreichten, von dem aus sie längere Kursrallyes starten konnten. 1971 registrierten die Aktienkurse einen vorläufigen Tiefpunkt, zwei Jahre nach dem Dollar-Gipfel von 1969. Von dort aus kam es zumindest zu einer ausgedehnten Erholung, die sich über anderthalb Jahre hinzog. Ein schwerer Einbruch ereignete sich auch im Jahr 1987, wiederum zwei Jahre nach einem Dollar-Gipfel. Als Grund für diesen berühmten Crash im Oktober wurde damals unter anderem der kollabierende Dollar genannt. Auch darauf folgte eine anderthalbjährige Kursrallye, die dem DAX bis zum Jahr 1990 beinahe eine Verdoppelung bescherte. Nach dieser Hausse konnten dann lange Zeit keine neuen Höchstkurse mehr erreicht werden. Dem Dollar-Gipfel des Jahres 2001 folgte ebenfalls ein Aktientiefpunkt zwei Jahre später. Von diesem großen Tief aus konnten sich die Aktienkurse sogar in den nächsten Jahren verdreifachen. Obwohl die Aktien in diesen jeweils zehn Jahre währenden Zeitabschnitten, in denen der Dollar tendenziell an Wert verlor, per saldo so gut wie keine Gewinne einstreichen konnten, tauchte doch jeweils zwei Jahre nach dem Dollar-Gipfel die Gelegenheit zu einer deutlichen Kurserholung auf. So könnte der Aktientiefpunkt zum Jahresstart des Jahres 2019 solch ein Tief zwei Jahre nach dem letzten Dollar-Gipfel Anfang 2017 gewesen sein, von dem aus eine längere Kurserholung starten könnte.

KAPITEL 11

AKTIEN ODER ANLEIHEN? WAS IST BESSER?

Über diese mögliche ausgedehnte Erholung hinaus scheint das Potenzial in den folgenden Jahren für die Aktien nicht allzu groß zu sein. Dafür spricht nicht nur der Dollar-Zyklus, in dessen Abwärtsphasen die Aktien per saldo in zehn Jahren jeweils kaum zulegen konnten, sondern noch eine weitere Überlegung. Ich lese immer wieder, Aktien seien gegenüber Anleihen das überlegene Investment. In der Vergangenheit hätten sich Aktien besser als Anleihen entwickelt. Doch diese Aussage hängt an der Zeitspanne, die man für den Vergleich wählt. Meist werden gerade die Phasen zur Erhärtung der These gewählt, in denen Aktien gegenüber Anleihen glänzen konnten. Schon oft habe ich mir die Frage gestellt, warum, wenn ein Investment einem anderen so überlegen ist, das andere nicht längst vom Markt verschwunden ist. Ich vermutete schon vor langer Zeit, dass es eigentlich keinen Unterschied in der langfristigen Betrachtung des Ertrags geben dürfte. Anleihen und Aktien sollten über mehrere Zyklen gemittelt zu etwa dem gleichen Anlageergebnis führen. Diese Vermutung von mir wurde nun von Edward McQuarrie von der Santa Clara University erhärtet. Er hat die bisher am weitesten zurückreichenden Zeitreihen zusammengestellt. Mit diesen historischen Daten berechnete er für jeden Zeitpunkt seit 1815, wie sich ein Investment in Anleihen, hauptsächlich zehnjährige Staatspapiere, gegen eine Anlage in Aktien in den jeweils zurückliegenden 30 Jahren geschlagen hätte. Die durchschnittliche jährliche Rendite der letzten 30 Jahre von Anleihen wurde mit dem durchschnittlichen jährlichen Ertrag, Kursgewinne plus Dividenden, der letzten 30 Jahre von Aktien verglichen. Seine Ergebnisse – ohne Berücksichtigung von irgendwelchen Steuern – sind in der folgenden Grafik aufgetragen.

67 Der Aktienertrag gegen den Anleiheertrag

in Prozent pro Jahr

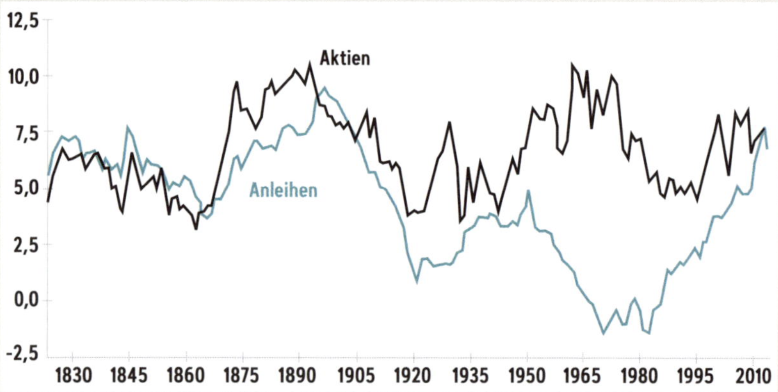

Quelle: Edward McQuarrie

Der Beginn der blauen Linie am linken Bildrand bei einem Wert von etwa 5,6 sagt also aus, dass ein Anleihe-Investor von 1786 bis 1815 einen durchschnittlichen jährlichen inflationsbereinigten Ertrag von 5,6 Prozent erwirtschaftet hat. Die schwarze Linie, die links etwas tiefer startet, gibt den mittleren jährlichen realen Zuwachs des Aktiendepots in den letzten 30 Jahren mit etwa 4,5 Prozent an. Egal, ob sich der Investor im Jahre 1786 für den Kauf von Anleihen oder Aktien entschieden hat, nach 30 Jahren konnte er sich in etwa über die gleiche Steigerung seines Vermögens freuen, der Anleihe-Investor sogar über etwas mehr. In den nächsten 135 Jahren laufen die beiden Kurven in etwa parallel.

ÜBER LANGE ZEITSPANNEN HINWEG LIEFERTEN ANLEIHEN UND AKTIEN DEN GLEICHEN ERTRAG

Das heißt, in dieser langen Zeitspanne war es egal, ob der Anleger Staatsanleihen oder Aktien gekauft hatte, nach 30 Jahren besaß er gleich viel Geld. Einmal in diesen 135 Jahren entfernt sich die Aktienlinie deutlich von der Anleihelinie in einer steilen Spitze nach oben und fällt danach steil wieder zurück auf den Anleihevergleich. Das war die Aktieneuphorie gegen Ende der 1920er-Jahre, die Zeit, die in den USA die „Roaring Twenties" und bei uns die „Goldenen Zwanziger" genannt wird. Nach Ende des Ersten Weltkriegs und der Inflation, bei uns sogar Hyperinflation von 1923, begann der große Wirtschaftsaufschwung, der von steil ansteigenden Aktienkursen begleitet wurde. Allerdings handelte es sich nur um eine kurze Wirtschaftsblüte. Einige Zeit nach dem Aktienzusammenbruch, der 1929 durch den Oktober-Crash eingeleitet wurde, verfiel die Weltwirtschaft in die schwerste bis dato erlebte Rezession, die wegen der gleichzeitig fallenden Einzelhandelspreise zur „Großen Depression" wurde. Die Aktienkurse fielen wieder in sich zusammen und die schwarze Aktienlinie landete wieder auf der blauen Linie, dem Ertrag, der sich mit Anleihen in den 30 Jahren zuvor ergeben hatte.

DIE INFLATION DER 1970ER-JAHRE WARF DEN ANLEIHE-INVESTOR ZURÜCK

Eine weitere, allerdings wesentlich größere Abweichung lässt sich von 1955 bis 1970 beobachten. Diese Zeit der kletternden Inflationsrate kostete den Anleihe-Investor Nerven. Bis 1955 lag die Rendite von US-Staatsanleihen noch bei 2,5 Prozent. Dieser Wert hatte sich allerdings nicht frei am Markt durch Käufe und Verkäufe ergeben, sondern die amerikanische Notenbank war damals schon tätig. Der Zweite Weltkrieg und seine Folgekosten mussten finanziert werden. Dazu gab der Staat in großen Mengen langlaufende Staatsanleihen aus. Damit die Zinskosten für den Fiskus nicht zu hoch ausfielen, unternahm die US-Notenbank etwas, das man heute als „Quantitative Easing" bezeichnen würde. Die Notenbank kaufte mit frisch gedruckten Dollar die neu herausgegebenen Staatsanleihen. Die US-Teilnahme am Zweiten Weltkrieg wurde so auf Pump finanziert. Mit den Babyboomern und ihren Konsumwünschen begann dann die große Inflationswelle, die die Teuerungsrate von einem Prozent bis 1980 auf 15 Prozent hochtrieb. Mit der steigenden Inflation kletterten auch die Zinscoupons der neu herausgegebenen Anleihen. Bei 15 Prozent Inflation konnte man niemanden mehr mit einer 2,5-prozentigen Anleihe locken. Entsprechend gaben die Kurse der früher mit einem niedrigeren Coupon begebenen Anleihen nach. Die Inflation entpuppte sich also hier als GAU für den Anleihe-Anleger. Ende der 70er-, Anfang der 80er-Jahre sank der laufende jährliche Ertrag der letzten 30 Jahre der Anleihen sogar ins Minus. Wer 1950 für die nächsten 30 Jahre auf Anleihen gesetzt hatte, machte also ein Minusgeschäft. Bei Aktien hat es diesen Fall in den letzten 200 Jahren noch nie gegeben. Nach 30 Jahren Aktienanlage ergab sich für den Investor zumindest ein jährlicher Ertrag von real drei Prozent.

Das war der niedrigste jemals erzielte Wert, erreicht im Jahr 1860. Nach dem Jahr 1980 konnten dann die Anleihen deutlich aufholen. Ein Anleger, der damals langlaufende Anleihen mit einem Zinscoupon von 15 Prozent gekauft hatte, konnte sich lange über viel höhere Zinseinnahmen freuen, als sie sich später bei Neuabschlüssen ergeben hätten. Nun herrscht wieder fast Gleichstand. Wer sich vor 30 Jahren für Anleihen entschieden hat, besitzt heute genauso viel Geld wie der, der Aktien bevorzugte. Aus Sicht der letzten 20 Jahre hat der Anleihe-Investor wieder die Nase vorn. Die nächste Grafik zeigt den Verlauf eines Aktiendepots gegen den eines Anleihedepots. Bei beiden wurde ein sogenannter „Total Return Index" verwendet. Bei den Aktien wird so getan, als ob die Dividenden gleich wieder in Aktien angelegt werden, und auch bei den Anleihen werden die gezahlten Zinsen sofort wieder in Anleihen investiert. Etwaige anfallende Steuern sind dabei nicht berücksichtigt. Entgegen der landläufigen Meinung, dass Aktien immer das bessere Investment seien, zeigt diese Grafik klar, dass auch Anleihe-Investoren Argumente auf ihrer Seite haben. Vor allem vom Jahr 2000 bis zum Jahr 2010 konnte die Anleihe punkten. Mit ihr konnte der Anleger seinen Depotwert verdoppeln, während der Aktionär am Ende weniger besaß als zu Beginn. In dieser Zeitspanne erlebte der Dollar gerade seine zyklische Abschwungphase. In der Spitze halbierte er sich fast gegen den Euro. Außerdem konnte der Anleihebesitzer in den letzten 20 Jahren vermutlich besser schlafen als der Aktionär. Während die Aktienkurse sich in dieser Zeit zweimal etwa halbierten und dem Aktienbesitzer sicherlich die eine oder andere schlaflose Nacht bescherten, lagen die größten Rückschläge des Anleihedepots nur in der Größenordnung von 20 bis 25 Prozent.

68 Anleihen gegen Aktien in den letzten 20 Jahren

in Prozent

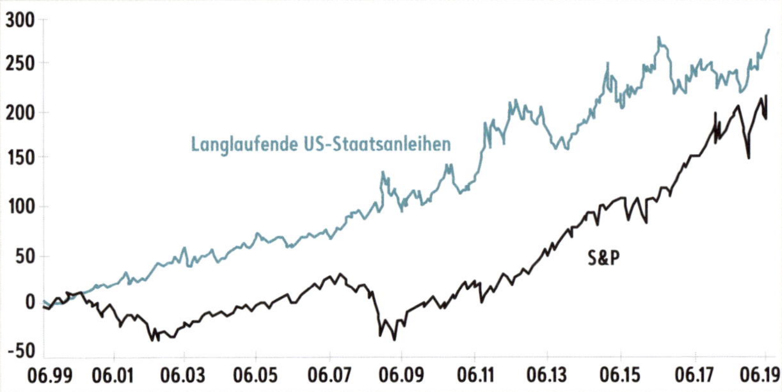

Quelle: Liz Ann Sonders

INSGESAMT EIN LEICHTER VORTEIL FÜR DEN AKTIONÄR

Über die 200 Jahre gemittelt ergab sich für den Aktieninvestor ein mittlerer jährlicher Ertrag von etwa 6,5 Prozent. Für den Anleihekäufer ergab sich ein etwas schlechteres Bild. Durch die gedrückte Performance der Inflationsphase ergibt sich nur ein mittlerer Wert von etwa 4,5 Prozent. Trotzdem sieht man – von einer großen Abweichung abgesehen – einen recht parallelen Verlauf beider Ergebnisse. Alles andere würde auch verwundern. Warum sollte eine Investmentmöglichkeit einer anderen haushoch überlegen sein? Wenn Aktien so viel besser als Anleihen wären, warum kaufen dann nicht alle Aktien und niemand mehr Anleihen? Zwei von der Wertigkeit und Sicherheit her zu vergleichende Investments sollten so gepreist sein, dass sie auf Dauer den gleichen Ertrag liefern, sonst würde der Markt ja nicht funktionieren. Der Markt ist ein sehr effizienter Allokationsmechanismus, der dafür sorgt, dass das bessere Investment das schlechtere verdrängt. Das Bessere ist der Feind des Guten. Nun wird immer argumentiert, dass Aktien einen höheren Ertrag liefern, weil der Aktienanleger ein höheres Risiko eingeht.

DAS FRAGWÜRDIGE KONZEPT DER RISIKOPRÄMIE

Dieser zusätzliche Ertrag, der über die Rendite einer sicheren Staatsanleihe hinausgeht, wird Risikoprämie genannt. Ich lese immer wieder, dass Aktien eine höhere Rendite bringen als Anleihen, weil ja noch die Risikoprämie hinzukommt. Dieses Argument hat mir nie eingeleuchtet. Das würde bedeuten, dass, wenn ich heute Aktien statt Staatsanleihen kaufen möchte, ich die Aktien relativ gesehen zu den Anleihen billiger kaufe, als sie wären, wenn sie nicht riskant wären. Die Risikoprämie, die ich irgendwann bekomme, erwerbe ich dadurch, dass ich beim Kauf der Aktie gewissermaßen einen Risikoabschlag erhalte. Es wird so getan, als ob der Aktionär im Laufe der Zeit des Besitzes seiner Aktien die Risikoprämie gewissermaßen ersitzt. Nehmen wir an, er kauft die wegen des Risikoabschlags billigeren Aktien nun und will sie in zehn Jahren verkaufen. In diesen zehn Jahren geht der Risikoabschlag aber nicht aus den Aktien heraus. Derjenige, der in zehn Jahren dem Aktionär die Aktien abkauft, verlangt auch einen Risikoabschlag. Der Anleger kann also nicht im Laufe der Zeit eine höhere Rendite erzielen, die sich daraus ergibt, dass die Aktien den Risikoabschlag aufholen. Beim Kauf der Aktie enthält sie einen Risikoabschlag und beim Verkauf auch. Man kann die Risikoprämie also nicht ersitzen. Sie fließt einem niemals zu. Die Aktienkursveränderung plus die gezahlten Dividenden in diesen zehn Jahren werden also netto vereinnahmt. Ob die Aktie riskant ist oder nicht, spielt keine Rolle, da sie ja bei Kauf und Verkauf gleich riskant ist. Der Aktionär kassierte die relative Veränderung.

WENN AKTIEN IM MITTEL DER ZEIT EINEN HÖHEREN ERTRAG ERZIELEN, WARUM SIND SIE DANN RISKANTER?

Der zweite Fehler, der im Gedanken der Risikoprämie steckt, ist der falsche Umgang mit der Wahrscheinlichkeit. Die Zukunft ist ungewiss. Es kann alles passieren. Aber um einen Begriff für die Größenordnung oder eine Hausnummer für die Höhe des Risikos, das man eingeht, zu erhalten, wird in der Regel ein Blick in die Vergangenheit geworfen. Aus den statistischen Veränderungen der Vergangenheit wird eine Wahrscheinlichkeit für die Zukunft gefolgert. Da die Aktien sich in der Vergangenheit im Mittel nicht nur nicht schlechter, sondern sogar besser entwickelt haben als die Anleihen, muss aus der statistischen Vergangenheit der Aktien eine höhere Wahrscheinlichkeit auf steigende Kurse in der Zukunft geschlossen werden. Wie kann man für Aktien für die Zukunft ein größeres Risiko annehmen, wenn sie in der Vergangenheit die Anleihen übertrumpft haben? Darin steckt ein Denkfehler. Aus einem statistischen Vorteil in der Vergangenheit kann kein Wahrscheinlichkeitsnachteil in der Zukunft erwachsen. Das ganze Konzept der Risikoprämie, das einen etwaigen höheren Ertrag der Aktien mit einem möglicherweise größeren Risiko, das man eingeht, verbindet, ist fragwürdig.

AKTIENERTRAG UND ANLEIHEERTRAG HÄNGEN VON DEN GLEICHEN FAKTOREN AB

Noch ein weiterer Punkt spricht dafür, dass Aktien und Anleihen auf Dauer den gleichen Ertrag abwerfen. Er hängt bei beiden von den gleichen Einflussfaktoren ab. Der Gewinn der Aktien, Kursanstieg plus Dividende, ist im Mittel der Zeit etwa so hoch wie die durchschnittliche Inflationsrate plus dem Produktivitätsfortschritt. Von 1960 bis heute haben die deutschen Aktien im Mittel pro Jahr fünf Prozent abgeworfen. Davon gehen 2,8 Prozent auf die mittlere Inflationsrate in dieser

Zeit zurück und der Rest auf den Produktivitätszuwachs, der ungefähr zwei Prozent im Mittel der Jahrzehnte ausmacht. Bei einer Anleihe läuft die Kursfindung nach ähnlichen Gesichtspunkten ab. Zunächst muss der Coupon der Anleihe die Inflationsrate abdecken. Wenn ein Anleger Geld anlegt, will er zum Zeitpunkt der Rückzahlung mindestens genauso viel dafür kaufen können wie zum Zeitpunkt des Anleihekaufs. Wenn nicht, ist es für ihn sinnvoller, gleich etwas zu kaufen. Im Moment sind wir allerdings abweichend von dieser Regel in eine Anomalie hineingelaufen. Durch die Anleihekäufe der Europäischen Zentralbank und die Flucht in die Sicherheit nach der Finanzkrise rentieren die Deutschen Bundesanleihen mittlerweile niedriger als die Inflationsrate. Kehren wir aber wieder zum Normalfall zurück. Zusätzlich zu dem Inflationsausgleich erwartet der Investor eine Prämie, die es ihm interessant erscheinen lässt, sein Geld für zehn Jahre anzulegen. Dabei muss er sich nach der Fähigkeit des Unternehmens richten, diesen Mehrertrag zu erwirtschaften. Der Mehrertrag hängt vom Produktivitätszuwachs ab. Nur wenn etwas zusätzlich geschaffen wird, kann davon eine Prämie zum Inflationsausgleich hinzukommen. Dieser so gebildete Zins muss auch vom Staat gezahlt werden, wenn er sich etwas leiht. Im Mittel der Jahrzehnte betrug der Anleihecoupon bei Bundesanleihen also ebenfalls Inflationsrate plus Produktivitätszuwachs. Insofern ergibt sich auch von dieser – theoretischen – Seite das Postulat, dass der Aktienertrag auf Dauer dem der Anleihen gleichen muss.

DIE AKTUELLE ZINSHÖHE SCHEINT THEORETISCH GERECHTFERTIGT

Kommen wir zurück zur Gegenwart und setzen die aktuellen Werte ein. Die Inflationsrate – nehmen wir die Kerninflationsrate, um die Schwankungen des Ölpreises herauszurechnen – liegt bei etwa einem Prozent. Das Produktivitätswachstum, das im Mittel der Jahrzehnte etwa zwei Prozent betrug, ist mittlerweile auf einen Wert von knapp über null Prozent gesunken.

69 Das Produktivitätswachstum in den USA von 2002 bis 2017

in Prozent

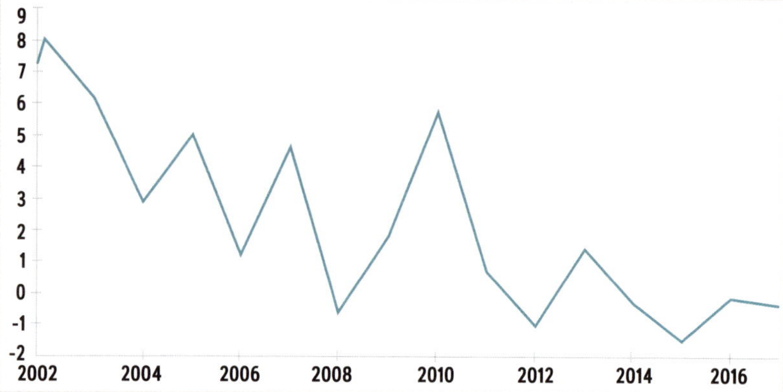

Quelle: Federal Reserve Economic Data (FRED)

Das heißt, theoretisch sollte eine zehnjährige deutsche Bundesanleihe etwa eine Verzinsung von einem Prozent aufweisen. Wenn wir nun von dem Spezialfall, dass die deutschen Bundesanleihen wegen ihrer Sicherheit zu sehr gefragt sind, absehen und eine mittlere Rendite der Staatsanleihen der Euroländer ausrechnen, kommen wir in etwa in die Gegend von einem Prozent. Die niedrige Anleiherendite in Europa kann also als theoretisch richtig und fundamental gerechtfertigt eingestuft werden. Sonst hätte sie sich auch nicht so lange auf diesem Niveau gehalten. Es handelt sich bei den Kursen der Anleihen keinesfalls um eine Spekulationsblase oder gar um die Mutter aller Spekulationsblasen, wie schon vor vielen Jahren verkündet wurde. Da die Inflationsrate solch eine wichtige Größe ist, die nicht nur den Aktienertrag in der Vergangenheit maßgeblich bestimmt hat, sondern auch über die Erlöse in der Zukunft entscheidet, möchte ich darauf näher eingehen.

KAPITEL 12

DIE INFLATION ALS SCHLÜSSELGRÖSSE

Der erste und wichtigste Einflussfaktor für die Teuerung im Lande ist ganz klar der Ölpreis. Er geht über die Preise für Benzin und Heizöl direkt in die Berechnung des Warenkorbs ein. Aber auch darüber hinaus beeinflusst er die Teuerung. Selbst wenn man ihn aus der Inflation herausrechnet und die sogenannte Kerninflationsrate betrachtet, Inflation ohne Nahrungsmittel und ohne Energie, ergibt sich trotzdem eine Parallelität zum Ölpreis. Der Ölpreis fließt indirekt offensichtlich in die Berechnung aller anderen Preise ein, über den Transport, die Kunststoffe oder die Heizung der Büros und Lagerräume. Die nachfolgende Grafik zeigt den Zusammenhang zwischen der Kerninflationsrate und dem Ölpreis.

70 Die Kerninflationsrate in den USA und die Veränderung des Ölpreises

in Prozent

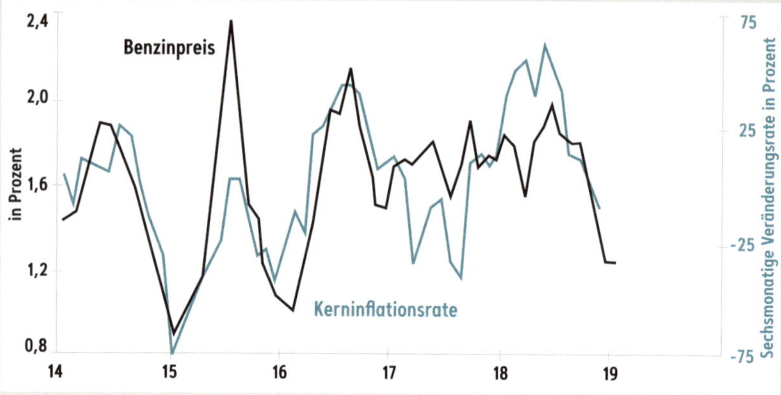

Quelle: Natixis

Verwendet wird hier der amerikanische PCE-Deflator, PCE für Personal Consumption Expenditures. Er ist das bevorzugte Inflationsmaß der amerikanischen Notenbank. Die Inflation wird dabei nicht anhand eines Warenkorbs gemessen, sondern gewichtet nach dem Anteil an den Verbrauchsausgaben. Aber über diese Verknüpfung zwischen Ölpreis und Teuerung hinaus existiert noch ein anderer Faktor, der auf die Inflationsrate einwirkt. In den 1970er-Jahren führte ein sich verdreifachender Ölpreis wie bereits erwähnt zu Inflationsraten in den USA von bis zu 15 Prozent. Ein ebenso großer Anstieg des Ölpreises reichte vor dem Jahr 2008 nur dazu, den Preisanstieg auf 4,5 Prozent hochzutreiben.

Ein zweiter Faktor, der in den 70er-Jahren preistreibend wirkte und vor dem Jahr 2008 dämpfend, muss also am Werk gewesen sein. Da ist doch schnell ein Verdächtiger gefunden: die Demografie. Dazu hat die Analysefirma Moody's mit den Daten des BLS (Bureau of Labor Statistics) die Inflationsrate – wieder den häufig gebrauchten

PCE-Deflator – über den Anteil der Bevölkerung gelegt, der jeweils zwischen 15 und 34 Jahre alt war. Bei einem hohen Anteil von Menschen in dieser Altersgruppe laufen die Preise davon, bei einem niedrigen entwickelt sich die Teuerung gedämpft.

71 **Die Demografie und die Teuerung**
in Prozent

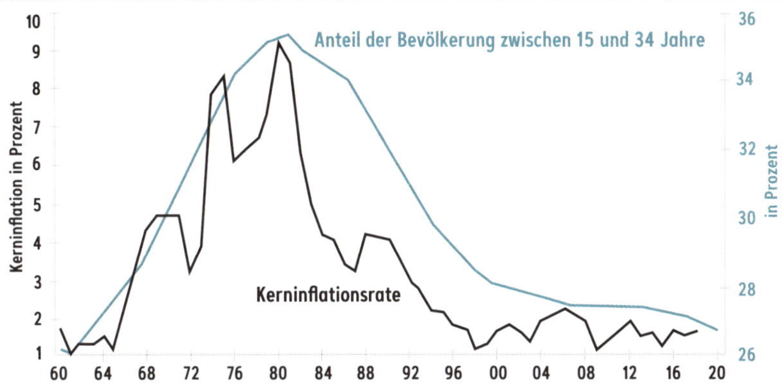

Quelle: Moody's

DIE DEMOGRAFIE WIRKT EBENFALLS AUF DIE INFLATIONSRATE

Der große „Buckel" um 1980 zeigt, dass die Babyboomer in dieser Zeit gerade in dem entsprechenden Alter waren und für steigende Preise sorgten. Ein erstes Auto musste her, eine Wohnung gefunden werden, Möbel, modische Kleidung und so weiter. Diese Grafik legt die Vermutung nahe, dass auf absehbare Zeit die Inflationsrate niedrig bleiben wird. Für die Börse wäre das ein günstiges Szenario. Es ist nämlich genau nicht so, wie immer drohend an die Wand gemalt wird, dass die Alterung der Bevölkerung katastrophale Folgen für die Finanzmärkte haben wird. Im Gegenteil, die sich daraus ergebende niedrigere Inflationsrate wird die Finanzmärkte beflügeln. Der Hauptfeind des Aktionärs ist die Inflation.

BIETEN AKTIEN EINEN INFLATIONSSCHUTZ?

Nun werden Sie einwenden, dass Aktien doch einen Inflationsschutz darstellen. Das ist richtig, langfristig gesehen. Das ist das Schöne an den Aktien, dass sich auf Dauer gesehen die Kaufkraft herausrechnet. Wird das Geld weniger wert und die Preise steigen, machen die Unternehmen mehr Umsatz und mehr Gewinn und die Aktienkurse steigen um den entsprechenden Betrag. Das gilt aber nur auf längere Sicht. Bei einem Anstieg der Inflationsrate steigen zunächst die Zinsen und drücken die Aktienkurse. Der Wert einer Aktie ist theoretisch die Summe aller zukünftigen abgezinsten anteiligen Unternehmensgewinne. Ein höherer Zins macht sich direkt im Aktienwert bemerkbar. Es war früher so, dass während der Inflationsschübe die Aktien litten, wie zum Beispiel Ende der 70er-Jahre. Bei nachlassender Inflation und dann sinkenden Zinsen konnten sie die Delle ausgleichen und weit darüber hinaus steigen. Außerdem führte in der Vergangenheit eine stark angestiegene Inflationsrate zu steigenden Zinsen und die wiederum zu einer Rezession, die die Aktien zusätzlich belastete. Doch solche Inflationsschübe, die mit den in der Folge steigenden Zinsen Rezessionen auslösten, traten nur bei einem sich vervielfachenden Ölpreis auf. Eigentlich alle Rezessionen in den USA seit 1950 waren Folge eines explodierenden Ölpreises. Vor der Rezession des Jahres 1980 vervierfachte sich der Ölpreis von 10 auf 40 Dollar pro Barrel, vor der des Jahres 1990 ging es im Zuge des ersten Irakkrieges von 12 auf ebenfalls 40 Dollar hoch. Auch die große Baisse und die nachfolgende Rezession ab dem Jahr 2000 wurden von einem Ölpreisschub von 12 auf 36 Dollar eingeleitet. Nach dem Anstieg von 30 auf weit über 100 Dollar war die Rezession des Jahres 2008 und die sich daraus ergebende Finanzkrise unausweichlich. Man kann es auch so zusammenfassen: ohne einen vervielfachten Ölpreis keine Rezession. So vermute ich sogar, dass die aktuelle weltweite Wirtschaftsschwäche Anfang 2019 – während ich dieses Buch gerade schreibe – auf dem im Jahr zuvor von 40 auf 80 Dollar pro Barrel angestiegenen Ölpreis beruht. Nachdem der Preis inzwischen wieder auf 50 Dollar zurückgegangen ist, sollte die Wirtschaftsschwäche bald ein Ende finden.

Wenn durch die Demografie die Inflation im Zaum gehalten wird, können sich auf Dauer sehr niedrige langfristige Zinsen einpendeln. Die Inflationsrate ist eine der beiden Einflussgrößen, die die Höhe des Coupons von zehnjährigen Anleihen bestimmt. Im Mittel der Zeit ergibt sich die Verzinsung von Anleihen aus Inflationsrate plus Produktivitätsfortschritt. Da der Produktivitätszuwachs, der in den vergangenen Jahrzehnten im Mittel circa zwei Prozent betragen hat, nicht nur in Deutschland, sondern auch in den USA mittlerweile auf nahe null gesunken ist, im Vereinigten Königreich sogar darunter, ergibt sich rechnerisch eine vermutete Anleiherendite von zehnjährigen Papieren etwa in Höhe der Inflationsrate.

72 **Das Produktivitätswachstum in England von 1770 bis heute**

in Prozent

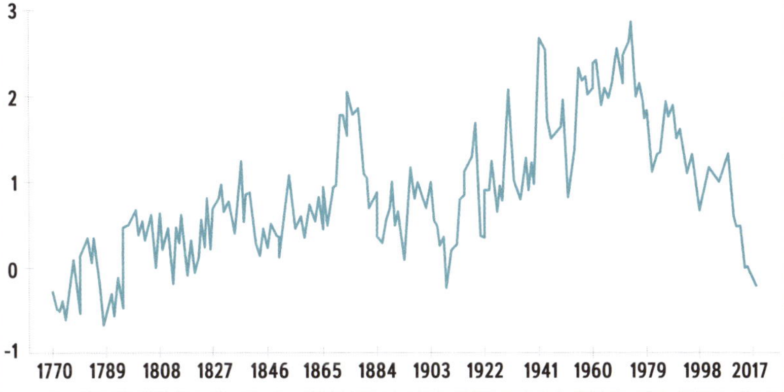

Quelle: Bank of England

So wird uns eine niedrige Anleiherendite wohl noch sehr lange begleiten.

Ich habe noch eine andere Grafik angefügt, die den Zusammenhang zwischen der Alterung der Bevölkerung und der Inflation zeigt.

JE ÄLTER DIE GESELLSCHAFT, DESTO NIEDRIGER DIE TEUERUNGSRATE

In der nächsten Grafik sind die mittleren Inflationsraten der letzten fünf Jahre etlicher Länder gegen den Prozentsatz der Menschen über 65 Jahre aufgetragen.

73 Die Inflationsrate gegen das Alter der Bevölkerung

in Prozent

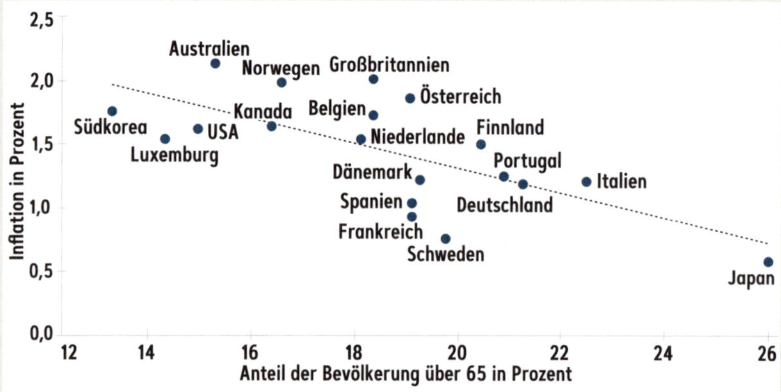

Quelle: Oxford Economics

In Japan zum Beispiel sind 26 Prozent der Bevölkerung im Rentenalter. Japan erlebte im Mittel der letzten fünf Jahre eine Inflationsrate von 0,6 Prozent. Am anderen Ende steht Australien.

Australien weist eine junge Bevölkerung auf, bei der nur 16 Prozent über 65 Jahre alt sind. Die mittlere Inflationsrate lag entsprechend deutlich höher bei 2,2 Prozent. Zwischen diesen beiden Größen lässt sich ein linearer Zusammenhang erahnen. Eigentlich verwundert mich dieser Zusammenhang. Ich hätte intuitiv gedacht, dass bei einer älteren Gesellschaft mit einem höheren Anteil an Rentnern die Inflationsrate steigen würde, weil weniger Arbeitskräfte zur Verfügung stehen. Das sollte die Löhne nach oben treiben und damit auch die Preise. Offensichtlich ist es aber nicht so und es gilt der umgekehrte Zusammenhang. Ein dritter Punkt, der wenig Beachtung findet, kommt noch hinzu. Dazu habe ich eine Grafik eingefügt, die den Zusammenhang zwischen Lohnsteigerung und Inflationsrate darstellt.

74 Die Lohnsteigerungen und die Inflation in den USA

in Prozent

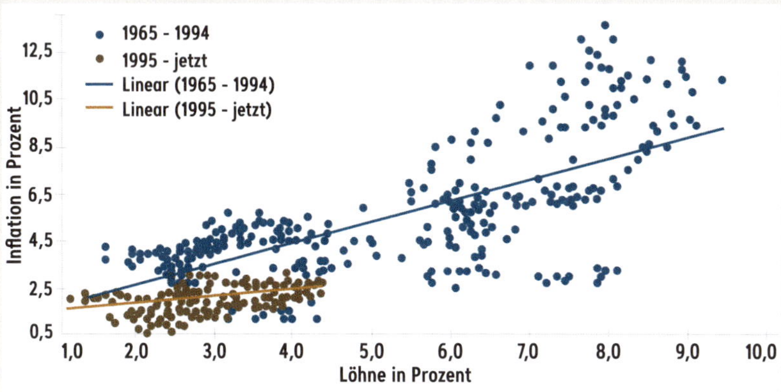

Quelle: Federal Reserve Economic Data (FRED)

FÜHREN STEIGENDE LÖHNE ZU HOHER INFLATION?

Auf der x-Achse ist die jährliche Veränderung der Löhne in den USA abgetragen, während die y-Achse die Inflationsrate misst. Jeder Punkt in der Grafik entspricht einem Monat in der Vergangenheit, in Blau zwischen 1965 und 1994 und in Braun zwischen 1995 und heute. Sehen wir uns zunächst die blauen Punkte an. Wie man intuitiv vermutet hat, zeigt sich ein linearer Zusammenhang. Je stärker die Löhne steigen, desto höher fällt auch die Inflationsrate aus und umgekehrt. Bei Lohnsteigerungen von etwa neun Prozent kletterte die Teuerungsrate auch ungefähr in dieser Größenordnung. So weit, so klar. Seit 1995 ist dieser steile Zusammenhang aber nicht mehr gegeben. Die Lohnsteigerungen schlagen seitdem nicht mehr voll auf die Inflationsrate durch. Selbst Lohnsteigerungen von viereinhalb Prozent schaffen es nicht, die Teuerung deutlich über die 2,5-Prozent-Marke zu treiben. Auch der Zusammenhang zwischen Arbeitslosigkeit und Inflation hat sich im Laufe der Jahre verändert.

75 Die Phillips-Kurve

in Prozent

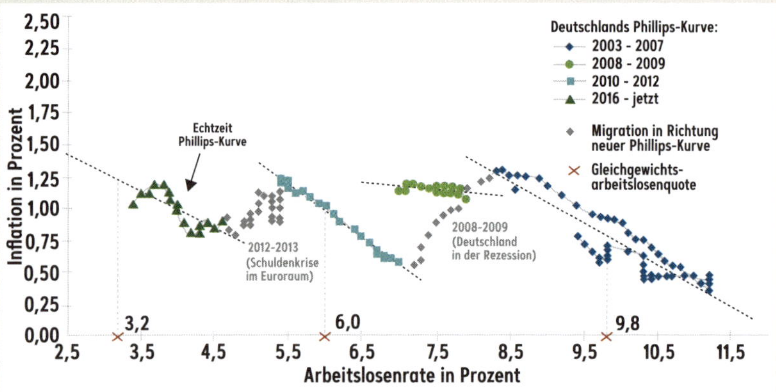

Quelle: Wall Street Journal

WIRKT EINE NIEDRIGE ARBEITSLOSENRATE PREISTREIBEND?

Dazu habe ich eine weitere Grafik abgebildet. Sie zeigt die berühmte Phillips-Kurve für Deutschland von 2003 bis heute. Die Phillips-Kurve gibt den Zusammenhang zwischen Arbeitslosigkeit und Inflation wieder. Die Theorie, die hinter der Phillips-Kurve steckt, geht davon aus, dass bei niedrigerer Arbeitslosigkeit die Inflationsrate steigt – über den Zusammenhang des knapper werdenden Arbeitskräfteangebots und damit steigenden Löhnen. Aber diese Grafik zeigt eine deutliche Minderung in der letzten Zeit. Jeder Punkt steht für einen Monat. Die aufeinanderfolgenden Monate sind durch eine dünne Linie verbunden. Der zeitliche Ablauf fängt mit dem ersten blauen Punkt an, der bei einer Arbeitslosenquote von 9,5 Prozent eine Kerninflationsrate von 0,8 Prozent angibt. Aufgrund der Ausläufer der schweren Rezession nach dem Platzen der Internetblase, die die Arbeitslosenrate in den folgenden Monaten bis auf fast 11,5 Prozent ansteigen ließ, gab die Teuerungsrate entsprechend auf 0,5 Prozent nach. Bei dem von 2004 bis 2006 folgenden Wirtschaftsaufschwung sank die Arbeitslosenrate und gleichzeitig stieg die Kerninflationsrate auf 1,4 Prozent an. Diesen direkten linearen Zusammenhang sagt die Phillips-Kurve voraus.

FEHLER IN DER PHILLIPS-KURVEN-THEORIE?

Doch dann wich die Realität von der Theorie ab. Die Arbeitslosenrate sank auf sieben Prozent, aber die Teuerung stieg nicht. Nach der Finanzkrise im Jahr 2010 erholte sich die Wirtschaft und die Arbeitslosenrate sank von 7,5 auf 5,5 Prozent – einhergehend mit einer von 0,5 auf 1,25 Prozent ansteigenden Kerninflationsrate, wie es die Phillips-Kurven-Theorie vorhergesagt hatte. Bei dem Aufschwung nach 2016, mit den dunkelgrünen Pyramiden kenntlich gemacht, stieg wieder die Inflationsrate wegen der sinkenden Arbeitslosenrate leicht an. Es ließ sich also durchaus lokal immer eine Phillips-Kurve einzeichnen, die einen linearen Zusammenhang zwischen Inflation und Arbeitslosigkeit wiedergab. Aber – und das hatte die Phillips-Kurven-Theorie nicht vorhergesehen – die Gerade rutschte im Laufe der Zeit immer weiter nach links. Die sinkende Arbeitslosigkeit wirkte sich also gar nicht so inflationssteigernd aus, wie es die Theorie vorhergesagt hatte. Wenn wir die erste Phillips-Gerade, die die blauen Punkte annähert, nach links oben weiterziehen, hätte sich nach der Vorhersage dieser Phillips-Kurve bei der niedrigen Arbeitslosenrate, die wir im Moment erleben, längst eine Kerninflationsrate von drei Prozent einstellen müssen. Wir sind aber nur bei einem Prozent gelandet. Eine solch niedrige Inflationsrate trotz einer Beinahe-Vollbeschäftigung in Deutschland hätte es theoretisch eigentlich gar nicht geben dürfen.

LIEBER FÜNF PROZENT INFLATION ALS FÜNF PROZENT ARBEITSLOSIGKEIT?

Früher wurde immer gedacht, man könne eine höhere Beschäftigtenzahl nur unter Inkaufnahme einer höheren Teuerungsrate erreichen. Im Sinne dieser damals als Theorie anerkannten Phillips-Kurve sagte Helmut Schmidt, ihm wären fünf Prozent Inflation lieber als fünf Prozent Arbeitslosigkeit. Am Ende seiner Amtszeit hatten wir beides. Die Phillips-Kurven-Theorie ist also überholungsbedürftig. Ich erkläre es mir so, wie ich es schon vor langer Zeit in einem meiner früheren Bücher geschrieben habe: Damals hatte ich vermutet, dass der Zusammenhang genau umgekehrt ist. Je mehr Menschen Arbeit haben, desto mehr stellen sie her und ein desto größeres Warenangebot gibt es. Dadurch sinken die Preise für Waren. Vielleicht erinnert sich der eine oder andere von Ihnen noch an die 1970er-Jahre. Wir hatten Massenarbeitslosigkeit und galoppierende Preise. Schon damals hatte ich mir überlegt, wenn die Preise der Waren so stark steigen, sind zu wenig davon vorhanden. Warum stellen die Menschen, die keine Arbeit haben, nicht gerade die Waren her, die fehlen? Warum musste man trotz Millionen Arbeitsloser zwei Jahre auf einen neuen Mercedes warten? Ein Mensch stellt im Grunde viel mehr her, als er verbraucht. Meine einfache Schlussfolgerung: Je mehr Menschen arbeiten, desto mehr wird hergestellt. So kommt es zu keinem Mangel an Waren und Dienstleistungen, die für steigende Preise verantwortlich wären. Man könnte es auch so formulieren: Je mehr Menschen arbeiten, desto niedriger ist die Inflationsrate.

Da sich, wie ich gerade dargelegt habe, an dem Szenario der niedrigen Inflationsrate nicht viel ändern wird und die Zinsen vermutlich für die nächsten zehn Jahre auf diesem Niveau bleiben werden, sollte sich der Theorie nach der jährliche Ertrag der Aktien auch ungefähr in dieser Größenordnung bewegen. Wenn ich die beiden Überlegungen, den 16-jährigen Dollar-Zyklus und den Vergleich zwischen den Aktien- und Anleiheerträgen, zusammenfasse, spricht das dafür, dass zunächst eine durchaus mehrjährige ausgedehnte Erholung der Aktienkurse mit neuen Höchstkursen begonnen haben könnte, wie jeweils zwei Jahre nach einem Dollar-Gipfel in der Vergangenheit. Die Aussichten darüber hinaus, auf 10 oder 15 Jahre, scheinen dagegen eher gedämpft zu sein. In der Vergangenheit haben die Aktienkurse Inflationsrate plus Produktivitätswachstum widergespiegelt.

Von September 1960 bis Anfang 2019 konnte sich ein Depot aus deutschen Aktien inklusive der gezahlten Dividenden versiebzehnfachen.

DIE DEUTSCHEN AKTIEN LIEFERTEN VON 1960 BIS HEUTE EINEN REALEN ERTRAG INKLUSIVE DER GEZAHLTEN DIVIDENDEN VON DURCHSCHNITTLICH 2,2 PROZENT PRO JAHR

Das klingt nach einem tollen Anstieg. Pro Jahr ergibt dies allerdings nur einen Zuwachs von fünf Prozent. Wenn man bedenkt, dass die gezahlten Dividenden bereits eingerechnet sind, klingt dieses Ergebnis relativ enttäuschend. Im Mittel dieser Jahrzehnte betrug die Inflationsrate 2,8 Prozent. 56 Prozent des Zuwachses des Aktiendepots gehen also auf die Geldentwertung zurück. Real wurden nur 2,2 Prozent pro Jahr verdient. Es ist zwar schön und dies hat auch lange Zeit den Charme der Aktien ausgemacht, dass sie auf Dauer einen Inflationsschutz geboten haben. Man hat mit in Aktien angelegtem Geld auf Dauer keinen Kaufkraftverlust erlitten. Aber ein Ertrag von 2,2 Prozent nach Inflation kann den Anleger nicht wirklich begeistern. Warum ist der Zuwachs des Aktiendepots so gering und schaffte es noch nicht einmal, mit dem Wachstum des Bruttoinlandsprodukts mitzuhalten? Zunächst einmal sind einige Geldvernichter im deutschen Index enthalten, die dem Aktionär nicht viel Freude bereitet haben, wie die Deutsche Bank, die Commerzbank oder die Stromversorger. Die Stromversorger können für ihr Elend nichts. Es wurde entschieden, dass sie ihre Kernkraftwerke, Geldbringer, in die sie Milliarden investiert hatten, abschalten müssen. Aber auch viele selbstverschuldete Dramen lassen sich bei den deutschen Aktien entdecken, von Karstadt über Nixdorf bis Hochtief. Viele Firmen, die heute noch im DAX enthalten sind, konnten ihr Potenzial nicht voll ausschöpfen. Ein deutscher Industrie-Gigant, der prädestiniert dafür gewesen wäre, in der Welt vorn mitzuspielen, aber kläglich versagt hat, ist Siemens. Eine Firma, voll mit Physikern und Ingenieuren, die auf allen Feldern tätig war, bevor der große Boom einsetzte: Telefon, Telekommunikationsausrüstungen, Energieübertragung, Datenübertragung und Computer.

Doch Siemens ist weder Apple noch Google noch sonst ein Marktführer in einer Zukunftsbranche geworden. Man kann es nicht anders ausdrücken, als dass das Versagen einen Namen trägt: Siemens.

ENTTÄUSCHENDE ENTWICKLUNG DER DEUTSCHEN AKTIEN

Wenn deutsche Aktien in diesen fast 60 Jahren, in denen das deutsche Wirtschaftswunder und große Wirtschaftsaufschwünge stattfanden, inklusive der gezahlten Dividenden real nur 2,2 Prozent abwarfen, wie sehen dann die nächsten 10 oder 20 Jahre aus, wenn die Wachstumsraten von früher allein schon wegen der mittlerweile erreichten Größe nicht mehr erreicht werden können? Wenn das künstliche Ansteigen der Aktienkurse aufgrund der Inflation wegfällt, weil in den nächsten 10 bis 15 Jahren die Inflationsrate eher bei einem Prozent als bei zwei Prozent liegen wird, und sich das Produktivitätswachstum verflüchtigt hat, kann man langfristig keine großen Wachstumsraten für die Aktienkurse erwarten. Vor dieser längeren Phase mit den niedrigen Ertragserwartungen sollte jedoch noch eine Neubewertung der Aktien stattfinden und diese sollten noch einmal neue Kursregionen erreichen können. Wenn nämlich tatsächlich die Inflationsrate für viele Jahre in der Gegend von einem Prozent verharren wird und sich auch die Erkenntnis durchsetzt, dass sich bei den deutschen Zinsen bis auf Weiteres keine höheren Werte ergeben werden, werden Aktien wegen der im Vergleich zu Anleihen höheren Verzinsung sehr attraktiv erscheinen. Ein mehrjähriger großer Kursanstieg auf neue Höhen, gefolgt von kleineren weiteren Fortschritten für sehr lange Zeit, scheint das plausibelste Szenario zu sein. Wenn dann nach einer Neubewertung der Aktien die zukünftigen Erträge gegen null zusammenschrumpfen, wird es umso entscheidender sein, Strategien zum Einsatz zu bringen, die von kurzfristigen Schwankungen profitieren – wie diejenigen, die ich zu Anfang des Buches vorgestellt habe, und die, die ich in einem der nächsten Kapitel noch vorstellen werde.

KAPITEL 13

EINE NEUE THEORIE DES GELDES?

Eine weitere Überlegung spricht für niedrige Zinsen auf nicht absehbare Zeit. Der Begriff des Geldes hat sich in den letzten Jahrzehnten weiterentwickelt. In den 1970er-Jahren litten nicht nur Deutschland, sondern auch die USA und andere Industrienationen unter einer hohen Arbeitslosigkeit, verbunden mit einer steigenden Inflationsrate. Das Patentrezept damals hieß, die Zinsen zu erhöhen, um die Wirtschaft ganz abzuwürgen, damit wegen mangelnder Nachfrage die Inflationsrate zurückgehen könnte. Apologet dieser Strategie war der amerikanische Notenbankpräsident Paul Volcker, der den Kurzfristzins auf bis zu 19 Prozent anhob, um dem galoppierenden Kaufkraftschwund Einhalt zu gebieten. Eine schwere Rezession mit einem Millionenheer von

Arbeitslosen wurde billigend in Kauf genommen, ja sogar angestrebt, weil sich so eine Heilung des Inflationsverfalls erhofft wurde. Die Frage, die ich schon angesprochen habe, war jedoch: Warum stiegen die Preise so stark, wo doch genügend Arbeitskräfte vorhanden waren, alles in der nötigen Stückzahl zu produzieren? Zu steigenden Preisen hätte es eigentlich gar nicht kommen dürfen.

KAPITALMANGEL FÜHRTE ZUR INFLATION

Was damals fehlte, war Kapital. Kapital hätte die Notenbank bereitstellen können. Wie sich heute rückblickend im Lichte neuer Erkenntnisse zeigt, ergab sich die Inflation nicht wegen zu viel Geld im Umlauf, sondern wegen zu wenig. Wir haben nämlich seit den 80er-Jahren des letzten Jahrhunderts die Erfahrung gemacht: Je tiefer die Zinsen fallen, desto niedriger ist auch die Inflationsrate. Bei billigem Geld können Firmen Kapital aufnehmen und alle Waren und Dienstleistungen in beliebigen Mengen zur Verfügung stellen, sodass es gar nicht zu Teuerungen kommen muss. In den 70er-Jahren dagegen war wegen der hohen Zinsen das Geld knapp und so konnte nicht genügend produziert werden, also stiegen die Preise. Statt die Inflation zu bekämpfen, heizte man damals mit steigenden Zinsen in Wahrheit die Inflation an. Heute versteht man die Zusammenhänge besser. Je niedriger die Zinsen, desto niedriger ist die Inflationsrate. Durch die Bereitstellung von billigem Geld können alle nachgefragten Güter in beliebiger Menge produziert werden. Die „Fracking"-Revolution, die uns heute mit billigem Öl versorgt – ohne die dadurch zusätzlich geförderten sechs Millionen Barrel pro Tag wäre die Welt vermutlich mittlerweile in einen Krieg ums Öl versunken –, war nur mit hohem Kapitaleinsatz zu niedrigen Zinsen möglich. Auch die anderen Neuerungen, die die Teuerungsrate drücken, wie zum Beispiel der Handel übers Internet mit Amazon, ergaben sich nur dadurch, dass Amazon über fast unbegrenzte Finanzmittel zum Nulltarif verfügte. Bei einem Zins von 10 Prozent oder gar 20 Prozent wie im Jahr 1981 hätte es weder die Frackingrevolution noch die Internetrevolution gegeben.

FEHLER DER NOTENBANK

Wenn man sich die geldpolitische Geschichte der Bundesrepublik anschaut, erkennt man, dass sich Fehler an Fehler gereiht hat. Das jahrzehntelange Elend der Millionen Arbeitslosen wäre bei einer besseren Geldpolitik vermeidbar gewesen. Es hat einfach nur Geld gefehlt, den Menschen Arbeit zu bringen. Die Verantwortlichen waren im alten Denken des Goldstandards verhaftet. Gegen Ende des 19. Jahrhunderts waren die Währungen der USA und Großbritanniens an Gold gebunden. Eine Banknote konnte man in eine entsprechende Menge Gold tauschen. Dieser erste Schritt vom Übergang von der reinen Metallwährung zu einer Papierwährung war mit einem großen Mangel behaftet. Die Menge des Papiergeldes musste sich nach der Menge des Goldes richten. Durch die begrenzte verfügbare Menge des Metalls konnte nicht genügend Geld bereitgestellt werden, um eine gesunde wirtschaftliche Entwicklung in Gang zu bringen. Im 19. Jahrhundert durchlebten die USA 25 Rezessionen, in den letzten 50 Jahren nur vier. Der Mechanismus, der sich im 19. Jahrhundert beim Goldstandard fatal auswirkte, war, dass es nicht genügend Geld gab, weil Gold fehlte. Insofern ist der Schritt weg vom Gold eine der größten Errungenschaften der Menschheitsgeschichte, weil danach Geld zur Verfügung stand, alle wirtschaftlichen Unternehmungen durchzuführen, die zur Versorgung der Bevölkerung notwendig waren. All das aktuelle Gejammer über die Finanzmärkte und den Neokapitalismus ist fehl am Platze. Das Verhängnis war der Goldstandard und wer sich den zurückwünscht und für erstrebenswert erklärt, weiß nicht, wovon er redet. Der wirkliche Wirtschaftsboom setzte erst ein, als im Jahr 1973 die Bindung ans Gold aufgehoben wurde. In den Köpfen vieler Notenbanker geisterte danach noch die Vorstellung herum, dass die Geldmenge begrenzt werden müsse, um die Teuerung nicht aus dem Ruder laufen zu lassen. Diese falsche Vermutung geht noch auf den Goldstandard zurück, der die Geldmenge begrenzte. Die Inflation in den 70ern entstand wie bereits erwähnt nicht wegen zu viel Geld, sondern wegen zu wenig Geld.

IM JAHR 2008 KAM DIE WENDE

Mit der Finanzkrise des Jahres 2008 hat dann ein Paradigmenwechsel stattgefunden. Um die Wirtschaft anzukurbeln, wurde zuerst in den USA und Großbritannien und auch später bei uns die sogenannte Quantitative Lockerung begonnen. Die Notenbank kaufte Staatsanleihen auf. Dies wird auch als Gelddrucken bezeichnet. Es wurden einfach die Staatsschulden in Bargeld umgewandelt. Trotz aller Unkenrufe, dass durch das Gelddrucken die Hyperinflation drohe, sanken die Inflationsraten in Deutschland und den USA seit der Finanzkrise weiter. Das Gelddrucken und die Zuführung von zusätzlicher Liquidität zeitigte offenbar genau das gegenteilige Ergebnis. Das Gelddrucken drückte die Inflationsrate, statt sie zu steigern. Firmen kamen so günstig an Kapital und konnten jedes beliebige Produkt in jeder nachgefragten Größenordnung schnell und effektiv produzieren. So haben wir mittlerweile einen Zustand erreicht, der vor zehn Jahren noch als paradiesisch bezeichnet worden wäre, Vollbeschäftigung in Deutschland und den USA bei einer wünschenswerten Inflationsrate zwischen ein und zwei Prozent. Streng genommen ist das Programm der Quantitativen Lockerung vor allem in Europa viel zu spät begonnen worden. Bei einem früheren Start der ausreichenden Liquiditätsversorgung wäre die Wachstumsdelle nicht so tief und so ausgedehnt ausgefallen.

DIE MODERNE MONETÄRE THEORIE

Diese Beobachtungen der letzten Jahre haben zu einer neuen Deutung der Geldpolitik geführt, die unter dem Namen moderne monetäre

Theorie, MMT, bekannt ist. Sie fußt auf der simplen Erkenntnis, dass ein Land, das in seiner eigenen Währung verschuldet ist, nicht pleitegehen kann. Weder die USA noch Großbritannien noch Japan oder die Schweiz können jemals zahlungsunfähig werden, weil sie zur Rückzahlung ihrer Schulden einfach ihre Währung drucken können. Im Prinzip gilt das auch für Europa. Das in Euro verschuldete Europa kann auch niemals zahlungsunfähig werden, weil auch Europa beliebige Mengen von Euro bereitstellen kann, wenn es denn will. So definiert die moderne monetäre Theorie, dass zu wenig Geld vorhanden ist, wenn es zu viele Arbeitslose gibt, und zu viel, wenn die Teuerung zu stark steigt. Es wird nicht mehr unterschieden zwischen Notenbank und Staat. Beide können Geld zur Verfügung stellen und Geld im Falle einer zu hohen Teuerung dem Kreislauf entziehen. Der Staat kann das über seine Möglichkeit der Besteuerung und der Kreditaufnahme vollstrecken. Läuft die Wirtschaft zu gut und die Preise steigen, kann er durch Besteuerung entweder des Konsums oder der höheren Einkommen Kaufkraft abschöpfen. Haben zu wenig Menschen Arbeit, kann der Staat Kredite bei der Notenbank aufnehmen, um die Konjunktur anzukurbeln oder den Menschen direkt Arbeit zu verschaffen. Da Staatsanleihen von der Notenbank aufgekauft und in Bargeld umgetauscht werden können, sind Staatsanleihen dem Bargeld gleichwertig. Deshalb haben wir auch in den letzten Jahren diese niedrigen Anleiherenditen, da Staatsanleihen seit Beginn der Quantitativen Lockerung nichts anderes sind als Bargeld. Viele Analysten haben diese neue Entwicklung offensichtlich noch nicht richtig verstanden, wie die nächste Grafik zeigt. Die Philadelphia-Filiale der amerikanischen Notenbank veranstaltet regelmäßig Umfragen unter Analysten. So werden die Einschätzungen der professionellen Beobachter über den vermuteten zukünftigen Verlauf der Rendite zehnjähriger Anleihen abgefragt. Bei jeder Umfrage seit dem Jahr 2008 sahen die Profis deutlich steigende Anleiherenditen in den nächsten Jahren auf sie zukommen. Wie die Grafik zeigt, stimmte keine dieser Prophezeiungen, im Gegenteil: Die Anleiherendite sank in all den Jahren spürbar.

Auch in Deutschland höre ich wie gesagt seit vielen, vielen Jahren, dass es sich bei der niedrigen Anleiherendite um eine Spekulationsblase am Rentenmarkt handele. Die Kurse der Anleihen seien viel zu hoch und die sich daraus ergebende Rendite viel zu niedrig. Von der Mutter aller Spekulationsblasen war die Rede. Viele haben die Zusammenhänge einfach nur nicht verstanden. Wir haben es nicht mit einer Spekulationsblase zu tun, schon gar nicht mit der Mutter aller Spekulationsblasen, sondern mit dem neuen Normalfall.

76 **Projektionen der US-Anleiherendite**
in Prozent

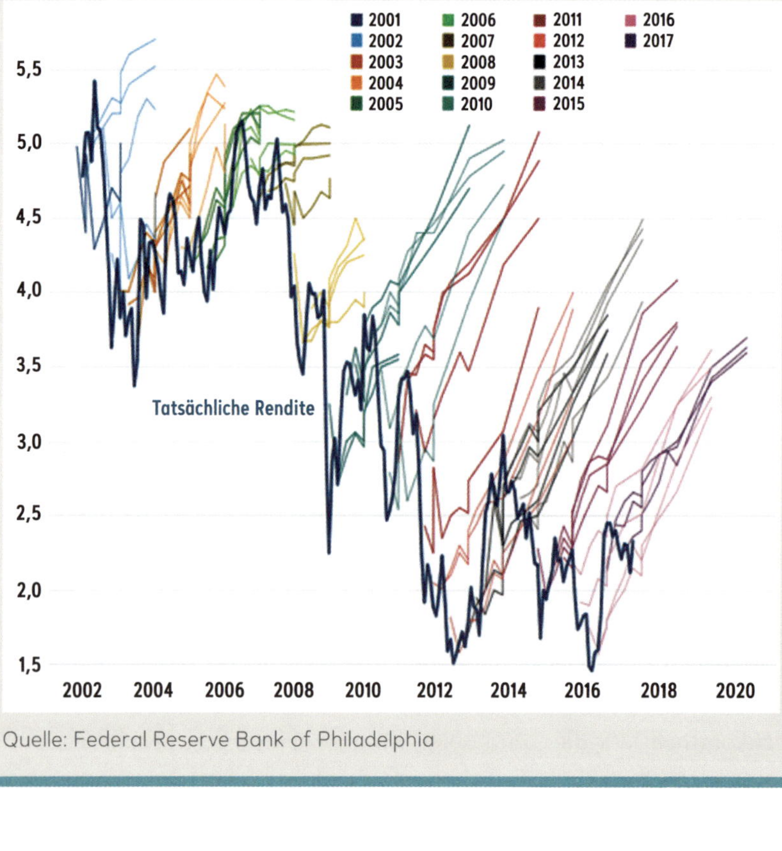

Quelle: Federal Reserve Bank of Philadelphia

JEDEM GUTHABEN STEHT EINE GLEICH HOHE VERBINDLICHKEIT GEGENÜBER

Generell ist jedes Geld ein Teil der Schulden eines anderen. Unser Bargeldumlauf, also die „Fuffis" und die „Hunnis" im Portemonnaie, wird in der Bundesbankbilanz hauptsächlich durch Währungsreserven gedeckt. Diese Währungsreserven liegen zum großen Teil in Dollar, die fast ausschließlich in US-Staatsanleihen angelegt sind. Insofern sind unsere Banknoten nichts anderes als Schuldscheine der Vereinigten Staaten von Amerika. Jedes Geld ist nur ein Zahlungsversprechen. Dabei ist es beliebig, wer der Schuldner ist. Das Geld unseres Bankguthabens hat die Bank an Häuslebauer, Unternehmen oder Handwerker verliehen und damit ist mein Geld auf der Bank gleich den Schulden der Häuslebauer, Unternehmer oder Handwerker. Da die Menschen und die Welt immer reicher werden, müssen sich ihre Schulden in dem gleichen Maße vergrößern. Streng genommen kann die Welt als Ganzes gar nicht reicher werden. Jedem irgendwie gearteten Guthaben, ob auf dem Konto, im Portemonnaie oder als Anleihe, steht eine Verbindlichkeit in gleicher Höhe eines anderen gegenüber. Von den Sachwerten wie Gold, Immobilien und Fabriken abgesehen beträgt das Nettogesamtvermögen der Welt, Guthaben und Schulden, exakt null. Und das wird auch immer so bleiben. Die Welt als Ganzes kann, von den Wertsachen abgesehen, gar nicht reicher werden. Jedes Guthaben ist die Verbindlichkeit eines anderen. Wenn mehr Kapitalbedarf vorhanden ist als Ersparnisse zur Finanzierung, muss der Staat einspringen und als Schuldner herhalten. Da Staatsschulden dem Bargeld gleichwertig sind, weil sie von der Notenbank in Bargeld umgetauscht werden können, muss der Zins notwendigerweise null Prozent betragen, wie auf Bargeld. Die Aufgabe der Notenbank besteht demnach nicht mehr in der Zinspolitik, da der Zins ja zwangsläufig bei etwa null Prozent verharren wird, sondern in der Ausstattung der Volkswirtschaft mit der nötigen Liquidität. Gesteuert werden kann diese Liquidität entweder wieder über die Quantitative Lockerung, indem Staatsanleihen gekauft oder, wenn zu viel Liquidität vorhanden ist, wieder verkauft werden. Reicht das nicht aus, zum Beispiel bei einer erneuten Wirtschaftsschwäche, kann die Notenbank sogar dazu übergehen, Bargeld direkt zu verteilen (etwa indem sie Geldscheine an die Bürger verschickt) und die Forderung dagegen in die eigene Bilanz zu nehmen. Die Befürchtungen, dass eine zusätzliche Ausstattung mit Geld die Inflation ankurbeln würde, haben sich in den letzten zehn Jahren nicht bewahrheitet. Das Gegenteil ist offensichtlich richtig. Je mehr Geld zur Verfügung steht, desto niedriger die Preise, da mit dem billigen Kapital alles in ausreichender Zahl hergestellt werden kann.

RESSOURCEN IN HÜLLE UND FÜLLE

Durch das billige Geld und den hohen Kapitaleinsatz ist auch kein Ende der Ressourcen in Sicht. Weder Kupfer, Öl oder sonst ein lebenswichtiger Stoff sollte in den nächsten 50 Jahren knapp werden. Mit billigem Geld und neuen Technologien lässt sich alles in der nötigen Größenordnung abbauen. Ich fasse noch einmal zusammen: Viele Phänomene, die seit der Finanzkrise zu beobachten sind, lassen sich klassisch nicht mehr erklären. Warum ist die Inflationsrate so niedrig? Warum sind die Zinsen bei null Prozent? Warum steigt die Teuerung trotz der gigantischen Anleihekaufprogramme nicht? Warum gilt der Phillips-Kurve genannte Zusammenhang zwischen Arbeitslosigkeit und Teuerung nicht mehr? Ein neues theoretisches Modell namens MMT mit einer erweiterten Geld-Definition, das von vielen als Humbug bezeichnet wird und von dem der Präsident der Minneapolis-Filiale der amerikanischen Notenbank Neel Kashkari behauptet, es sei gar keine Theorie, bietet Erklärungen an. Seine Hauptaussagen sind: Die Höhe der Staatsschulden ist irrelevant. Ein Land, das in seiner eigenen Währung verschuldet ist, kann überhaupt nicht pleitegehen.

Staatsschulden sind auch Geld. Sie können durch Käufe der Notenbank in Bargeld umgetauscht werden. Deshalb müssen die Zinsen auf Staatsschulden null sein, weil sie wie Bargeld zu behandeln sind. Zinsen an sich sind von Übel. Warum sollen die Reichen noch mit Zinsen belohnt werden, die von jungen Familien bezahlt werden, die sich ein Haus kaufen und sich die Hypothekenzinsen vom Munde absparen? In den 70ern gab es auf deutsche Bundesanleihen elf Prozent Zinsen. Wer zwei Millionen D-Mark hatte, konnte sich mit 220.000 D-Mark Zinseinkommen jährlich ein schönes Leben machen, ohne zu arbeiten. Ein Unding. Die Produktivkräfte, die schon so viel verdient hatten, wurden dem Arbeitsmarkt entzogen. Die MMT sagt, die Inflation folgt den Zinsen und nicht die Zinsen der Inflation. Die hohen Zinsen in den 1970er-Jahren verknappten das Kapital und sorgten damit für eine hohe Arbeitslosigkeit, die einen Mangel an Produkten, die hergestellt wurden, nach sich zog. So entstand Inflation. Bei billigem Geld – einem Zins von null – kann dagegen Geld in beliebiger Menge beschafft werden. Menschen werden eingestellt und produzieren alles in der nötigen Stückzahl, sodass es zu keinem Mangel an Waren und Dienstleistungen, der steigende Preise verursachen könnte, kommen kann. Niedrige Zinsen drücken so die Inflationsrate. Wenn die neue MMT den Sachverhalt einigermaßen korrekt beschreibt – und ich gelange mehr und mehr zu der Überzeugung, dass sie dies tut –, werden uns die Zinsen von null Prozent für sehr lange Zeit erhalten bleiben. Damit werden Aktien die einzige fungible Anlage sein, die einen laufenden Ertrag liefert. Sie könnten so in den nächsten Jahren vor einer Neubewertung stehen.

Der Präsident der Notenbank-Filiale von St. Louis, James Bullard, denkt offenbar in eine ähnliche Richtung. In der nächsten Grafik von ihm werden die Inflations- und die Zinsentwicklung in den großen Industriestaaten zwischen 2002 und 2015 verglichen.

77 Der Zusammenhang zwischen Zins und Inflation

in Prozent

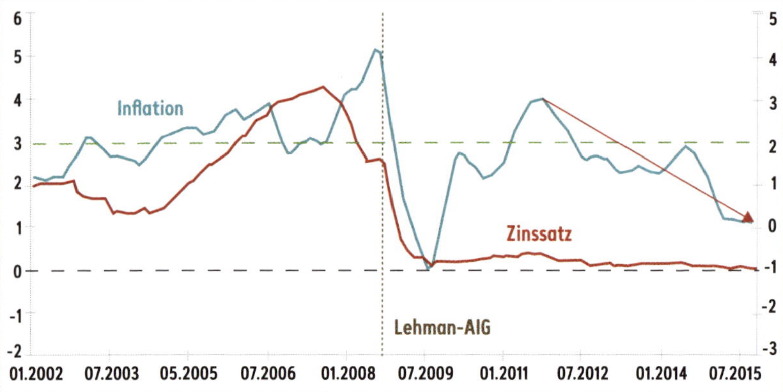

Quelle: James Bullard

Die rote Linie mit der linken Achse zeigt den Verlauf des mittleren nominalen Zinssatzes in den G-7-Staaten, die blaue die mittlere Inflationsrate, abgetragen auf der rechten Achse. Bullard kommt zu dem Schluss, dass der Abfall der Inflationsrate von vier Prozent auf ein Prozent zwischen den Jahren 2011 und 2015 auf die in dieser Zeit vorherrschenden niedrigen Zinsen zurückzuführen ist. Auch er folgt dem Gedankengang, dass die Inflationsrate dem Zins folgt und nicht umgekehrt der Zins der Inflationsrate. So entstand offenbar ein Rückkopplungsprozess, der uns in die heutige Situation geführt hat. Die niedrigen Zinsen haben zu der verschwindend geringen Teuerung geführt, die ein erneutes deutliches Ansteigen der Zinsen so gut wie unmöglich macht.

KAPITEL 14

EIN PAAR GEDANKEN ZU DEN ROHSTOFFEN

Bevor wir uns wieder den Aktien zuwenden, möchte ich noch ein paar Worte über die Rohstoffe verlieren, die in diesem Zyklus ja ebenfalls vorkommen. Wenn wir uns den Langfristchart von Gold ansehen, fallen zwei imposante Anstiege auf. Während des Dollar-Verfalls von 1969 bis 1979 konnte sich der Goldpreis vervielfachen und während des Dollar-Rückgangs von 2001 bis 2011 stieg der Preis des Metalls ebenfalls steil an. Vom Tiefpunkt bis zur Spitze konnte er sich versiebenfachen.

78 **Der Goldpreis von 1968 bis 2019**

in Dollar pro Unze

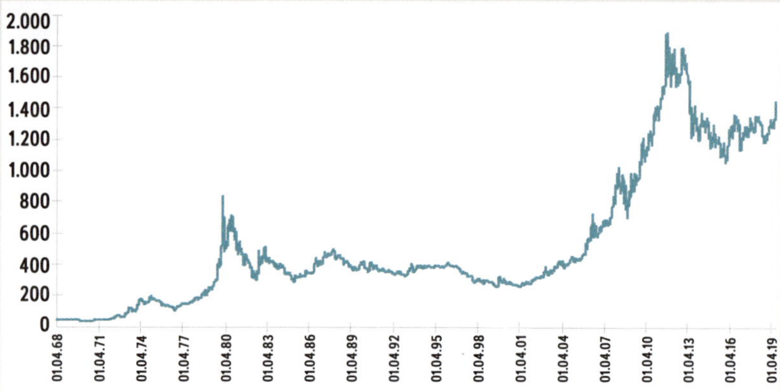

Quelle: Gebert

Die Frage, wie sich der Goldpreis in der Vergangenheit entwickelt hat, kann also auf vielfältige Weise beantwortet werden. So hört man gerade in Rohstoff-Haussen oder nach einer langen Aufwärtsbewegung des Goldpreises, dass Rohstoffe gegenüber Aktien das überlegene Investment seien. Zuletzt auf dem Gipfel des Goldpreises im Jahr 2011 wurde der jüngste Anstieg einfach linear extrapoliert und schon Kurse von 5.000 Dollar pro Unze an die Wand gemalt. Mittlerweile kann man genau umgekehrt argumentieren. Vor gar nicht allzu langer Zeit, zum Ende des Jahres 2015, notierte der Goldpreis bei fast 1.000 Dollar pro Unze. Diesen Stand hatte der Goldpreis bereits im Jahre 1980 fast erreicht. Etwa zum Jahreswechsel 1979 auf 1980 wurden in der Spitze Preise von 950 Dollar pro Unze im Tagesverlauf erreicht. Im historischen Chart ist nicht mehr zu erkennen, dass der Goldpreis diesen Spitzenwert erzielt hatte, da die Tageshöchstkurse in den Langfristcharts nicht mitgeführt werden. So gesehen konnte Gold von 1980 bis 2015 nicht an Wert gewinnen.

Kaufkraftbereinigt halbierte es sich sogar in dieser Zeit. Mit einem Dollar konnte man im Jahr 2015 nur noch halb so viel kaufen wie im Jahr 1980. Real halbierte sich also der Depotwert des Goldanlegers in den 35 Jahren. Welche Betrachtung ist dann richtig? Ist Gold ein gutes Investment, weil es sich in einigen Jahren vervielfachen kann, oder ein schlechtes, wenn es sich in 35 Jahren real beinahe halbiert hat? Im Mittel der Jahrzehnte entspricht der Zuwachs der Aktienkurse ungefähr der Inflationsrate plus dem Produktivitätszuwachs. Wenn man dagegen den historischen Wertzuwachs der Rohstoffe inklusive der Agrarrohstoffe sinnvoll berechnet und nicht die Bewegung von einem Tiefpunkt zu einem Hochpunkt wählt, kommt man auf einen Zuwachs von Inflationsrate minus Produktivitätszuwachs. Hier schlägt das, was den Aktien zugutekommt, negativ zu Buche.

PER SALDO GEWINNEN ROHSTOFFE REAL NICHT AN WERT

Dadurch, dass Unternehmen produktiver werden, verdienen sie mehr und die Aktienkurse steigen stärker als die Inflationsrate. Der umgekehrte Effekt tritt bei den Rohstoffen auf. Die Abbaumethoden werden effizienter und damit sinken die Kosten der Produktion, die letztlich den Preis im Vergleich zu den Lebenshaltungskosten bestimmen. Auch die Anbaumethoden werden immer ausgeklügelter und das Saatgut besser, sodass die Erträge pro Hektar in den letzten Jahrzehnten dramatisch angestiegen sind. Schauen wir uns zwei Charts an, den von Weizen und den von Baumwolle.

79 Der Weizenpreis in Dollar pro Bushel

in US-Dollar

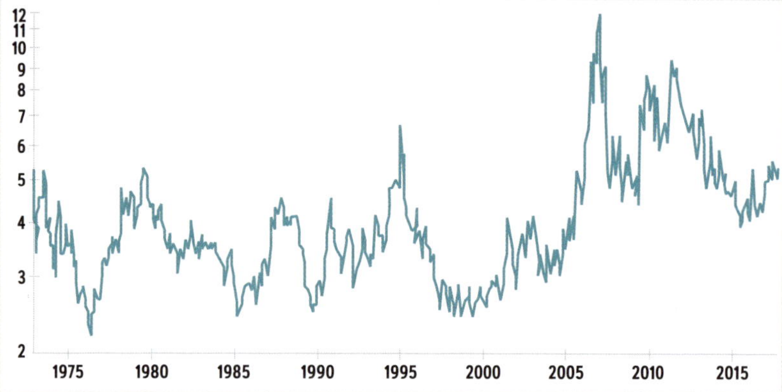

Quelle: Gebert

Dass Weizen nicht deutlich teurer geworden ist, obwohl doch immer mehr Menschen ernährt werden müssen, liegt an den gestiegenen Ernteerträgen pro Hektar. Seit 1950 hat eine wahre Revolution stattgefunden. Durch die Verbesserung des Saatguts, effizientere Anbaumethoden und nicht zuletzt durch den Einsatz von Kunstdünger und Pflanzenschutzmitteln hat sich der Ertrag pro Hektar zum Beispiel beim Mais in den letzten Jahrzehnten verachtfacht. Ohne diese Fortschritte in der Landwirtschaft wäre die Weltbevölkerung schon lange nicht mehr zu ernähren.

80 **Maiserträge in Bushel pro Acre**

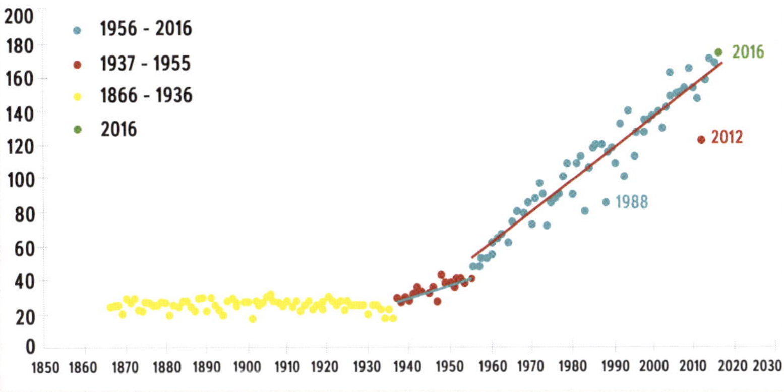

Quelle: US Department of Agriculture

Der Baumwollpreis ist seit 1975 per saldo nicht gestiegen und notiert immer noch bei 75 Cent pro Ballen. Weizen ist ebenfalls nicht nennenswert teurer geworden. Was ich damit sagen will, ist, dass Rohstoffe zu kaufen keine gute Idee ist. Das Produktivitätswachstum arbeitet gegen einen und nicht für einen. Die Förderung beziehungsweise der Anbau wird immer effizienter und in größerem Maßstab billiger.

81 **Der Baumwollpreis in Dollar pro Ballen**
in US-Dollar

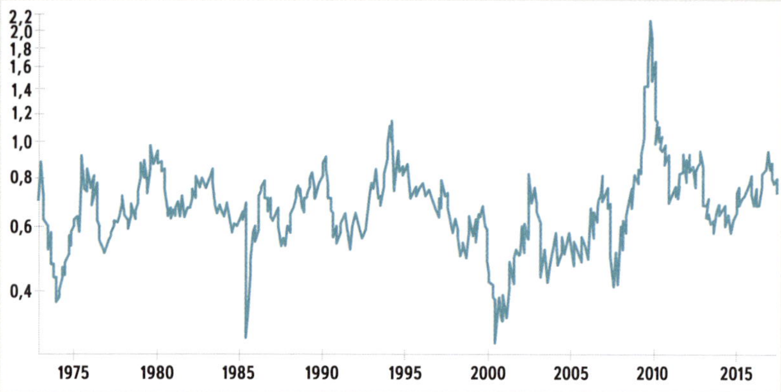

Quelle: Gebert

Dadurch, dass die Rohstoffe relativ gesehen preiswerter werden, ergibt sich eigentlich unser Wohlstandszuwachs. Vor 200 Jahren gab eine Familie 50 Prozent ihres Einkommens für Brot aus, heute sind es noch zwei Prozent. Würden wir heute noch 50 Prozent unseres Einkommens für Brot ausgeben, hätten wir keine Autos und keine Computer. Dass Rohstoffe immer knapper und teurer werden würden, wie es der Club of Rome 1974 medienwirksam verkündete, stimmte damals nicht und stimmt heute ebenso wenig. Im Gegenteil, Rohstoffe sind an der Kaufkraft gemessen immer billiger geworden, und das nicht nur in jüngster Vergangenheit, sondern seit Jahrhunderten. Als Langfristinvestment sind Rohstoffe, insbesondere Agrarrohstoffe, bei denen der Effekt noch ausgeprägter ist, nicht geeignet. Selbst Gold ist nicht das ideale Werterhaltungsinstrument. Von 1980 bis 2016 gab es fast keinen Wertzuwachs, obwohl die Inflation mittlerweile die Hälfte der Kaufkraft aufgezehrt hatte.

AUF GANZ LANGE SICHT HÄLT GOLD DIE KAUFKRAFT, MEHR NICHT

Für den Goldanleger ist entscheidend, dass er eine Gold-Hausse wie von 1969 bis 1979 oder von 2001 bis 2011 erwischt. Wenn man das Pech hat, am Ende einer solchen Gold-Hausse auf dem Gipfel zu kaufen, hat man möglicherweise viele Jahre mit quälend niedrigen Goldkursen vor sich. Da im Jahr 2011 aus meiner Sicht wieder solch ein Gipfel erreicht wurde, schrieb ich damals folgende Kolumne im AKTIONÄR:

Seit 35 Jahren verfolge ich den Goldpreis. Ich habe die große Hausse Ende der 70er-Jahre miterlebt, während der der Preis von 200 Dollar pro Unze auf 850 Dollar, Intraday sogar 950 Dollar pro Unze, gestiegen ist. Das Ende der Aufwärtsbewegung ging mit einer euphorischen Markteinschätzung einher. Zeitungen und Wochenmagazine brachten Titelgeschichten über das Gold. Nur mit Gold meinte man sein Vermögen vor der Inflation retten zu können. Ein damals populärer Börsenbrief behauptete, Gold werde knapp und müsse deshalb auf 1.500 Dollar steigen, ein anderer berichtete, es würden pro Jahr nur für fünf Milliarden Dollar Gold gefördert, doch in Geldmarktfonds befänden sich über 3.000 Milliarden Dollar. Allein schon deswegen müsse der Goldpreis steigen. Es kam anders. Der Goldpreis fiel 20 Jahre lang und drittelte sich in der Zeit, während die Aktienkurse sich verzehnfachten. Die Hysterie markierte den Gipfel der Gold-Hausse. Ende der 90er-Jahre las ich in einem Börsenbrief von Martin Zweig, dem berühmten amerikanischen Börsenbuchautor, dass die New York Times *aufgehört hatte, die täglichen Goldpreisnotierungen in ihrem Wirtschaftsteil abzudrucken. Offensichtlich war es abwegig, dass irgendjemand noch einmal auf die Idee kommen könnte, Gold zu kaufen. Zweig, dessen Standardwerk „Winning On Wall Street" unter dem Titel „Die Börse im Griff" von der Börsenmedien AG verlegt wird, schrieb damals, er könne sich auch nicht vorstellen, dass der Goldpreis jemals wieder steigen würde, doch wenn die* New York Times *den Goldpreis aus ihrem Wirtschaftsteil nehme, sei das ein klares Signal, antizyklisch Gold zu kaufen. Der Goldpreis hat sich seitdem fast verachtfacht. Heute ist es wieder umgekehrt. Über Gold wird in Titelgeschichten von Magazinen und überregionalen Tageszeitungen berichtet. Nur mit Gold könne man sein Vermögen retten. Alles scheint wieder plausibel und logisch. Gold muss man einfach haben. Irgendwie habe ich das alles schon einmal gesehen, vor 30 Jahren. Daher vermute ich, dass wir jetzt wiederum den höchsten Goldpreis für die nächsten 20 Jahre erleben. Auch darüber hinaus ist von Edelmetallen nicht viel zu erwarten. Wie die Bibel berichtet, hat König Salomo für 20 Kilo Silber einen königlichen Streitwagen gekauft. Obwohl sich der Silberpreis in den letzten zehn Jahren verzehnfacht hat, reichen die 16.000 Euro, die man heute für Salomos Silber bekäme, nicht mehr für eine Luxuskarosse, sondern nur noch für einen spartanisch ausgestatteten Kleinwagen. In den letzten 2.500 Jahren hat Silber und übrigens auch Gold es beinahe geschafft, die Kaufkraft zu erhalten, von Vermögenszuwachs keine Spur. Deshalb gehe ich davon aus, dass sich mit Gold und Silber auch in den nächsten 2.500 Jahren per saldo kein realer Vermögenszuwachs erzielen lassen wird.*

Sie können sich nicht vorstellen, was für erboste Leserzuschriften ich daraufhin bekommen habe. Vor persönlichen Beschimpfungen wurde nicht haltgemacht. „Scharlatan" war noch das Mildeste, was ich zu hören bekam. Es gibt eingefleischte Goldfans in Deutschland, deren Zuneigung zum gelben Metall fast religiöse Züge trägt. Ich sehe immer wieder herumgereichte Kursprognosen von 5.000 oder 10.000 Dollar pro Unze, die mit Sicherheit erreicht werden würden. Zahlreiche Argumente führen die Anhänger des Goldes dafür an. Sie klammern sich damit an das vermeintliche Potenzial des Goldpreises mit dem festen Glauben an den eigenen Reichtum in der Zukunft. Anders als immer wieder geschrieben wird, scheinen aber die Rohstoffvorräte der Erde doch nicht endlich, zumindest nicht so bald.

DIE IRRTÜMER DES CLUB OF ROME

Können Sie sich noch erinnern, wie der Club of Rome 1972 die Grenzen des Wachstums verkündete? Die Erde sei bald ausgeplündert, die Rohstoffe würden zur Neige gehen, die Menschheit könne nicht mehr ernährt werden. Mit diesen Prognosen hat er sich im großen Stil vertan! Als Beleg dient eine Grafik des Verlaufs der jährlich geförderten Menge Kupfer:

82 Die jährliche Fördermenge an Kupfer
in Millionen Tonnen

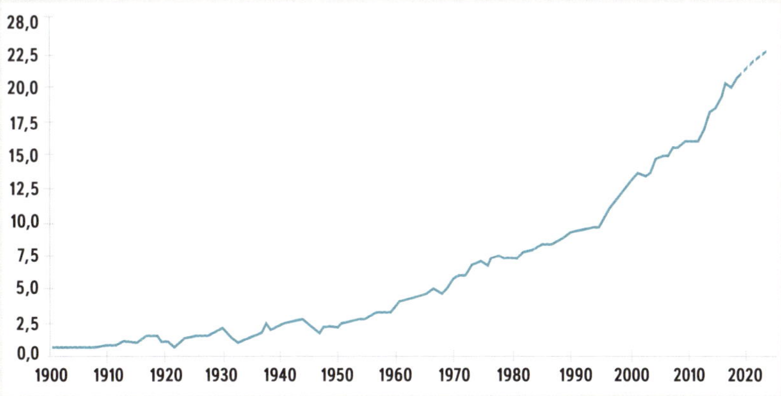

Quelle: Longview Economics

Wurden 1972 noch sechs Millionen Tonnen Kupfer gefördert, liegt die Produktion mittlerweile bei über 20 Millionen Tonnen. Von Grenzen oder einem Ende der Rohstoffe keine Spur. Auch sind die heute bekannten abbaubaren Rohöllagerstätten größer als die 1972 bekannten. Zu jedem Zeitpunkt sind mehr Öl und Kupfer im Boden entdeckt als verbraucht worden. Wie bei den Agrarrohstoffen ist – so weit das Auge reicht – keine Verknappung und damit keine Rechtfertigung dauerhaft deutlich höherer Preise zu sehen. Die Dallas-Filiale der amerikanischen Notenbank hat die historischen Kursverläufe einzelner Rohstoffe in einem Arbeitspapier unter dem Titel „Commodity Bubbles" zusammengestellt.

83 Preisverläufe einiger Getreide

in relativen Werten

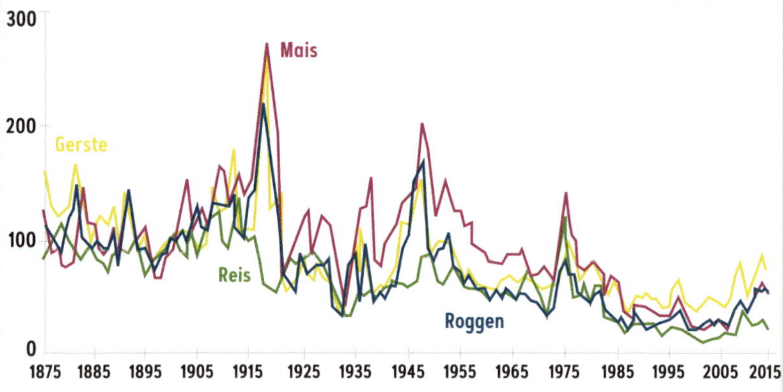

Quelle: Federal Reserve Bank of Dallas

Im Chart sind die relativen Entwicklungen der inflationsbereinigten Preise von Roggen, Mais, Reis und Gerste seit 1875 aufgetragen. In den letzten 140 Jahren stiegen die Getreidepreise real nicht etwa an, vom jüngsten Anstieg abgesehen halbierten sie sich sogar. Modernere Anbaumethoden, verbessertes Saatgut, Pflanzenschutzmittel und Dünger sorgten nicht nur dafür, dass die Menschen ernährt werden konnten, das Ganze gelang sogar noch zu günstigeren Preisen als vor 140 Jahren.

Ein ähnliches Bild zeigt sich bei den sogenannten „Soft Commodities“. Auch Kaffee, Baumwolle, Baumwollsaat und Zucker wurden letztlich immer billiger.

84 **Die Preisverläufe einiger „Soft Commodities“**

in relativen Werten

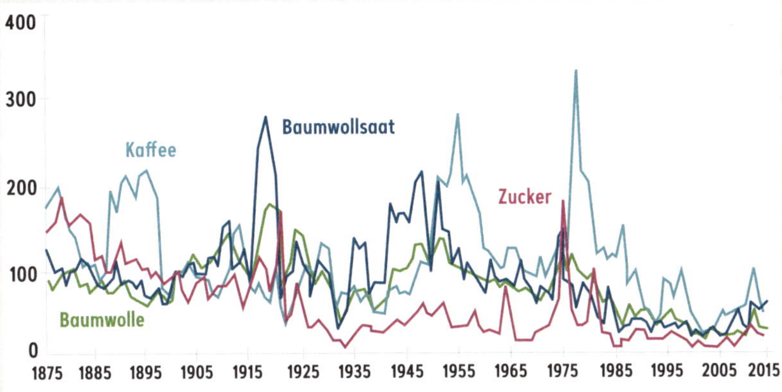

Quelle: Federal Reserve Bank of Dallas

Auch für sie gilt, dass die Fortschritte in der Landwirtschaft eine Versorgung der Bevölkerung ermöglicht haben. Nicht ganz so deutlich preiswerter wurden die Industriemetalle Kupfer, Blei, Zinn und Zink. Sie kosten abzüglich der Inflation heute etwas weniger als vor 140 Jahren.

DER 32-JÄHRIGE ROHSTOFFZYKLUS

Was in dem Chart der Industriemetalle sehr deutlich herauskommt, sind Spitzen der Preisentwicklung, die etwa 32 Jahre auseinanderliegen.

85 **Die Preisverläufe einiger Industriemetalle**

in relativen Werten

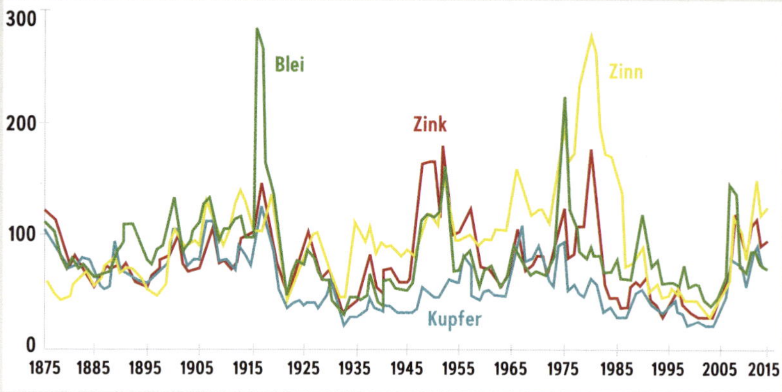

Quelle: Federal Reserve Bank of Dallas

Das deckt sich mit dem weiter oben angesprochenen 16-Jahres-Zyklus des Dollar. Ich hatte geschrieben, dass in den alle 16 Jahre zu beobachtenden Dollar-Abschwungphasen bevorzugt die Preise von Rohstoffen und Gold steigen. Es ergaben sich demnach Rohstoffspitzen in den Jahren der Dollar-Tiefpunkte: also 1979, in etwas abgeschwächter Form 1995 und dann wieder ausgeprägt im Jahr 2011. Diese beiden Gipfel 1979 und 2011 lassen sich auch in der Grafik der Preisentwicklung der Industriemetalle identifizieren. Neu hinzu kommt bei dieser Grafik, dass sich dieser Rhythmus schon vorher erkennen lässt. Nicht nur die Spitzen in den Jahren 2011 und 1979 sind 32 Jahre voneinander entfernt, sondern auch 32 Jahre davor im Jahr 1947 und wiederum 32 Jahre davor im Jahr 1915 lassen sich Gipfel in der Preisentwicklung von Industriemetallen erkennen. Sogar bei den Getreidepreisen treten die Verteuerungen zu diesen Zeiten auf. Dabei lässt sich ein logischer Zusammenhang zwischen den beiden Entwicklungen nur schwer herstellen. Während die

Getreidepreise kurzfristig hauptsächlich von den Ernteerträgen und diese wiederum vom Wetter abhängen, reagieren die Industriemetallpreise auf die Nachfrage der Konsumenten. Können diese beiden vollkommen voneinander unabhängigen Preisgruppen dem gleichen Rhythmus unterliegen? Jedenfalls liefert dieser Rhythmus der Industriemetallpreise eine Bestätigung der Vermutung, dass es nur in jeder zweiten Abschwungphase des Dollar, also nur alle 32 Jahre statt alle 16 Jahre, zu einer Super-Hausse oder Superblase bei den Rohstoffen kommt. Der Goldpreis vervielfachte sich von 1969 bis 1979 und von 2001 bis 2011, aber nicht von 1985 bis 1995. Dieser 32-jährige Rhythmus bei den Rohstoffpreisen war außerdem schon vorhanden, bevor der 16-jährige Dollar-Rhythmus überhaupt erkennbar war. Möglicherweise richtet sich der Rohstoffzyklus nicht nach dem Dollar-Rhythmus, sondern umgekehrt der Dollar-Rhythmus nach dem Rohstoffzyklus. In jedem Fall wirken die Grafiken der historischen Rohstoffpreise sehr beeindruckend. Die Schlüsse, die ich daraus ziehen würde, wären, dass die Rohstoffpreise, wenn sie sich nicht gerade im 32-jährigen Rhythmus in einer Hausse befinden, letztlich seitwärts bis leicht abwärts tendieren – die Agrarrohstoffe eher abwärts und die Industriemetalle eher seitwärts. Takten wir den Rhythmus der Rohstoffpreise durch, sollte die nächste große Aufwärtsbewegung bei den Rohstoffen von 2032 bis 2042 stattfinden. Das ist noch lange hin. Gehen wir also für unsere Überlegungen weiter davon aus, dass wir in den nächsten zehn Jahren keine übertriebenen Preisbewegungen bei den Rohstoffen erleben werden.

Wenn wir den postulierten 32-jährigen Rohstoffzyklus beim Goldpreis weiter verfolgen, ergeben sich in der nahen Zukunft keine übermäßigen Preissprünge. Ich habe in der nachfolgenden Grafik die aktuelle Entwicklung des Goldpreises über die vor 31 Jahren und acht Monaten gelegt.

86 Der 32-jährige Zyklus des Goldpreises und seine Fortschreibung in die Zukunft

in Dollar pro Unze

Quelle: Gebert

Die Gipfel stimmen ziemlich genau überein. Sie erschienen in einem Abstand von 31 Jahren und acht Monaten. Wenn man es nun tatsächlich für möglich hält, dass die Rohstoffe und Gold sich in dem von mir beobachteten Rhythmus entwickeln, dann hat der Goldpreis mit dem jüngsten Anstieg gerade den höchsten Kurs der nächsten Jahre erreicht. Das tut mir sehr leid. Ich weiß, viele Menschen in Deutschland erhoffen sich deutlich steigende Notierungen des Edelmetalls. Die Deutschen haben mehr Geld in Gold angelegt als in Aktien. Sicher werde ich jetzt wieder als Scharlatan verunglimpft, weil ich mich der Goldpreishysterie nicht anschließen mag. Ich hoffe, ich vertue mich mit meiner Analyse, und wünsche allen Goldanlegern von ganzem Herzen, dass der Goldpreis in ganz neue Sphären steigen wird. Ich besitze auch noch einige vor sehr langer Zeit erworbene Goldmünzen und würde mich über einen steigenden Goldpreis freuen. Ich kenne die Argumente der Goldfans: die Schuldensituation der Welt, das nahende

Ende des Euro, der Verfall des Dollar, die Anleihekäufe der Notenbanken, die baldige Pleite Italiens, Donald Trump und so weiter. Aber warum ist der Goldpreis dann noch nicht deutlicher gestiegen? Ich kann mich nicht, wie Otto es früher so schön im Fernsehen vorgemacht hat, selbst erschrecken. Wenn diese Belastungsfaktoren alle heute schon bekannt sind, warum sollte dann morgen der Goldpreis deswegen steigen? Anleihen werden von Notenbanken seit vielen Jahren gekauft und Donald Trump ist seit fast drei Jahren Präsident.

Was mich leider auch nicht übermäßig positiv für den Goldpreis stimmt, ist seine Parallelität zu den Kursen der amerikanischen Staatsanleihen. Ich habe im nächsten Chart den Kursverlauf einer 30-jährigen US-Staatsanleihe über den Goldpreis gelegt.

87 Der Kurs einer US-Staatsanleihe gegen den Goldpreis

in relativen Werten

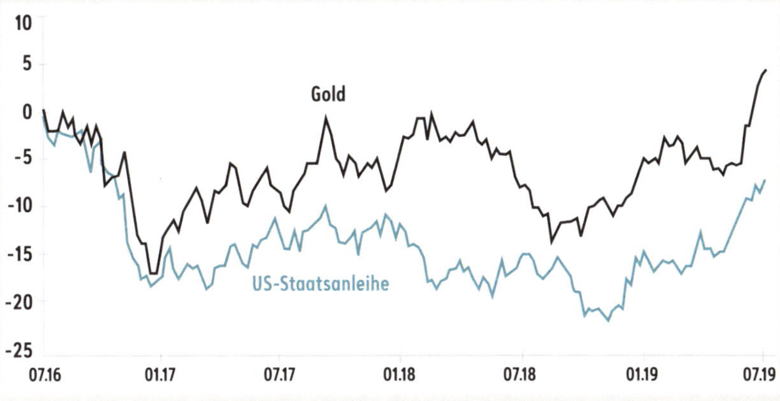

Quelle: Gebert

Die Parallelität der beiden Kurven fällt auf. Das verwundert nicht. Der steigende Wert einer US-Staatsanleihe entspricht einer sinkenden

Rendite und einer niedrigeren Kapitalverzinsung. Gold kämpft ja immer mit dem Manko, dass es keine Zinsen zahlt. Bei niedrigeren Zinsen in den USA verringert sich dieser Nachteil, der Goldpreis steigt. Wenn wir diese kausale Parallelität der beiden Kurven für die Zukunft postulieren, dann ergeben sich deutlich höhere Goldpreise nur bei wesentlich höheren Kursen von US-Anleihen und damit deutlich niedrigeren Renditen. Bei Renditen von im Moment knapp unter zwei Prozent scheint es zwar möglich, aber nicht sehr wahrscheinlich, dass dieser Wert sehr bald sehr deutlich nach unten unterschritten werden könnte. Wenn ich diese Überlegungen zusammennehme, drängt sich mir die Vermutung auf, dass Gold in den nächsten Jahren nicht wirklich glänzen wird.

KAPITEL 15

DIE 16-WOCHEN-STRUKTUR

Im Kursverlauf des DAX lässt sich in den letzten Jahrzehnten eine deutliche 16-Wochen-Struktur erkennen. Dabei sind nicht nur aufeinanderfolgende Tiefpunkte bevorzugt circa diesen Abstand voneinander entfernt, sondern das Seltsame ist, dass diese Tiefpunkte häufig in einem durchlaufenden Takt auftreten. Hätte man sich in der Vergangenheit mit seinen Investitionsentscheidungen an diesen Takt gehalten, hätte man sein Anlageergebnis sehr deutlich gesteigert. Ich habe zu einem willkürlich gewählten Zeitpunkt im Jahr 1960 angefangen die Wochen zu zählen und diese von 1 bis 16 durchnummeriert und danach wieder bei 1 angefangen. Die Woche läuft immer von Montag, Schlusskurs 17:30 Uhr bis Montag,

Schlusskurs 17:30 Uhr. In dieser Zählweise waren in der Vergangenheit die Wochen Nummer 8, 11 und 16 besonders schwach und 13, 14 und 15 besonders freundlich. Hätte man nun die Strategie verfolgt, in den Wochen 13 bis 15 investiert zu sein und in den Wochen 8, 11 und 16 auf fallende Kurse zu setzen, hätte man in den letzten 58 Jahren den DAX sehr deutlich outperformt. Das Schöne an dieser Strategie ist, dass sie nicht nur den DAX um Längen geschlagen hat, sondern dies auch noch mit einem wesentlich geringeren Risiko. Das war auch mein Antrieb für die Entwicklung des Börsenindikators, auf den ich an dieser Stelle nicht weiter eingehen werde. In erster Linie ging es mir nicht darum, die Gewinne zu vergrößern, sondern darum, das Risiko zu verkleinern. Es war immer mein Ansatz, möglichst risikoarm vorzugehen. Hätte ich mein Kapital verloren, wären gleichzeitig mein Hobby, mein Beruf und meine Einnahmequelle verschwunden gewesen. Kapitalerhalt stand also für mich immer über allem. Dass die Kauf- und Verkaufssignale des Börsenindikators das Anlageergebnis so dramatisch verbessert haben, war nur ein Nebenprodukt. Hauptaufgabe war es, das Risiko zu minimieren. Bei der Entwicklung des Börsenindikators im Jahre 1993 lagen gerade zwei schwere Baissen hinter uns, der 1987er-Crash, bei dem sich der DAX fast halbiert hatte, und die schwere 1990er-Baisse. Meine Überlegungen waren also, wie sich diese beiden Baissen hätten vermeiden lassen. Im Zuge dessen entstand der Börsenindikator. Mit ihm hätte man diese beiden Baissen ausgelassen. Und genau dafür war er konzipiert: Baissen zu vermeiden. Dies hat er in den letzten 25 Jahren auch vorzüglich getan. Weder während der Finanzkrise im Jahr 2009 noch während des Platzens der Internetblase im Jahr 2000 war er investiert. Auch im Jahr 2018 hat er funktioniert. Der DAX ist in der Spitze fast genau 20 Prozent gefallen, was der herkömmlichen Definition einer Baisse entspricht. Von dieser Baisse hat der Indikator mehr als die Hälfte vermieden. Das Verkaufssignal kam bei einem DAX-Stand von 12.650. Die Risikominimierung stand also im Vordergrund bei der Entwicklung. Bei Beachtung des Börsenindikators geht der Investor nur das halbe Risiko gegenüber einer Daueranlage ein, da der Börsenindikator im Mittel nur in der Hälfte der Zeit investiert ist. Jedes Unglück ereilt den Anleger also nur mit einer Wahrscheinlichkeit von 50 Prozent.

DIE RISIKOMINIMIERUNG IST DAS ZIEL

Bei der 16-Wochen-Strategie ist dieses Verhältnis noch günstiger. Auch bei ihr kommt es mir nicht darauf an, den DAX zu schlagen, sondern das Risiko gegen null tendieren zu lassen. Bei der 16-Wochen-Strategie ist der Anleger erstens nur in 37,5 Prozent der Zeit investiert und zweitens ist er im Mittel der Zeit richtungsneutral positioniert. In der Hälfte der investierten Zeit ist er short und in der anderen Hälfte long. Die Strategie sollte also bei Hausse und Baisse einsetzbar sein. Sollte die Strategie nicht aufgehen oder aus irgendeinem Grund ab einem bestimmten Zeitpunkt nicht mehr funktionieren, brennt nichts an. Der statistische Erwartungswert dieser Strategie liegt bei einer zufälligen Verteilung der Kursbewegungen bei plus/minus null. Risikoärmer geht es nicht. Insofern ist es wirklich erstaunlich, dass mit dieser Strategie, die so gut wie kaum ein Risiko beinhaltet, der DAX auch 2018 wieder haushoch geschlagen wurde.

Dazu habe ich Ihnen den Verlauf der 16-Wochen-Strategie gegen den DAX seit Anfang des Jahres 2000 abgebildet.

88 Die 16-Wochen-Strategie seit Anfang 2000

in relativen Werten

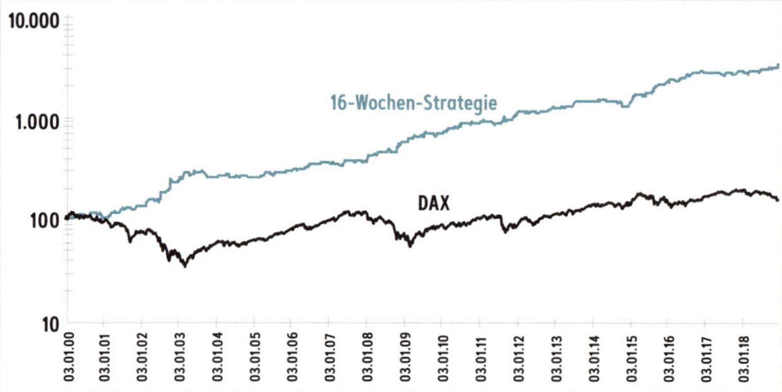

Quelle: Gebert

In den letzten 18 Jahren haben wir zwei schwere Baissen erlebt, die von 2000 bis zum Jahr 2003, während der sich der DAX geviertelt hat, und die Finanzkrise des Jahres 2008, die eine Halbierung des Kursniveaus auslöste. Hätte man in dieser Zeit die 16-Wochen-Strategie verfolgt, hätte man bei beiden Kurskatastrophen nicht nur keinen Kursverlust erlitten, sondern im Gegenteil das Depot sogar vermehrt. Vom Jahr 2000 bis zum Jahr 2003, während der Viertelung des DAX, verdreifachte sich das 16-Wochen-Strategie-Depot. Auch während der Finanzkrise gab es keinen Rückgang, sondern das Depot vermehrte sich sogar leicht während dieser Zeit. Der schlimmste Rückschlag, der mit der 16-Wochen-Strategie erlitten werden musste, vom letzten Höchstwert aus gesehen, betrug etwas über 20 Prozent, und zwar vom Sommer 2003 bis zum Sommer 2004. Insgesamt zeigte sich die 16-Wochen-Strategie in den letzten 18 Jahren dem DAX haushoch überlegen. Während das DAX-Depot von Anfang 2000 bis heute von 100 auf 167 kletterte, vermehrte sich das 16-Wochen-Strategie-Depot von 100 auf 1.884 – ein Plus von 1.784 Prozent im Vergleich zu einem Plus von 67 Prozent. Nachdem ich die Strategie entwickelt hatte, eruierte ich mit einem Backtest, wie sie sich in den letzten 18 Jahren geschlagen hätte – und konnte dieses Ergebnis nicht glauben. Ich habe das Ergebnis dann mindestens noch zehnmal nach-, quer-, rück- und gegengerechnet und es im Verlag noch einmal prüfen lassen, aber es ist offenbar korrekt. Wir haben es ja auch im Verlauf des letzten Jahres wieder gesehen.

89 **Die 16-Wochen-Strategie seit Anfang 2008**

in relativen Werten

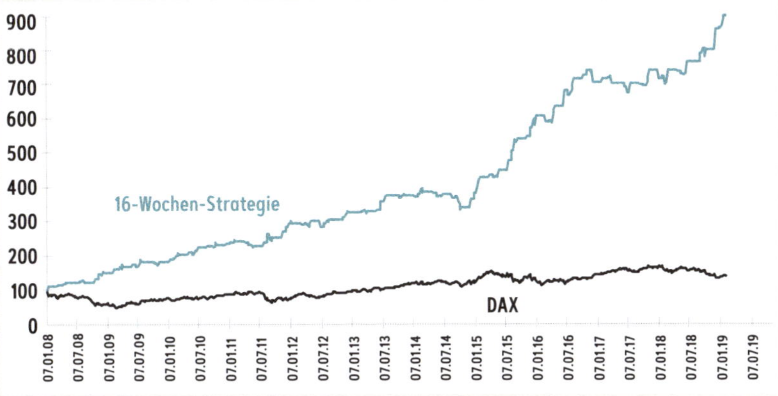

Quelle: Gebert

PEAK PERFORMANCE

Generell heißt es, dass eine Börsenstrategie aufhört zu funktionieren, sobald man sie gefunden hat. Da ist etwas Wahres dran. Es gibt sogar einen kausalen Zusammenhang. In den USA wird das Phänomen Peak Performance genannt. Das bedeutet, man findet eine Strategie überhaupt nur, wenn sie gerade ihren maximalen Wert erreicht hat. Man entdeckt also nur etwas im Rauschen der vielen Parameter, wenn die beobachtete Größe gerade ihren Spitzenwert durchläuft. Danach verschwindet der Zusammenhang wieder. Besonders zeigt sich das bei Strategien, die hinsichtlich ihrer historischen Treffsicherheit optimiert wurden. Wenn eine Strategie an bisherige Kursverläufe so lange angepasst wird, bis sie die höchstmögliche historische Performance erzielt hätte, ist sie ab dem Moment wertlos.

„FAILSAFE", WIE WIR DAMALS IN DER PHYSIK GESAGT HABEN: WENN ES SCHIEFGEHT, PASSIERT NICHTS

Bei der Entwicklung des Börsenindikators, der die vier wichtigsten Größen – Zins, Dollar, Inflation und Jahreszeit – zu einem Indikator zusammenfasst, bin ich anders vorgegangen. Ich habe die vier erkennbaren Einflussfaktoren addiert und fertig war der Indikator. Die Strategie habe ich nicht rückwirkend angepasst und so lange an den Parametern geschraubt, bis ich die historische Performance optimiert hatte. Ich habe also nicht zum Beispiel 1,14-mal den Dollarkurs genommen oder 1,76-mal die Inflationsrate. Der Börsenindikator beobachtet also tatsächlich vier Einflussfaktoren, die ihre Bedeutung bis heute nicht verloren haben. Sonst hätte der Indikator nicht über 25 Jahre so zuverlässige Signale geliefert. Bei der Entwicklung der 16-Wochen-Strategie dachte ich auch, als ich sie gefunden hatte: „So, das ist jetzt Peak Performance. Ab heute funktioniert die Strategie nicht mehr." Aber ich dachte auch: „Was soll's? Mir passiert ja nichts. Ich habe die Strategie ja extra so entwickelt, dass sie einen statistischen Erwartungswert von plus/minus null hat."

IM GLEICHEN TAKT WIE DER OKTOBER-CRASH DES JAHRES 1987

Dennoch ist es möglich, dass diese Strategie tatsächlich einen vorhandenen Zusammenhang erfasst. Es ist denkbar, dass die Abläufe an der Börse einem festen zeitlichen Rhythmus unterliegen. Ich habe mich immer schon gefragt, warum die Börse manchmal steigt, als gäbe es morgen keine Aktien mehr, und zu anderen Zeiten in Panik ins Bodenlose fällt, obwohl sich die Wirtschaftssituation oder die Verdienstmöglichkeiten der Unternehmen gar nicht geändert haben. Die Stimmungen der Anleger scheinen einem festen Rhythmus zu gehorchen. So weit, so verständlich. Was aber wirklich merkwürdig anmutet, ist die Tatsache, dass dieser Takt ununterbrochen durchläuft.

Die schwache Woche 16, bei der der DAX im Dezember 2018 300 Punkte verlor, liegt auf dem gleichen Takt wie der Oktober-Crash 1987. Die Woche vom 19.10.1987 bis zum 26.10.1987 fiel in dieser Zählweise ebenfalls auf die schwache Woche 16. Damals verloren die deutschen Aktien über elf Prozent. Genau 101 16-Wochen-Zyklen liegen zwischen diesen beiden Ereignissen. Also noch einmal kurz zusammengefasst: Es ist gut möglich, dass ich mit der 16-Wochen-Strategie genau Peak Performance gefunden habe und die Strategie ab morgen nicht mehr funktioniert. Aber das wäre nicht schlimm, denn ich verliere im Prinzip kein Geld, wenn sie nicht funktioniert, was bei keiner anderen mir bekannten Strategie der Fall ist. Von 16 Wochen bin ich drei Wochen long und drei Wochen short investiert, im Mittel also neutral aufgestellt. Bei einer zufälligen Verteilung der Kursbewegungen sollte die Strategie auf Dauer plus/minus null ergeben. Ich könnte zwar bei den statistischen Schwankungen leicht ins Minus fallen, aber diese Delle sollte sich im Laufe der Zeit wieder ausbügeln.

GROSSE GEWINNE BEI KLEINEM RISIKO

Sollte diese Strategie jedoch einen tatsächlich existenten Zusammenhang erfassen, wäre das Potenzial riesig. In den letzten 18 Jahren hätte sich das Depot verzwanzigfacht gegenüber einem Anstieg von 67 Prozent des DAX – und das bei einem beinahe verschwindend geringen Risiko. Einen Versuch ist es wert. Zum ersten Mal vorgestellt habe ich diese Strategie Anfang 2016 in meinem Buch „Was zu tun ist, wenn es so weit ist". Offensichtlich ist es bei dieser Strategie nicht so, dass sie nicht mehr funktioniert, sobald sie gefunden ist. Im Jahr 2018, zwei Jahre nach Entwicklung dieser Strategie, konnte sie den DAX um Längen schlagen. 30 Prozentpunkte gewann sie gegen den DAX. Der 16-Wochen-Investor verfügte also am Ende des Jahres 2018 über 30 Prozent mehr Geld als der DAX-Anleger – und das bei einem wesentlich geringeren Risiko. 62,5 Prozent der Zeit lag das Geld bar auf dem Konto.

ANFANG 2018 BIS MITTE 2019: 25 PROZENTPUNKTE VORN

90 Die 16-Wochen-Strategie seit Anfang 2018

in relativen Werten

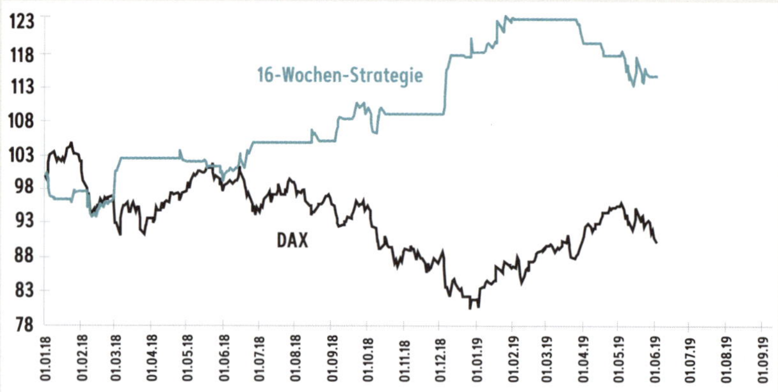

Quelle: Gebert

Die Ausführung – hier an einem Beispiel dargelegt – sieht konkret so aus: Am Montag, dem 12. November 2018, begann um 17:30 Uhr die Woche Nummer 5. Sie war neutral. Da war die Handlungsanweisung einfach: nichts machen und das Geld bar auf dem Konto liegen lassen. Interessant wurde es erst zu Beginn der Woche 8 am Montag, dem 3. Dezember 2018. Dann wurde für den für die Anlage vorgesehenen Betrag um 17:30 Uhr ein Short-DAX-ETF (zum Beispiel DBX1DS) gekauft und genau eine Woche später am 10. Dezember um 17:30 Uhr wieder verkauft. Danach lag das Geld wieder eine Woche lang bar auf dem Konto. Was ist, wenn Montag ein Feiertag ist? Dann wird die anstehende Operation auf Freitag, 17:30 Uhr vorgezogen. Falls Freitag ebenfalls ein Feiertag ist, wie an Ostern, muss schon am Donnerstag um 17:30 Uhr gehandelt werden. Das war auch schon alles. Die ganze Sache macht allerdings nur Sinn, wenn man ein Konto bei einem Discountbroker hat, bei dem der Kauf oder Verkauf eines ETFs für 5,00 oder 5,90 Euro möglich ist. Bei einer Bank oder Sparkasse, bei der der Kauf oder der Verkauf ein Prozent des anzulegenden Betrags ausmacht, scheidet diese Strategie natürlich aus.

ANALYSE DES STRATEGIEVERLAUFS SEIT 2008

Ich habe oben in Abbildung 88 den Verlauf der 16-Wochen-Strategie über den DAX seit Anfang 2008 in der logarithmischen Darstellung gelegt. So kann man besser vergleichen, was die Strategie bei welcher Entwicklung des DAX gemacht hat. Die große Finanzkrise hat die 16-Wochen-Strategie nicht nur recht gut überstanden, sondern sie konnte in dieser Zeit sogar deutlich zulegen. Während sich der DAX bis März 2009 mehr als halbierte, gewann die Strategie sogar 66 Prozent. Allerdings konnte die 16-Wochen-Strategie in der Erholungsphase des DAX dessen Steigerung nicht komplett abbilden. Von den Tiefen des März erholte sich der DAX beinahe 100 Prozent bis zum

Sommer 2011 kurz vor der Eurokrise, während die 16-Wochen-Strategie nur 50 Prozent zulegen konnte. Dies verwundert nicht. Bei einem rasanten Anstieg des DAX kann die Strategie nicht in vollem Maße gleichziehen. Sie ist ja überhaupt nur in drei von 16 Wochen long investiert. Dafür verlor sie dann während der Eurokrise nicht die 30 Prozent, die der DAX abgeben musste. Auch hier wurde statt eines Verlustes sogar ein Gewinn erzielt. Bei der folgenden Aufwärtsbewegung das gleiche Spiel – die 16-Wochen-Strategie konnte wiederum nicht so viel zulegen wie der DAX: 60 Prozent statt 100 Prozent. Die unruhigen Phasen des DAX sind also die großen Stärken der Strategie. Bei dem 20-prozentigen Rückgang des DAX von März 2015 bis März 2016 konnte die 16-Wochen-Strategie wieder 40 Prozent gewinnen. Insgesamt ergab sich in dieser Zeit seit Anfang 2008 eine Verachtfachung bei Anwendung der 16-Wochen-Strategie, während der DAX sich mit einem Plus von 45 Prozent zufriedengeben musste. Die beiden Linien zeigen, dass bei einer steilen Hausse des DAX die 16-Wochen-Strategie nicht in vollem Maße partizipieren kann, was angesichts der geringen überhaupt investierten Zeit verständlich ist, aber sie konnte dafür in unruhigen Börsenphasen das alles und mehr wieder herausholen. Insgesamt ergab sich so eine sehr deutliche Outperformance. Der schwerste Rückschlag, den die Strategie in diesen zehn Jahren erleiden musste, war ein Rückgang von elf Prozent – vom letzten Höchstkurs aus gesehen – im September des Jahres 2014. Wenn man also 100-prozentig weiß, dass eine Hausse vor der Tür steht, ist es besser, sein ganzes Geld direkt in Aktien zu stecken oder besser noch in ein Faktor-Zertifikat mit dem Faktor 10. Für den Fall, dass auch die Möglichkeit einer unruhigen Börsenphase oder gar einer Baisse besteht, ist die 16-Wochen-Strategie eine Alternative. Vor allem in der jetzigen Situation, in der noch einige Unwägbarkeiten drohen, wie Italien, eine mögliche Wirtschaftsabschwächung in den USA und so weiter, ist es für einige Anleger zu riskant, mit einem großen Betrag eine Dauerinvestition in Aktien einzugehen. Da wäre eine solche Strategie, die darauf ausgelegt ist, das Risiko zu minimieren, von Vorteil.

EIN WEITERER PLUSPUNKT DER 16-WOCHEN-STRATEGIE

Ein weiterer Vorteil der 16-Wochen-Strategie ist aus meiner Sicht übrigens: Man kann jederzeit ein- und aussteigen. Sie ist unabhängig von der jeweiligen Kurshöhe des DAX, da sie nur auf Veränderungen zu bestimmten Zeiten setzt. Ihr ist es egal, ob der DAX bei 14.000 Punkten oder bei 10.000 Punkten notiert. Wenn ich früher Aktien kaufen wollte, ist es mir oft passiert, dass ich dachte: „Jetzt ist der DAX schon so hoch gestiegen, lohnt sich ein Kauf überhaupt noch?" Ich wartete also erst einmal ab. Doch der DAX stieg weiter und ich dachte: „Verdammt, hätte ich doch bloß gekauft, dann wäre ich jetzt schon im Gewinn. Nach dem Anstieg lohnt sich ein Kauf nicht mehr." Schwups ging es weiter bergauf. Schließlich kaufte ich beim Höchstkurs. Für den Ertrag einer Aktiendaueranlage ist es von entscheidender Bedeutung, wann man eingestiegen ist. Bei der 16-Wochen-Strategie ist das nicht der Fall, da sie sowohl auf steigende als auch fallende Kurse setzt.

KAPITEL 16

WELCHE RISIKEN BEDROHEN DIE AKTIENANLAGE?

Die Verschuldung der Welt, vor der immer so sehr gewarnt wird, gehört aus meiner Sicht nicht zu den dringenden Problemen, die eine Krise auslösen können. Zunächst ist es so, wie ich im Verlauf des Buches schon erläutert habe, dass die Gesamtverschuldung der Welt immer gleich hoch ist. Jedes Guthaben eines Menschen besteht aus der Forderung an jemand anderen. Die Bundesrepublik Deutschland zum Beispiel steht mit zwei Billionen Euro in der Kreide. So viel Geld hat sie sich am Kapitalmarkt geliehen. In exakt gleicher Höhe befinden sich also deutsche Bundesanleihen in den Händen von Anlegern. Die Vermögen der Investoren in deutsche Bundesanleihen entsprechen also bis auf den

Cent genau den Schulden der Bundesrepublik. Die Summe aus beiden ergibt exakt null. Genauso ist es mit allen Guthaben und Schulden auf der Welt. Ihre Summe ist exakt null und wird es auch immer bleiben. Insofern ist die Welt netto heute nicht höher verschuldet als vor 10 Jahren, vor 20 Jahren oder vor 40 Jahren. Der Wohlstandsanstieg und die Zunahme des Reichtums der Menschen auf der Welt müssen sich also zwangsläufig durch eine größere Verschuldung an anderer Stelle widerspiegeln. Für die Stabilität des Finanzsystems kommt es also nicht darauf an, wie hoch die Welt verschuldet ist, sondern wer verschuldet ist. Ich werde auf den nächsten Seiten im Einzelnen darauf eingehen, doch zunächst einen Blick auf die Gesamthöhe der Weltverschuldung werfen. Der folgenden Grafik ist zu entnehmen, wie sich der Schuldenanstieg in den letzten 18 Jahren entwickelt hat.

91 Entwicklung der Gesamtverschuldung der Welt in Prozent des Bruttoinlandsprodukts, nach Sektoren

in Prozent

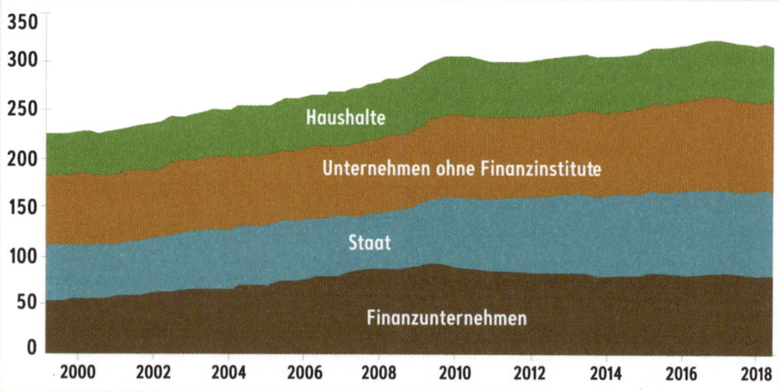

Quelle: Wall Street Journal

Während der Schuldenpegel vom Jahr 2000 bis zum Jahr 2010 um 35 Prozent angestiegen ist, verlief die Zunahme nach dem Jahr 2010 sehr gemächlich. Nur fünf Prozent gemessen am Welt-Bruttoinlandsprodukt wurden in den folgenden acht Jahren draufgesattelt – von einer ausufernden Verschuldung oder einer Schuldenkatastrophe also keine Spur. Die Verschuldung von Banken, die während der Finanzkrise des Jahres 2008 eine kritische Rolle gespielt hatte, hat sogar deutlich nachgelassen. Dafür legten die Staatsschulden mächtig zu. Dies kann man als recht erfreuliche Entwicklung bezeichnen, da die Welt-Staatsschulden hauptsächlich von den Ländern getragen werden, die in ihren eigenen Währungen verschuldet sind. Da diese Länder nicht pleitegehen können, stellen die Staatsschulden das bevorzugte Gegengewicht zu den Vermögen der Menschen dar. Wenn der Wohlstand der Bevölkerung zunimmt, müssen ja irgendwo die entsprechenden Forderungen aufaddiert werden. Da der sicherste Schuldner immer der Staat ist, weil er sich mit seiner Gesetzgebungshoheit und seiner Exekutivgewalt im Notfall von jedem im Land Geld beschaffen kann, der noch welches hat – oder es sogar unter Zuhilfenahme der Notenbank selbst drucken kann –, ist die Entwicklung zu mehr Staatsschulden und weniger Bankschulden begrüßenswert.

92 **Gesamtverschuldung der USA**
in Prozent

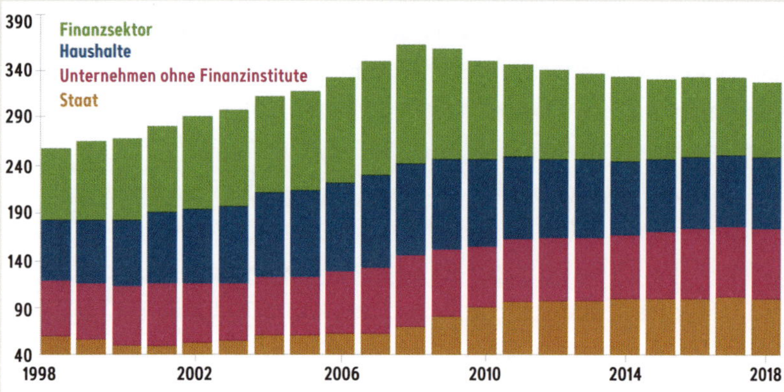

Quelle: Federal Reserve

In den USA verlief die Schuldenentwicklung sogar noch erfreulicher. Trotz der Verdopplung der Höhe der Staatsschulden nach dem Jahr 2007 sank die Gesamtverschuldung der Amerikaner. Vor allem der Finanzsektor und die Haushalte entschuldeten sich massiv.

Wenn wir uns nun einmal die Entwicklung der Verschuldung der US-Firmen, die nicht im Finanzsektor tätig sind, ansehen, fällt zunächst ein Anstieg auf. Gemessen am Bruttoinlandsprodukt der USA hat die Summe der Schulden der US-Unternehmen mit 46 Prozent den höchsten jemals registrierten Stand erreicht. Gemessen an ihren operativen Gewinnen pendelt die Schuldenhöhe jedoch in dem normalen Bereich, der in den letzten 20 Jahren abgedeckt wurde. Von den Spitzen der Jahre 2000 und 2008 ist sie weit entfernt.

93 Verschuldung der US-Unternehmen gemessen an ihren operativen Gewinnen

in Prozent

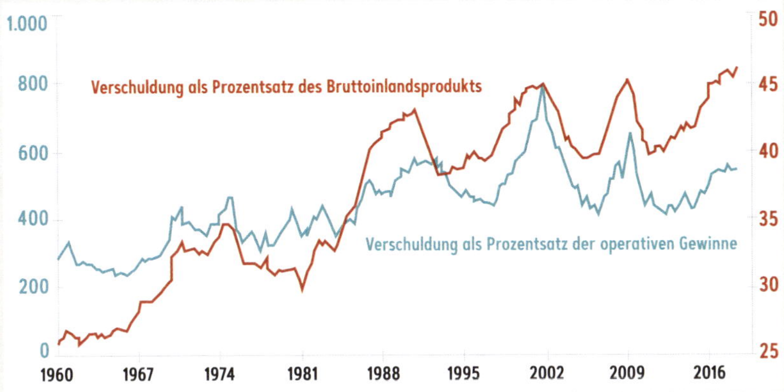

Quelle: Oxford Economics

Wenn man nun noch hinzurechnet, dass die Zinshöhe in den letzten Jahren deutlich gesunken ist, ergibt sich eine nur geringe Belastung der Unternehmen. Die Zinszahlungen der Firmen machen nur noch 1,6 Prozent des Bruttoinlandsprodukts aus. So wenig mussten US-Unternehmen in den letzten zehn Jahren nicht für ihre Schulden blechen. Weder von der Höhe noch von den sich daraus ergebenden Zinszahlungen lässt sich auf irgendeine bedenkliche Entwicklung schließen. Eine etwaige Krise als Folge der Verschuldung in den USA scheint also nicht plausibel. Da die USA die größte Wirtschaftsmacht der Welt sind und ihre Finanzmärkte den größten Teil des Weltfinanzgeschehens ausmachen, strahlt die stabile Schuldensituation der USA auch weit über ihre Grenzen hinaus aus und sorgt für Vertrauen.

94 Zinszahlungen der US-Unternehmen als Prozentsatz des Bruttoinlandsprodukts

in Prozent

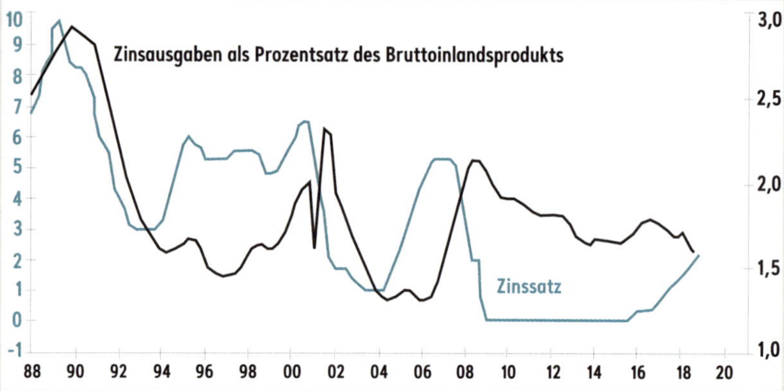

Quelle: @SoberLook

In der Eurozone machen die Zinszahlungen der Unternehmen außerhalb der Finanzbranche ebenfalls nur den kleinen Wert von 1,5 Prozent des Bruttoinlandsprodukts aus. Von noch 4,5 Prozent im Jahr 2009 hat sich die Zinslast der Unternehmen mittlerweile gedrittelt.

95 **Zinszahlungen der Unternehmen der Eurozone als Prozentsatz des Bruttoinlandsprodukts**

in Prozent

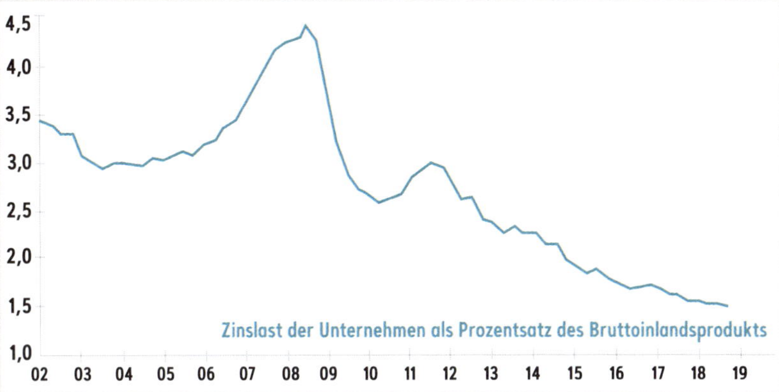

Quelle: Natixis

Kommen wir nun zu der Verschuldung einzelner Länder Europas, zunächst zum Sorgenkind Italien. Wie die nächste Grafik zeigt, wird Italien etwas zu negativ gesehen. Die Ratingagenturen, die im Normalfall die besten Informationen über die Fähigkeit eines Landes besitzen, seine Schulden zu bedienen, stufen Italien mit BBB ein – also genauso wie Portugal. Nun sollte man erwarten, dass auch die Zinshöhe für zehnjährige Staatsanleihen wie bei Portugal zwei Prozent beträgt. Italien zahlt aber fast 3,5 Prozent.

96 Zinszahlungen des italienischen Staates und sein Rating

in Prozent

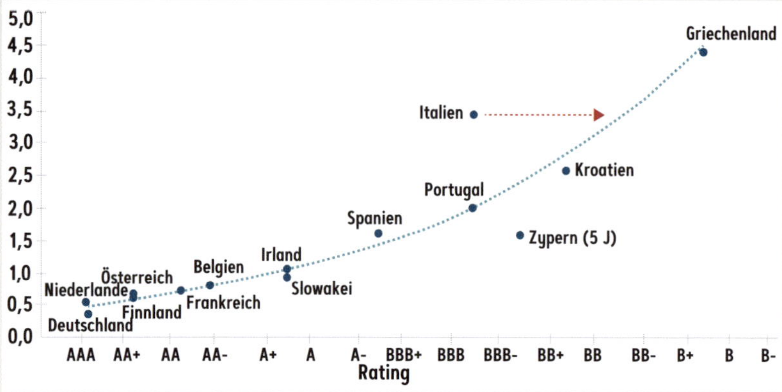

Quelle: Danske Bank

So gruselig wie der Markt schätzen die Ratingagenturen Italiens Situation gar nicht ein. Italiens Problem ist gar nicht einmal die Schuldenhöhe, die in den Griff zu bekommen wäre, wenn das Bruttoinlandsprodukt in Italien deutlich wachsen würde. Doch wie die nächste Grafik zeigt, leidet Italien an einer extrem ausgeprägten Wachstumsschwäche. Einerseits mag das am Euro liegen, der aus italienischer Sicht zu hoch notiert. Bei einem etwas niedrigeren Kurs könnte Italien besser und konkurrenzfähiger exportieren. Vieles an dieser Wachstumsschwäche könnte aber auch strukturelle Gründe haben. Ein italienisches Unternehmen kann sich nur sehr schwer von Mitarbeitern trennen, die es nicht mehr braucht. Auch die Bürokratie arbeitet nur sehr langsam. Es bedarf Jahre der Vorarbeit, bis alle Genehmigungen vorhanden sind, um ein Unternehmen zu gründen oder ein Geschäft zu eröffnen. Der größte Klotz am Bein ist das Justizsystem. Auf ein Urteil muss im Schnitt acht Jahre gewartet werden. Diese verhärteten Strukturen lassen sich nicht über Nacht verändern und vor allen Dingen gibt es auch massive Widerstände dagegen, weil nicht wenige Menschen von der vorherrschenden Situation profitieren.

97 Die Wachstumsraten verschiedener Euroländer

in relativen Werten

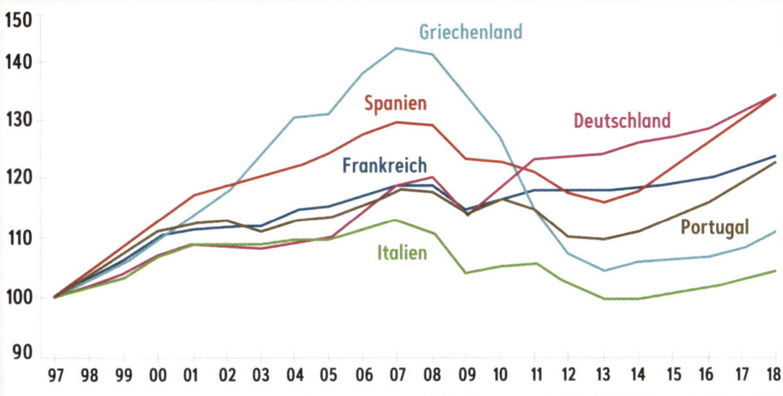

Quelle: IMF

Wegen dieses geringen Wachstums in Italien können also durchaus Zweifel an der Fähigkeit Italiens aufkommen, seine Schulden zu bedienen. In diesem Fall muss die Europäische Zentralbank einspringen und den Italienern Geld zur Verfügung stellen. Die geäußerte Forderung von Bundesbankpräsident Jens Weidmann, Italien müsse sich selbst aus dem Sumpf befreien, greift zu kurz. Wie schon John Maynard Keynes angesichts der Krise von 1932 sagte: Ein Einzelner kann durch Sparen seine Finanzen wieder ins Lot bringen, ein Land aber nicht. Wenn alle sparen, entsteht eine Abwärtsspirale. Keynes vertrat damals in den 1930er-Jahren die Ansicht, dass in solchen Notsituationen der Staat eingreifen müsse. Kredite müssten aufgenommen und das Geld investiert werden, damit die Menschen wieder Arbeit haben. Insofern ist der Ansatz der bei uns verachteten links-rechts-populistischen Regierung in Italien nicht so falsch. Italien kann sich nicht aus der Krise sparen. Italien braucht die Unterstützung der Europäischen Zentralbank. Sollte es zum Äußersten kommen und die Finanzmärkte den Eindruck gewinnen, dass die neue EZB-Präsidentin Christine Lagarde die italienischen Staatsschulden im Zweifelsfall nicht garantieren würde, könnten die Anleger in Panik geraten und ihre italienischen Staatsanleihen verkaufen wie im Jahr 2012. Ohne den Rettungsanker, den Mario Draghi damals auswarf, als er italienische Anleihen in großem Stil kaufte, würde eine Zahlungsunfähigkeit Italiens eine gigantische Krise hervorbringen. Eine solche Entwicklung würde das in Aktien angelegte Geld dezimieren. Insofern ist es zu begrüßen, dass der Deutsche-Bundesbank-Chef nicht befördert worden ist, denn Jens Weidmann hat im Zentralbankrat gegen so gut wie jede Rettungsmaßnahme gestimmt.

Eine Notenbank hat aber nicht nur die Funktion, für Geldwertstabilität zu sorgen, sondern wichtiger noch ist ihre Aufgabe, das Staatswesen aufrechtzuerhalten. Einer Notenbank muss es möglich sein, im Notfall den Staat mit Liquidität zu versorgen. Die Infrastruktur und die öffentliche Versorgung müssen aufrechterhalten, Polizisten und Lehrer bezahlt, Renten überwiesen werden und die Verteidigungsbereitschaft muss gewährleistet sein. Diese Aufgabe ist neben dem Versuch, Geldwertstabilität zu fördern, die wichtigste Funktion, die einer Notenbank zukommt. Die Aufrechterhaltung des Staatswesens ist im Zweifelsfall sogar das wichtigere Mandat als die Inflationsbekämpfung. Diese Funktion muss die Europäische Zentralbank gegenüber allen Euroländern wahrnehmen, auch gegenüber Italien! Wird diese elementare Aufgabe den Italienern verweigert, ist der Euro auf Dauer nicht die Währung der Italiener.

DAS GRÖSSTE RISIKO

Nun möchte ich aber auf die größte Gefahr eingehen, die aus meiner Sicht dem Aktionär droht. Dazu muss ich ein wenig ausholen. Blicken wir zurück auf die Finanzkrise des Jahres 2008. Es begann damit, dass Banken in den USA auf Forderungen an Immobilienbesitzer saßen, die nicht einzutreiben waren. Diese waren vorher zum Teil gebündelt, verbrieft, mit einem Rating versehen und dann Anlegern, Fonds oder anderen Banken verkauft worden. Es heißt immer, die Finanzkrise wäre von gierigen Bankern ausgelöst worden, die sich verspekuliert hätten, und von skrupellosen Immobilienmaklern, die ahnungslosen Käufern Schrottimmobilien angedreht hätten. Nichts scheint mir weiter von der Wahrheit entfernt zu sein. Die gebündelten Hypothekenpapiere, um die es ging, waren zum großen Teil mit AAA bewertet. Was hätte man sich denn Sichereres vorstellen können als immobilienbesicherte Papiere mit einem Spitzenrating? Banken, Fonds und Pensionskassen, die diese Papiere gekauft haben, haben mit Sicherheit nicht hemmungslos spekuliert. Auch dass Hauskäufer mit Schrottimmobilien hereingelegt worden sind, bezieht sich wohl eher auf Einzelfälle. Der Hauskäufer hat sich das Haus vorher sicherlich angesehen und wusste, was er erwirbt. Viele dieser angeblichen Schrottimmobilien sind übrigens heute ein Vielfaches von dem wert, auf das sie damals geschätzt wurden.

DER WAHRE GRUND DER IMMOBILIENKRISE

Der wirkliche Fehler, der diese Immobilienkrise, mit der alles begann, ausgelöst hat, lag in der amerikanischen Gesetzgebung. In den USA ist es so, dass die Hypothek auf das Haus vergeben wird und nicht auf den Hauskäufer. Dies wurde extra so geregelt, damit der Hauskauf erleichtert wird und auch einkommensschwächere Menschen in den Genuss eines Eigenheims kommen konnten. Bei dieser Regelung wären die Käufer, wenn sie sich die Raten für das Haus nicht mehr leisten könnten, auch die Hypothek los, ohne den Rest ihres Lebens verschuldet zu sein. Bei uns in Deutschland ist es dagegen so, dass die Hypothek auf dem Hauskäufer lautet. Hat jemand zum Beispiel 400.000 Euro für den Kauf eines Hauses geliehen und dieses ist plötzlich nur noch 300.000 Euro wert, muss er nach Verkauf des Hauses für die fehlenden 100.000 Euro persönlich geradestehen. In den USA ist dies nicht der Fall. Dort war es so, dass einige Hauskäufer im Jahr 2005 zu Spitzenpreisen Immobilien erworben haben, sagen wir ein Eigenheim für 450.000 Dollar, und eine Hypothek in Höhe von 400.000 Dollar dafür aufgenommen haben. Nachdem die Immobilie dann während der Krisensituation nur noch 300.000 Dollar wert war, konnten diese Hauseigentümer einfach den Schlüssel auf den Küchentisch legen und ausziehen, selbst wenn sie die Raten für die Hypothek hätten zahlen können.

IN DEN USA LASTET DIE HYPOTHEK AUF DEM HAUS UND NICHT AUF DEM BESITZER

Sie waren dann schuldenfrei und die Bank saß auf der 100.000-Dollar-Differenz zwischen dem Wert der Immobilie und ihrer Forderung. Dieser Irrsinn war ursprünglich als soziale Wohltat gedacht. Auch dass Immobilien so hoch beliehen und mit so geringem Eigenkapital erworben werden konnten, war eine politisch gewollte Regelung. Der Vorsitzende des House Ways and Means Committee, Barney Frank, setzte eine Regelung durch, dass Immobilien bis fast zum vollen Kaufpreis beliehen werden konnten. Ein Großteil des Vermögenszuwachses amerikanischer Familien ergab sich in der Vergangenheit durch den Wertzuwachs ihrer Eigenheime, genauso wie in Deutschland auch. An diesem leistungslosen Wohlstandszuwachs wollte er auch die Benachteiligten vor allem aus schwarzen Bevölkerungsschichten teilhaben lassen. Sie sollten auch ohne

Eigenkapital vom Wertzuwachs der Immobilien profitieren können. So weit, so gut gemeint. Doch nach den Zinserhöhungen der Notenbank in den Jahren 2004, 2005 und 2006 wurden die Zahlungen für aufgenommene Hypotheken so hoch, dass viele neue Besitzer von Häusern ihre Immobilienkredite nicht mehr bedienen konnten. Sie wählten den einfachen Ausweg, zogen aus dem Haus aus und überließen ihre Hypothek und das Haus der Bank. Nachdem sich so die Hausverkäufe und manchmal auch die Zwangsversteigerungen mehrten, weil die Banken die übernommenen Immobilien loswerden wollten, gaben die Immobilienpreise insgesamt nach. So kam es dann, um auf unser Beispiel zurückzukommen, dass manche Einfamilienhäuser, die für 450.000 Dollar mit einer Hypothek von 400.000 Dollar gekauft worden waren, nur noch einen Wert von 300.000 Dollar besaßen. Die Hauskäufer saßen also auf einem negativen Immobilienvermögen von 100.000 Dollar. Dem konnten sie sich leicht entziehen, indem sie einfach auszogen. Die 100.000 Dollar Differenz verblieben bei der Bank. Die Banken gerieten also in Schwierigkeiten aufgrund einer gesetzlichen Regelung, nicht aufgrund ihres eigenen Fehlverhaltens. Trotzdem hat sich hartnäckig die Meinung durchgesetzt, die Banken hätten die Finanzkrise durch ihre hemmungslosen Spekulationen herbeigeführt. Nun aber zu dem wichtigen Teil, auf den ich hinausmöchte. Nachdem das Kind also einmal in den Brunnen gefallen war, hatten viele Banken diese von Hauskäufern, die einfach wieder ausgezogen waren, verursachten Verluste zu tragen. Einige konnten diese Verluste wegstecken, doch bei anderen waren sie so hoch, dass ihre Existenz infrage gestellt wurde. Bis zu diesem Zeitpunkt, kurz vor der Lehman-Pleite, hatten wir es mit einer normalen Wirtschaftsschwäche zu tun – ausgelöst durch die von ein Prozent auf 5,25 Prozent angehobenen Kurzfristzinsen der US-Notenbank –, die den DAX bis dahin zehn Prozent seines Wertes gekostet hatte.

LEHMAN BROTHERS HÄTTE GERETTET WERDEN KÖNNEN UND MÜSSEN

Die wirkliche Abwärtsspirale, die den DAX dann um mehr als die Hälfte seines Wertes einbrechen ließ, begann erst, als Banken zahlungsunfähig zu werden drohten und tatsächlich auch in die Pleite schlitterten. Mit dem Lehman-Bankrott nahm das Verhängnis seinen Lauf. Da Banken über verschiedene Transaktionen, Swaps, also Tauschgeschäfte, und gegenseitige Kredite miteinander verwoben waren, bestand die Gefahr, dass bald auch andere Banken ihre Pforten schließen müssten. Welche Banken dies sein würden, wusste man nicht, da nicht klar war, wer wem wie viel geliehen oder noch zu bekommen hatte. Selbst in anderen Weltgegenden zog die Lehman-Pleite Bankschließungen nach sich, wie zum Beispiel die Fortis-Bank in Belgien oder die Depfa bei uns. Diese Unsicherheit, nicht zu wissen, wo das Geld noch sicher war, führte zu einer Lähmung des Wirtschaftsgeschehens. Auftragseingänge gingen plötzlich um bis zu 40 Prozent in die Knie, und zwar in Industrien, die eigentlich gar nicht unmittelbar von der Immobilienkrise oder der Lehman-Pleite betroffen waren. Daimler-Benz verkaufte über Wochen weltweit nicht eine einzige S-Klasse. Das Funktionieren des Finanzsystems ist für die Weltwirtschaft von solch überragender Bedeutung, dass alles zusammenbricht, falls Zweifel an seiner Solidität aufkommen. Von dieser Wirtschaftsschwäche erholte sich die Welt Jahre nicht. Wenn man die Wirtschaftsleistung der Welt und den vorher eingeschlagenen Pfad miteinander vergleicht, hat sich diese Differenz mittlerweile auf bis zu 20 Prozent der Weltwirtschaftsleistung aufsummiert. Ein Betrag von 16 Billionen Dollar ist der Welt durch das verloren gegangene Vertrauen in das Bankensystem durch die Lappen gegangen. Allein in den USA kostete die Krise zehn Millionen Arbeitsplätze. Die Welt wäre heute 16 Billionen Dollar reicher, hätte die Lehman-Pleite nicht stattgefunden. Dabei wäre Lehman ganz einfach zu retten gewesen. Es hätte gar nicht viele Milliarden

Dollar gekostet. Und diese Milliarden Dollar wären bereits mit Zins und Zinseszins zurückgezahlt worden, denn die Immobilien in den USA sind im Mittel heute 80 Prozent teurer als während der Krise damals. Diejenigen, die bei der Verwertung von Bankenportfolios Schrottimmobilien übernommen haben, konnten diese mittlerweile mit riesigen Profiten wieder veräußern. Warum ist Lehman nicht gerettet worden? Warum ist der weltweite Verlust von 16 Billionen Dollar nicht verhindert worden?

KEINE POLITISCHE RÜCKENDECKUNG FÜR DIE RETTUNG VON LEHMAN

Die politische Unterstützung dafür war nicht vorhanden. In der entscheidenden Sitzung, in der es darum ging, ob Lehman gerettet werden sollte, sagte Hank Paulson, der US-Finanzminister, wörtlich: „Wir bekommen aus Washington keine Rückendeckung." Es war Wahlkampf. Der Herausforderer Barack Obama schimpfte, wo er nur konnte, auf die „fat cats", die fetten Katzen, wie er sich ausdrückte. Gemeint waren die Banker mit ihren Millionen-Boni an der Wall Street. Seine Wahlkampfplattform bestand hauptsächlich aus dem Slogan „Bail Out Main Street, Not Wall Street", rettet die Hauptstraße und nicht die Wall Street. Sogar der Republikaner John McCain schloss sich dieser populistischen Forderung an. Es dürfe auf keinen Fall mit Steuergeldern den Bankern aus der Patsche geholfen werden. Ich weiß, ich mache mir damit keine Freunde – Obama wird in Deutschland verehrt –, aber wenn Sie mich direkt fragen, wer Schuld an der Finanzkrise hat, komme ich zu keinem anderen Schluss als: Barack Obama. Ich meine es nicht persönlich, ich mag ihn sehr. Wie er mit Angela Merkel auf der Bank vor Schloss Elmau gesessen hat, wen hat das nicht mit Freude erfüllt? Seine zurückhaltende außenpolitische Art muss nach den Erfahrungen mit dem neuen Präsidenten als doppelt positiv bewertet werden. Trotzdem hat dieser Ansatz, den Banken auf keinen Fall helfen zu wollen, in die Katastrophe geführt. Man kann das aber nicht nur Barack Obama anlasten. Er hat einfach die Stimmung der Menschen aufgegriffen. Genau mit diesem Wahlkampfslogan und wegen dieses Wahlkampfslogans ist er gewählt worden. In den Menschen hatten sich im Laufe der Jahre Neid und Hass gegen die von der Wall Street, die Millionen kassieren, aufgestaut. Noch während seiner Amtszeit soll Barack Obama Hilmar Kopper gefragt haben, was man gegen die von der Wall Street unternehmen könne. Die Mehrheit der Menschen wollte nicht, dass den Banken geholfen wird. Über die Konsequenzen waren sie sich offenbar nicht im Klaren. Um den Schaden zu begrenzen, der durch die Hilfsverweigerung für Lehman angerichtet worden war, musste später noch viel tiefer in die Tasche gegriffen werden. Goldman Sachs und Morgan Stanley wurden gerettet, nachdem man gesehen hatte, was für einen katastrophalen Fehler man mit der verweigerten Hilfe für Lehman gemacht hatte. In Deutschland mussten Institute wie die Commerzbank mit Steuergeldern unterstützt werden. Jedenfalls hat sich seit damals das aus meiner Sicht falsche Narrativ durchgesetzt, dass die Lehman-Pleite durch die hemmungslosen Fehlspekulationen von gierigen Banken ausgelöst worden war und dass man in Zukunft auf keinen Fall mehr Banken mit Steuergeldern retten sollte. Die Medien haben sich diese Sichtweise ebenfalls zu eigen gemacht. Wenn Sie heute jemanden in Deutschland fragen, wer an der Finanzkrise schuld ist, lautet die Antwort: „Natürlich die Banker."

UNSINNIGE NEUE GESETZGEBUNG IN EUROPA

Aus dieser Stimmung heraus mit der falschen Interpretation der Ereignisse ist eine verhängnisvolle Gesetzgebung in Europa auf den Weg gebracht worden. Seit dem 1. Januar 2016 gilt die Bank Recovery and Resolution Directive, kurz BRRD, die Abwicklungsrichtlinie. Sie bestimmt, dass zunächst die Gläubiger und Kunden mit großen Guthaben herangezogen werden müssen, bevor Staaten

Banken retten. Ausgangspunkt für diese Neuregelung war die Beobachtung, dass in Deutschland Banken mit Steuergeldern gerettet werden mussten, wie etwa die Commerzbank. Dabei ist schon dieses Narrativ falsch. Es wurde nicht die Bank gerettet, es wurden die Kundengelder der Bank gerettet. Die Besitzer der Bank verloren ihren Besitz, wie man am historischen Kursverlauf der Commerzbank-Aktie unschwer ablesen kann. Um den Steuerzahler zu schonen, sollen also die Kunden der Banken in Mithaftung treten. So weit, so gut gemeint, in der Konsequenz aber verheerend. Wenn eine Bank nun auch nur in den Verdacht kommt, zahlungsunfähig zu werden, werden Kunden natürlich ihre Gelder sofort abziehen, weil diese sonst zur Sanierung der Bank herangezogen werden. Diese europäische Direktive, die auf Betreiben der deutschen Regierung ins Leben gerufen wurde, wird sich als trojanisches Pferd erweisen. Die Steuerzahler werden zwar entlastet, aber im Falle der Schieflage einer Bank droht die nächste Finanzkrise. Wegen der gesetzlichen Regelung, dass nicht mehr Staaten den Banken helfen sollen, sondern die Kunden, wird im Krisenfall ein vollkommener Vertrauensverlust auftreten. Selbst eine gesunde Bank kann einen Ansturm auf die Konten nicht überleben. Ich sage es also ganz klar: Eine Bank muss gerettet werden, egal, was es kostet, und egal, wer die Schieflage verursacht hat. In jedem Fall kann die Notenbank, in unserem Fall also die Europäische Zentralbank, einspringen. Sie kann einer betroffenen Bank mit genügend Liquidität zur Seite stehen, wenn sie die politische Rückendeckung und den gesetzlichen Rahmen bekommt. Wenn es darauf ankommt, kann sie sogar der Bank die notleidenden Kredite abkaufen und mit in die eigene Bilanz nehmen. Dort können diese dann die nächsten 100 Jahre lang schlummern. Eine Zentralbank ist nicht mit einer normalen Bank oder einer normalen Einnahmen-Ausgaben-Rechnung, wie wir sie als Privatleute kennen, zu vergleichen. Eine Zentralbank kann beliebige Mengen Liquidität bereitstellen – gegen Sicherheiten oder sogar ganz ohne Sicherheiten. Eine Bank muss vor dem Kollaps gerettet werden. Es geht nicht darum, die Banker schadlos zu halten, sondern eine Katastrophe wie bei der letzten Krise, als Lehman einfach fallen gelassen wurde, zu vermeiden. Der Verlust von zig Millionen Arbeitsplätzen und Milliarden an Vermögenseinbußen, dass alles kann mit relativ kleinen Beträgen vermieden werden.

DAS EINGEHÄMMERTE FALSCHE MANTRA

Aufgrund der uns immer wieder eingehämmerten falschen Beschreibung der Abläufe hat sich jedoch das Mantra durchgesetzt, dass Banken nicht mehr vom Staat gerettet werden dürfen, und mittlerweile ist es sogar in Gesetzesform gegossen. Jedem anderen Land würde ich es zutrauen, in der Krise relativ flexibel vorzugehen. So wie die Iren zum Beispiel, die zur Bankenrettung während der Finanzkrise eine 40-jährige Staatsanleihe begeben haben, die die Bank of Ireland dann gekauft hat und mit deren Erlös die Banken saniert wurden. Doch bei einer deutschen Bundesregierung und einer Stimmung in der Bevölkerung, die den Banken alles zutraut und um Gottes Willen bloß keine Banker mit ihren Millionen-Boni gerettet sehen will, sehe ich schwarz. Durch das neue Gesetz, das vorsieht, bei einer Bankenschieflage die Kunden haften zu lassen, könnte bei der nächsten Bank in Not eine Katastrophe auf uns warten, die Lehman in den Schatten stellt.

Doch die Lage der europäischen Banken hat sich in den letzten Jahren deutlich verbessert. Die nächste Grafik zeigt, dass sich der Prozentsatz der vergebenen Kredite, die notleidend sind, auf die also vom Schuldner keine Zinsen gezahlt werden, sehr deutlich reduziert hat. Bei den italienischen Banken halbierte er sich sogar fast von etwas über zwölf auf über sechs Prozent. Dies sieht nicht bedrohlich aus, sondern kann als ermutigendes Zeichen gewertet werden. Die Pleite einer europäischen Bank – und damit die größte Gefahr für den Aktienanleger – steht also wohl nicht unmittelbar vor der Tür.

98 Der Prozentsatz der notleidenden Kredite der Banken eines Landes

in Prozent

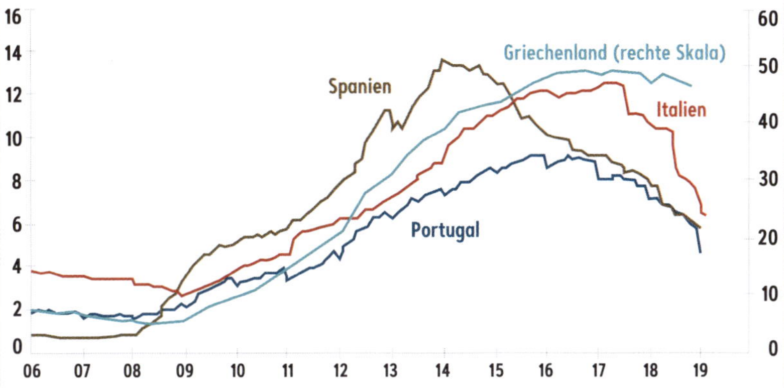

Quelle: @SoberLook

Trotzdem bleibt die Frage, was zu tun ist, wenn der Krisenfall eintritt. Wo bringt man sein Geld in Sicherheit? Sollte eine Bank in Schwierigkeiten geraten und es steht zu befürchten, dass Kundengelder für die Rettung der Bank verwendet werden, ist eine deutsche Bundesanleihe ein sicherer Hafen. Die Bundesrepublik ist der sicherste Schuldner in Deutschland. Im Zweifelsfall ist sie die letzte Instanz, die noch liquide ist, weil sie sich mit ihrer Gesetzgebungs- und Exekutivgewalt in Form von Steuern von jedem Geld besorgen kann, der noch welches hat. Vor allem muss man sich für den Kauf einer Bundesanleihe – hat man Geld auf einer Bank liegen, die ins Gerede gekommen ist – nicht in die Schlange vor dem Auszahlungsschalter einreihen. Man kann von Zuhause aus mit ein paar Mausklicks von dem vorhandenen Geld auf dem Konto eine Bundesanleihe kaufen, auch ohne in einer Telefonwarteschleife zu landen. Gold in einem Schließfach ist sicherlich auch nicht schlecht. Das lässt sich aber nicht kurzfristig durchführen und prophylaktisch eine größere Summe in Gold anzulegen scheint mir nicht angebracht. Ich habe Krisen erlebt, bei denen der Goldpreis fiel. Der Dollar wurde in der Krise teurer und das führt in der Regel zu nachgebenden Goldnotierungen. Gold muss also nicht zwingend die beste Anlage in der Krise sein.

Auch werde ich häufig gefragt, wie man sich vor einem Auseinanderbrechen des Euro schützen kann. Von allein bricht der Euro nicht auseinander. Dazu muss schon ein Land freiwillig austreten. Das ist kein einfacher Prozess und geht nicht über Nacht. Und kein Land wird dies ohne eine vorherige Volksabstimmung beschließen. Die Furcht, dass morgen der Euro in Deutschland kein Zahlungsmittel mehr sein könnte, ist vollkommen unbegründet. Aber wie könnte man sich trotzdem vor diesem Eventualfall schützen? Die Antwort wird Sie überraschen: auch mit einer deutschen Bundesanleihe. Ich lese immer, dass man sein Geld in den Dollar, den Schweizer Franken oder den Japanischen Yen in Sicherheit bringen soll, aber das scheint mir keine sinnvolle Lösung zu sein. Sollte der Euro zerfallen, wird die neue deutsche Währung – möglicherweise wieder D-Mark genannt – oder der Rest-Euro des Währungsraums ohne die Südländer sehr deutlich an Wert gewinnen. Man rechnet damit, dass eine neue D-Mark 40 bis 50 Prozent gegen andere Währungen aufwerten würde. Die vermeintliche Sicherheit im Dollar trügt. Das Geld ist in den USA zwar nicht weg, aber der Dollar wird dann in der neuen D-Mark 30 Prozent weniger wert sein. Deshalb bietet Gold auch nicht den ultimativen Schutz gegen einen Zerfall des Euro. Der Goldpreis wird zwar möglicherweise etwas steigen, aber in Dollar gerechnet. Bei dem stark fallenden Dollar würde sich das Gold für deutsche Anleger dann verbilligen. Das ist auch der Grund, warum deutsche Bundesanleihen für Anleger aus den USA und Großbritannien so attraktiv sind, dass sie bereit sind, sogar eine negative Rendite in Kauf zu nehmen. Sie spekulieren darauf, dass der Euro auseinanderbricht und sie mit ihrer Investition in eine deutsche Bundesanleihe dann einen Währungsgewinn von 40 bis

50 Prozent einstreichen. Als Besitzer einer deutschen Bundesanleihe hat man die größten Chancen, für seine investierten Euro beim Auseinanderbrechen des Euro die neue D-Mark zu erhalten. Vor allem 30-jährige Bundesanleihen, die vor der Währungsunion emittiert wurden, gelten als Kandidaten für die neue D-Mark. Als deutscher Anleger muss man daran denken, dass alle Verträge und Zahlungsverpflichtungen wie Steuern, Miete und die Stromrechnung auf Euro oder bei einem Währungswechsel dann auf D-Mark lauten. Selbst ein sicherer Dollar in den USA wird für den deutschen Anleger, dessen Kosten im neuen Euro oder in der neuen D-Mark anfallen, durch den gefallenen Wechselkurs zu einem großen Verlust. Glücklicherweise sind diese beiden schrecklichen Ereignisse, die Pleite einer Bank und das Auseinanderbrechen des Euro, nicht wahrscheinlich. Aber in jedem Fall ist es gut zu wissen, was dann augenblicklich zu tun ist: deutsche Bundesanleihen kaufen.

ZUSAMMENFASSUNG

Ich habe in diesem Buch versucht, einige Aspekte der kurzfristigen Aktienkursprognose zusammenzustellen. Zunächst ergab sich die überraschende Erkenntnis, dass die Aktienkurse im Mittel der Zeit nur nachts steigen. Wer nur tagsüber investiert ist, gewinnt nicht etwa, sondern verliert Geld. Ich habe versucht, dafür einen Grund zu finden. Die mir zunächst intuitiv eingefallene Erklärung, dass dies an den USA liegen könnte und der DAX morgens erst auf die Kursbewegungen in den USA reagieren kann, scheint nicht logisch zu sein. Erstens sind, wenn der DAX morgens eröffnet, die Änderungen des Vorabends von New York nicht nur positiv, sondern wie bei uns in der Hälfte der Fälle negativ. So lässt sich also nicht erklären, dass der DAX morgens seinen höchsten Punkt erreicht. Zweitens lässt sich dieses Phänomen auch in den USA beobachten. Auch dort steigen die Kurse nur nachts. Es muss also eine andere Kausalität dahinterstecken. Als plausibelste Erklärung scheint mir, dass die Unsicherheit vor dem, was nach Börsenschluss bis zur nächsten Eröffnung passieren könnte, die abendliche Zurückhaltung auslöst. Die diffuse Angst, dass irgendetwas Schreckliches passieren könnte, veranlasst den Anleger, vor Börsenschluss noch zu verkaufen. Morgens beim Börsenstart meint man, mehr Handlungsoptionen zu haben. Da fällt einem das Kaufen leichter. Dieses Phänomen lässt sich nicht nur im Kleinen beobachten, sondern auch im Großen vor Ereignissen wie Wahlen, Bekanntmachungen von Wirtschaftsdaten oder wichtigen politischen Entscheidungen. Im Zweifelsfall wird vorher verkauft, um nicht von einer ungünstigen Entwicklung überrascht zu werden. So lässt sich mit schöner Regelmäßigkeit beobachten, dass vor Ereignissen, die den Anlegern Sorge bereiten, wie zum Beispiel die Wahl in den USA mit der Befürchtung, dass Trump Präsident werden könnte, oder die Abstimmung Großbritanniens über den Austritt aus der EU, die Kurse fallen. Selbst wenn das befürchtete Ereignis dann eintritt, schießen die Kurse nach oben. Bezahlt wird von der Börse nur die Risikoübernahme. Diese Anomalie, dass die Kurse im Mittel nur nachts steigen, lässt sich wohl nur schwer mit einer Strategie umsetzen. Dazu wären zu viele Transaktionen notwendig. Möglich wäre es jedoch. Als Anleger sollte man im Hinterkopf behalten, dass bei anstehenden Transaktionen Käufe in der Regel vor Börsenschluss kurz vor 17:30 Uhr und Verkäufe morgens gleich bei der Eröffnung durchgeführt werden sollten. Es gibt keine Anhaltspunkte, nach denen man einen bestimmten Zeitpunkt während des Tagesverlaufs sinnvoll herausgreifen kann, um ihn für einen Kauf oder einen Verkauf zu nutzen. Im Mittel der Zeit erwischt man statistisch gesehen morgens den besten Verkaufszeitpunkt und nachmittags den besten Kaufzeitpunkt. Ferner beinhaltet das Beobachten der Kurse im Tagesverlauf die Gefahr, dass man sich von den emotionalen Wellen anstecken lässt. Bei stark steigenden Kursen juckt es in den Fingern und man gerät schnell in Versuchung, einzusteigen. Diese Zeitpunkte, zu denen man in den Markt gesaugt wird, entpuppen sich im Nachhinein häufig genau als die Gipfel. Gerade zu diesen Zeitpunkten kaufen dann mehr Menschen, als eigentlich zu kaufen geplant hatten. Ebenso ist es in einer Abwärtsbewegung. Auch dann lässt man sich von stürzenden Kursen schnell dazu verleiten, in Panik zum Tiefstkurs zu verkaufen. Mir ist es jedenfalls früher oft so ergangen, bevor ich das Prinzip verstanden habe. Auf diesem Prinzip des Überoptimismus und des Überpessimismus beruht auch die leicht praktizierbare Kurzfriststrategie, die ich in diesem Buch vorgestellt habe. Es kommt darauf an, anhand des Kursverlaufs zu diagnostizieren, ob sich die Stimmung der Anleger gerade so stark verbessert, dass der Mitnahmeeffekt auftritt, der viele Anleger zu Käufen verleitet. Wenn dann zu viele gekauft haben, fehlen die Käufe im Anschluss und bei nicht weiter steigenden Kursen trennt man sich auch schnell wieder von den zu viel angeschafften Aktien. Aus dem übergroßen Optimismus schließe ich also auf eine baldige Trendumkehr. Der Aktienmarkt klettert nicht von Optimismus zu Optimismus, sondern er pendelt zwischen Optimismus und Pessimismus hin und her. Bevor der Optimismus größer werden kann, muss zunächst einmal eine extrem pessimistische Situation eintreten. Meine Strategie beruht darauf, diese emotionalen Extrempunkte im Kursverlauf zu finden. Dafür bieten sich mithilfe der Candlestick-Charttechnik zwei Möglichkeiten an: Entweder zeigt sich überbordender Optimismus an einer großen grünen Kerze, die sich über 100, 200 oder mehr Punkte erstreckt, oder häufiger durch ein großes Fenster nach oben, eine große Lücke im Kursverlauf. Solch ein plötzlicher Sprung nach oben zeigt, dass zu viele Anleger gekauft haben. Als Verstärkung eines Signals kann man noch werten, wenn mit dem Auftreten von übergroßem Optimismus ein charttechnisches Kaufsignal entsteht, also zum Beispiel eine alte Widerstandslinie nach oben durchbrochen wird, nach Möglichkeit auch noch dynamisch. Dann haben zuletzt auch noch die Charttechniker gekauft. Wer soll dann am nächsten Tag noch kaufen? Als zusätzliches Hilfsmittel, diese emotionalen Extrempunkte, die einer Wende zwangsläufig vorauslaufen, dingfest zu machen, kann man noch den Zeittakt hinzunehmen. 13 bis 17 Börsentage liegen zwei benachbarte Kurstäler bevorzugt auseinander. Wenn man vom Zeittakt her weiß, wann ein emotionales Extremereignis stattfinden könnte, kann man es sehr leicht identifizieren. Diese beiden Punkte – die emotionale Extremsituation und der Zeittakt – ermöglichen es dem Anleger, kurzfristige Wendepunkte zu erkennen. Und vor allem, und das ist das Schöne an dieser Strategie, kann er sie dingfest machen, während sie auftreten, und nicht erst rückwirkend, nachdem der DAX schon einige Hundert Punkte in die neue Richtung gelaufen ist. Die Kurshöhenunterschiede während einer 15-Tage-Struktur können durchaus bis zu fünf Prozent ausmachen. So lohnt es sich in jedem Fall, auch wenn man gar nicht kurzfristig spekulieren will, diese kurzfristigen Hinweise zu beachten. Ein fünf Prozent billigerer Kauf oder ein fünf Prozent teurerer Verkauf machen sich im Endergebnis erheblich bemerkbar. Außerdem macht es wesentlich mehr Freude, wenn man nach einem Kauf gleich ins Plus läuft, statt am nächsten Tag schon im Minus zu starten. Eine Aktienposition, die nach dem Kauf gleich ins Minus gefallen war, blieb mir in der Regel ein ewiges Ärgernis.

Des Weiteren habe ich untersucht, mit welcher Treffsicherheit man bei herkömmlichen Candlestick-Chartfiguren rechnen kann. Das Ergebnis war ernüchternd. Wenn man den Computer nach den gängigen Formationen suchen lässt und sich die Kursbewegungen nach den gefundenen Ereignissen ansieht, zeigt sich, dass der erhoffte Effekt gar nicht eintritt. Weder kann man nach einem Positive Engulfing Pattern mit steigenden Kursen rechnen noch nach einem Negative Harami mit fallenden. Auch der so schön aussehende Abendstern entfaltet für sich genommen keine prognostische Wirkung. Wenn man diese Formationen jedoch so definiert, dass vor und nach ihnen ein Fenster von mindestens der Größe eines halben Prozents des Kurswertes aufgetreten sein muss, dann sind sie sehr wohl in der Lage, eine zuverlässige Prognose abzugeben. Nach einem Positive Engulfing Pattern, das auf ein Fenster nach unten folgt und an den sich ein Fenster nach oben anschließt, kann man mit bis zu zwei Prozent höheren Kursen in den nächsten Tagen rechnen. Nach zwei beliebigen Kerzen, die auf ein Fenster nach unten folgen und an die sich ein Fenster nach oben anschließt, ergibt sich danach ebenfalls ein deutlich positiver Kursverlauf. Die Prognosekraft kommt also den Fenstern zu und nicht der Candlestick-Formation. Interessant, dass die allgemein als treffsichere Signale herumgereichten Formationen der Candlestick-Charttechnik für sich genommen gar keine nachweisbare statistische Wirkung zeitigen. Jedenfalls habe ich mit dieser Rechnung meine Kurzfriststrategie bewiesen. Die von mir geschilderten Fenster entfalten tatsächlich statistisch nachgeprüft die Vorhersagekraft, die ich Ihnen im Verlauf des Buches geschildert habe.

Danach habe ich mich mit den längerfristigen Aspekten der Aktienanlage beschäftigt. Wichtig ist es für den Anleger, zu wissen – egal ob bei der kurzfristigen Spekulation oder der langfristigen Investition –, wo er sich gerade im großen Ablauf der Dinge befindet. Notieren die Kurse gerade vor einem Gipfel und es ist mit nachgebenden Kursen über mehrere Jahre zu rechnen oder verweilen sie gerade im Tal, um Kraft zu sammeln für den großen Anstieg? Dazu ist mir aufgefallen, dass sich im historischen Verlauf des Dollarkurses gegen den Euro (beziehungsweise davor die D-Mark) ein ausgeprägter 16-jähriger Rhythmus erkennen lässt. Die höchsten Werte erreichte der Dollar 1969, 1985, 2001 und Anfang 2017. Dieser Takt entpuppte sich nicht nur für den Devisenkäufer von Bedeutung, sondern auch andere Finanzmärkte schwangen in diesen Wellen. Die Phasen, in denen der Dollar an Wert gewinnen konnte, erwiesen sich als äußerst günstig für die deutschen Aktien. Von 1980 bis 1985 erlebten wir eine Jahrhundert-Hausse, bei der sich die Aktien beinahe verdreifachen konnten. Von 1996 bis Anfang des Jahres 2001 ging es beinahe ebenso steil nach oben. Auch in dieser Zeit konnte sich der Aktionär über eine Verdreifachung seines angelegten Kapitals freuen. Nach dem Jahr 2012 entwickelte sich eine Mega-Hausse, die den DAX bis Anfang 2017 in die Höhe trieb. Diese von den Dollar-Anstiegen initiierten Aktienrallyes beschränkten sich nicht auf Deutschland. Zum Takt der US-Währung tanzten auch die anderen Weltbörsen. Selbst die Amerikaner erlebten in diesen Zeiten ihre Börsenaufschwünge. Für Deutschland klingt dieser Zusammenhang einsichtig. Eine teurere US-Währung verbessert die Exportmöglichkeiten der deutschen Firmen. Die gleichen Verkaufserlöse in den USA ergeben bei einem teureren Dollar, zurückgewechselt in die heimische Währung, einen höheren Betrag. Wenn man bedenkt, wie gering die Margen bei vielen Produkten ausfallen – bei den exportierten Autos liegen sie zwischen fünf und zehn Prozent –, kann man sich ausrechnen, dass sich diese bei einem nur zehn Prozent höheren Dollarkurs verdoppeln: eine Steigerung, die direkt in den Gewinn fließt. Dieser Vorteil ergibt sich nicht nur im Handel mit den USA. Viele andere Länder haben ihre Währungen mehr oder weniger fest an den Dollar gebunden, wie zum Beispiel die Golfstaaten oder Hongkong und indirekt auch China. Warum aber kam es bei einem stärkeren Dollar in den USA zu einem Aktienaufschwung, wo die Amerikaner doch offenbar damit schlechter exportieren können? Das liegt wohl daran, dass der Export für die Amerikaner keine so bedeutende Rolle spielt. Die USA sind eine Importnation. Mit dem teurer werdenden Dollar verbilligen sich die Einfuhren aus dem Ausland, was zu sinkenden Inflationsraten und fallenden Zinsen führt und so die Aktienkurse beflügelt. Die Amerikaner profitieren von einem starken Dollar vor allem auf der Kapitalseite. Amerika ist in Sachen Kapital eine Importnation und auf den ständigen Zufluss von ausländischen Geldern angewiesen. Ein steigender Dollar erhöht die Attraktivität einer Geldanlage sowohl in Anleihen als auch in Aktien in den USA.

In diesen dreimal sechs Jahren, in denen sich die deutschen Aktienkurse aufgrund des anziehenden Dollar so explosiv entwickeln konnten, fand fast der gesamte Kursanstieg der deutschen Aktien seit 1970 statt. Für den Aktionär hätte es also gereicht, in diesen 18 der letzten 48 Jahre investiert zu sein. In den übrigen 30 Jahren hätte er so gut wie keinen Gewinn erzielt, inklusive der gezahlten Dividenden. In diesen Jahren, in denen der Dollar fiel und die Aktien vor sich hin dümpelten oder an Wert verloren, gewannen die Rohstoffe an Wert. Die zwei großen Goldpreis-Haussen, von 1969 bis 1979 und von 2001 bis 2011, fielen in diese Zeiten der Dollar-Abschwünge. Besonders klug wäre es also gewesen, jeweils auf das vom Dollar-Rhythmus bevorzugte Investment zu setzen, also auf Aktien in den Dollar-Anstiegsphasen und auf Gold bei den Dollar-Abschwüngen. Damit hätte der Anleger sowohl die drei Verdreifachungen der deutschen Aktienkurse mitgenommen als auch die zwei Versechsfachungen des Goldpreises. In der Vergangenheit zum richtigen Zeitpunkt die richtige Anlageklasse zu wählen hätte sich nach zehn Jahren durchaus mit dem Faktor 10 im Anlageergebnis bemerkbar gemacht.

Zurzeit befinden wir uns im Dollar-Rhythmus etwas über zwei Jahre nach dem letzten Dollar-Gipfel. Die Abschwungphase läuft also noch. Von Anfang 2017 und einem Tiefstwert von 1,04 Euro für einen Dollar stieg der Euro in wenigen Monaten auf 1,25 Dollar für einen Euro an und der Dollar verlor damit im Gegenzug 20 Prozent nach seinem letzten Gipfel. Dies war übrigens der stärkste Dollar-Fall seit den 1970er-Jahren in solch einer kurzen Zeitspanne. Von diesem starken Fall konnte sich der Dollar im Laufe des Jahres 2018 wieder deutlich erholen und gewann etwas über die Hälfte des vorherigen Verlustes wieder zurück. Mit den zweieinhalb Jahren seit Auftreten des letzten Dollar-Gipfels ist die Abschwungphase des Dollar also noch nicht beendet. Im Gegenteil, viele Jahre mit nachgebenden Notierungen der US-Währung könnten noch vor der Tür stehen. Eigentlich sollte eine nachgebende US-Währung zu einer freundlichen Entwicklung der Gold-und Rohstoffpreise führen, doch ausgeprägt war diese Bevorzugung in der Vergangenheit nur bei jedem zweiten Dollar-Abschwung, also nach dem Jahr 2001 und nach 1969. Auffällig am Dollar-Zyklus ist, dass jeweils zwei Jahre nach einem Gipfel ein Tiefpunkt bei den Aktienkursen registriert wurde, nämlich 1971, 1987 und auch 2003. In den Abwärtsphasen des Dollar, in denen die Aktien per saldo keine großen Zuwächse erreichen konnten, kam es jedoch nach den geschilderten vorübergehenden Tiefpunkten zwei Jahre nach den Dollar-Gipfeln zu ausgeprägten Erholungen. Nach 1971 ging es lange nach oben, nach 1987 erlebte der DAX einen Aufschwung und auch nach dem Jahr 2003 erholten sich die Wertpapiere von ihrem Sturz. Es ist durchaus möglich, dass die Aktienkurse in den nächsten zwei Jahren deutlich an Wert gewinnen könnten, obwohl wir uns in der noch lange andauernden Dollar-Abschwungphase befinden. Nun stellt sich noch die Frage, woher dieser 16-jährige Dollar-Rhythmus, der die Finanz- und Rohstoffmärkte so stark beeinflusst, stammt. Ich hatte versucht, ihn mit dem Rhythmus der Kreditvergabe der Emerging Markets zu erklären. Die Schwankungen der Kapitalströme des Dollar in den sich entwickelnden Ländern verlaufen im gleichen Takt. Ob sie wirklich die Ursache des Dollar-Rhythmus sind oder nur eine Begleiterscheinung, lässt sich nicht klar feststellen. Offenbar handelt es sich bei diesem Dollar-Rhythmus um ein grundlegenderes Phänomen. Im doppelten Rhythmus treten die Rohstoff-Haussen auf: besser Rohstoffblasen, da die Kurse jedes Mal wieder in sich zusammengesunken sind. Und dieser Rohstoff-Rhythmus lässt sich im 32-jährigen Takt bis 1915 zurückverfolgen. Damals wurde der Dollar noch gar nicht frei gegen andere Währungen gehandelt. Ebenfalls mutet merkwürdig an, dass in den USA die Zahl der Geburten in diesem Rhythmus schwankt. Welcher Punkt nun ursächlich ist und welche anderen Punkte nur die Folge, lässt sich noch nicht abschließend beurteilen. Jedenfalls war es in der Vergangenheit hilfreich, bei der Entscheidung, in welche Anlageklasse, Gold oder Aktien, investiert werden soll, die Dollar-Wellen zu berücksichtigen.

In diesem Zusammenhang habe ich im Anschluss noch einige Überlegungen zur Inflationsrate angestellt. Sie scheint neben dem Dollarkurs der zweite wichtige Einflussfaktor für die Entwicklung der einzelnen Finanzmärkte und damit für die Auswahl der Anlageklasse zu sein. Für den Anleihekäufer liegt die Bedeutung der Inflationsrate auf der Hand. Er möchte durch seine Transaktion Kaufkraft gewinnen und nicht Kaufkraft verlieren. Wenn es absehbar ist, dass er bei Rückzahlung der Anleihe weniger für das erhaltene Geld kaufen kann als vorher, wäre es für ihn besser, gleich etwas zu kaufen, statt das Geld anzulegen. Schließlich könnte er dann sofort mehr für sein Geld erwerben als bei Rückzahlung der Anleihe. Deshalb verlief die Entwicklung der Anleiherendite beispielsweise zehnjähriger Anleihen auch jahrzehntelang recht parallel zur Inflationsrate. Im Mittel der Zeit lag sie zwei Prozent darüber. Diese zwei Prozent geben den Mehrertrag wieder, der durch das jährliche Produktivitätswachstum erzielt wird. Diese Prämie auf die Inflationsrate ist wegen des sinkenden Produktivitätswachstums mittlerweile auf fast null Prozent zurückgegangen und in Deutschland inzwischen sogar negativ. Gehen wir aber einmal von dem Normalfall aus und einer Prämie von einem Prozent auf die Inflationsrate, die eine Anleihe abwirft. Wenn der Anleihe-Investor bei einer Inflationsrate von zwei Prozent eine Anleihe mit einem Coupon von drei Prozent erwirbt und die Inflationsrate sinkt in dieser Zeit auf null Prozent, dürfte die Anleiherendite gegen ein Prozent tendieren und er macht mit seiner Transaktion ein gutes Geschäft. Er kassiert zehn Jahre drei Prozent pro Jahr, während er bei einem Neuabschluss zu einem späteren Zeitpunkt deutlich weniger Zinsen bekommen hätte. Steigt die Inflationsrate nach seinem Kauf jedoch steil an auf vielleicht fünf Prozent und die Anleiherendite klettert dementsprechend auf sechs Prozent, macht sich das in einem fallenden Anleihekurs bemerkbar. Die Anleihe wird zwar irgendwann zu 100 zurückgezahlt, sodass ihm kein Kapitalverlust droht, aber der Investor, der später bei einem Coupon von sechs Prozent kauft, erzielt in zehn Jahren 30 Prozent mehr an Zinsen. Insofern hilft eine Vorstellung, wie sich die Inflationsrate in den nächsten Jahren entwickeln könnte, dem Anleihe-Investor gehörig weiter. Aber nicht nur für ihn ist sie von Bedeutung, auch der Aktienanleger ist unmittelbar von der Inflationsentwicklung betroffen. Die im Gefolge von steigenden Inflationsraten anziehenden Zinsen machen sich negativ bei der

Aktienkursentwicklung bemerkbar. Der Wert einer Aktie bestimmt sich dadurch, welche zukünftigen Kapitalflüsse das Unternehmen zu erwarten hat. Gewinne in der Zukunft stellen jedoch einen geringeren Wert dar als Bargeld heute. Das Geld heute könnte sich verzinsen in der Zeit, bis der Kapitalfluss kommt. Bei einem Zins von nahe null Prozent macht sich das nicht groß bemerkbar, doch bei höheren Zinsen müssen in der Zukunft zufließende Beträge abgezinst werden, um ihren heutigen Wert zu berechnen. Theoretisch sollte so eine Verdopplung des Zinsniveaus zu einer Halbierung des Aktienkursniveaus führen. Nachgebende Teuerungsraten und im Gefolge niedrigere Zinsen sollten sich also in einem Aufschwung der Aktienkurse bemerkbar machen. Umgekehrt sollte ein starker Zinsanstieg zu niedrigeren Wertpapierkursen führen. Wenn ich die möglichen Einflussfaktoren auf die zukünftige Inflationsrate extrapoliere, ergeben sich wahrscheinlich keine deutlich höheren Teuerungsraten in absehbarer Zeit. Als wichtiger Faktor für die Teuerung erweist sich der Ölpreis. Mit den neuen Fördertechniken, die in den USA entwickelt worden sind, scheinen die förderbaren Mengen rapide angestiegen zu sein. Wenn irgendwann die Wirtschaftssanktionen gegen Russland aufgehoben werden und amerikanische Firmen Know-how zum Fracking nach Russland liefern, wird es Öl im Überfluss geben.

Aspekte der modernen monetären Theorie deuten darauf hin, dass die Inflationsrate den Zinsen folgt und nicht umgekehrt. Dies würde dafür sprechen, dass mit den niedrigen Zinsen auch weiterhin eine gemäßigte Inflationsrate einhergeht. Der dritte Faktor schließlich liegt in der Demografie. Alternde Gesellschaften werden von sinkenden Inflationsraten begleitet. Der „Buckel“ in der Wachstumsrate der Bevölkerungszahl nach dem Krieg, verursacht durch die sogenannten Babyboomer, lässt sich zeitversetzt mit dem „Inflations-Buckel“ Anfang der 1980er-Jahre zur Deckung bringen. Dies alles spricht dafür, dass wir auf lange Zeit mit verschwindend geringen Inflationsraten und Zinsen, die gegen null tendieren, werden leben müssen. Zinsen in dem Sinne, wie wir sie in unserer Jugend kennengelernt haben, wird es für sehr lange Zeit nicht mehr geben. Das erhöht natürlich die Attraktivität von Aktien, da sie damit die einzigen fungiblen Instrumente sein werden, die einen laufenden Ertrag abwerfen können.

Schließlich habe ich noch einen weiteren Zyklus erwähnt, der für die kurzfristige Aktienprognose hilfreich ist. In meinem letzten Buch hatte ich bereits geschildert, dass sich in den Aktienkursschwankungen auf mittlerer Zeitskala ein deutlicher Rhythmus feststellen lässt. Wenn man sich in der Vergangenheit an diesen 16-wöchigen-Rhythmus gehalten hat, konnte man den Ertrag einer Daueranlage deutlich schlagen. In unruhigen Börsenphasen konnte diese 16-Wochen-Strategie nicht nur Verluste vermeiden, sondern sogar deutlich hinzugewinnen. Allerdings kann die Strategie bei großen Aufwärtsbewegungen des Aktienmarktes nicht die volle Performance des DAX abbilden, da sie ja überhaupt nur in drei von 16 Wochen auf steigende Kurse setzt. Dafür ist das Risiko – und das war mein Hauptanliegen bei der Entwicklung dieser Strategie – extrem gering. In 62,5 Prozent der Zeit liegt das Geld bar auf dem Konto. In der Zeit kann nichts passieren. In den anderen 37,5 Prozent der Zeit setzt sie in der Hälfte der Zeit auf steigende und in der anderen Hälfte der Zeit auf fallende Kurse. Im Mittel, sollte die Strategie irgendwann einmal nicht mehr funktionieren, beträgt also der statistische Erwartungswert der Strategie plus/minus null. Auf Dauer sollte sie nach menschlichem Ermessen zumindest keinen Verlust liefern.

Zum Schluss widmete ich mich noch den größten Gefahren, die einem Aktienanleger drohen können. Die vielfach als Bedrohung an die Wand gemalte Schuldensituation der Welt gehört aus meiner Sicht nicht dazu. Weder die Höhe noch die Verteilung der Schulden muss beunruhigen. Die Wachstumsrate des weltweiten Schuldenstandes ist in den letzten zehn Jahren deutlich gesunken. Als weiterer positiver Faktor ist zu vermerken, dass sich die Schulden, die ja prinzipiell als Gegengewicht zu den Guthaben der Menschen nötig sind, von den Banken zu den Staaten verlagert haben. Eine reduzierte Schuldenhöhe der Banken stabilisiert das Finanzsystem. Höhere Schulden der großen Industriestaaten muss man dagegen als unproblematisch bezeichnen. Diese können niemals pleitegehen, da sie in ihren eigenen Währungen verschuldet sind. Auch Überschuldungen oder gar Pleiten einzelner Unternehmen sollten die Finanzmärkte nicht auf Dauer durcheinanderwirbeln können. Der einzige Fall, der eine Katastrophe an den Aktienmärkten nach sich ziehen könnte, wäre der einer Bankenpleite. Einer Bank muss unter allen Umständen geholfen werden, mit allen zur Verfügung stehenden Mitteln! Wird eine kranke Bank fallen gelassen, kann unser gesamtes Wirtschaftssystem in die Knie gezwungen werden. Deshalb sehe ich als die einzig wirklich große Gefahr, die zu einer Dezimierung des Aktiendepots führen könnte, die von den Europäern verabschiedete Rettungsrichtlinie für die Banken. Wenn tatsächlich, wie es das Gesetz mittlerweile vorsieht, bei Bankenschieflagen die Kunden zur Sanierung herangezogen werden, könnten schon die leisesten Anzeichen von Schwierigkeiten einer Bank einen „Bank Run" auslösen. Die Kunden wollen dann noch schnell ihre Gelder abziehen, bevor diese zur Rettung der Bank herangezogen werden. Dieses aus meiner Sicht – entschuldigen Sie diesen Ausdruck – idiotische Gesetz, das auf dem falschen Narrativ der Erklärung der Lehman-Krise beruht, könnte eine Katastrophe auslösen.

So, und nun wünsche ich Ihnen viel Erfolg bei Ihren Börsentransaktionen, sei es mit kurzfristigen Spekulationen oder mit langfristigen Anlagen. Sie werden mit meiner Methode ein Gefühl dafür bekommen, wohin die Reise jeweils in den nächsten Tagen gehen wird. Testen Sie die Strategie erst eine Weile trocken, ohne eigene Investitionen, um ein bisschen Sicherheit zu erlangen. Wenn Sie schließlich beginnen, dann sollten Sie das mit sehr kleinen Beträgen tun. Wenn es klappt, werden sie von allein größer. Wenn nicht, umso besser, dass Sie mit einem kleinen Betrag begonnen haben.